不一样的春秋

——李山讲给孩子的历史故事

李山　申莉　著
李礼　插图

中华书局

图书在版编目(CIP)数据

不一样的春秋:李山讲给孩子的历史故事/李山,申莉著;李礼插图.—北京:中华书局,2019.11
ISBN 978-7-101-12175-9

Ⅰ.不… Ⅱ.①李…②申…③李… Ⅲ.中国历史-春秋时代-青少年读物 Ⅳ.K225.09

中国版本图书馆 CIP 数据核字(2016)第 231979 号

书　　名　不一样的春秋:李山讲给孩子的历史故事
著　　者　李 山 申 莉
插　　图　李 礼
责任编辑　司丽丽
出版发行　**中华书局**
　　　　　(北京市丰台区太平桥西里 38 号　100073)
　　　　　http://www.zhbc.com.cn
　　　　　E-mail:zhbc@zhbc.com.cn
印　　刷　北京瑞古冠中印刷厂
版　　次　2019 年 11 月北京第 1 版
　　　　　2019 年 11 月北京第 1 次印刷
规　　格　开本/787×1092 毫米　1/16
　　　　　印张 17¾　插页 2　字数 350 千字
印　　数　1-8000 册
国际书号　ISBN 978-7-101-12175-9
定　　价　60.00 元

序　言

将近三千年前的春秋离我们很远吗？

回答是，不远哦！我们说话，写文章，稍不留神，就回到了那个时代，甚至我们为人处世的标准也刻着那个时代的痕迹。

春秋时期的历史故事形成了大量的成语典故：刚愎自用、唇亡齿寒、厉兵秣马、退避三舍、问鼎中原……有学者统计，仅仅在记录春秋历史的《左传》一书中，就形成了三百多个成语，它们很多都是我们熟悉的老朋友。

中国被称为礼仪之邦，待人接物要以礼相待，做人做事要知书达礼，说话要言之有礼，对于崇拜的对象是顶礼膜拜，生气即便要打架，也要先礼后兵。"礼"好比中国人行为做事的准绳和法典，深入到我们生活的方方面面，中国对于"礼"的推崇更是来自三千多年前的那个时代。

为什么几千年前的典故依旧闪烁着智慧的光芒，为什么几千年来我们都在恪守着那个时代的文明准则？我们希望这本书，能够给你们带来一些寻找自己的答案的线索。

那个时候的生活，无论是衣食住行，还是思考与行为的方式、判断事物的价值观念，和现在差别都很大。那么，隔着如此遥远的时空去看那个时候发生的事情，要怎么看呢？

一、读春秋，了解中国历史上发生战争最多的时代

公元前770年—公元前476年，是中国历史上著名的春秋时代，也是周王朝开

哦！我叫李山。

Hello！
我是悠悠。

始走向没落的时期。王权已经没有能力对日渐强大的诸侯国产生有力的约束，各个诸侯国为了扩大势力、争夺霸权，不断进行战争。在春秋时代近三百年的时间里，有四十多位国君被杀，五十多个诸侯国被灭，大大小小的战事四百八十多起。战争的借口五花八门，国君的死因稀奇古怪，故事曲曲折折让人难解。

二、读春秋，看清我们民族文化的长相

春秋时期战火连绵，却是一个思想文化最为蓬勃、百家争鸣的时代。智者不断的思考，提出让国家安定强大的理念，老子创立的道家主张无为而治，发挥民众的主动，墨子创立的墨家注重科技强国，韩非子创立的法家认为严格的刑法有利国家的稳定，孔子代表的儒家认为应该用礼乐来教化百姓。

发生在春秋时期几百场大大小小的战争，如同一次次火山喷发，涌动着的炽热岩浆，让我们的文明不断蒸腾、沉淀，我们民族的文化在战火中渐渐成形，可以说春秋的长相，就是我们文化的长相。

三、读春秋，读出贵族时代的尊严

在中国漫长的五千多年的历史进程中，能够被称为贵族时代的非常少，春秋就是一个贵族时代。在很多人眼中，贵族是特权的象征，但是贵族的真正意义是承担和责任。贵族确是权力的拥有者，但是权力越大有时也意味着牺牲更大。西方的航海业有个不成文的规定，当一艘船遇到危险要沉没的时候，船长肯定是最后一个离开的，有的船长干脆选择和船一起沉没，这就是从贵族精神延续下来的一种承担精神。

在周代，每个贵族生下来就是武士，就有当兵打仗的义务。"执干戈以卫社稷"是贵族的权利，普通下层人想当兵还当不上。所以那个时候当兵，为国家牺牲是一件非常光荣的事情。贵族是一个视荣誉重于生命的阶层，这也是他们勇敢精神的源泉。他们认为自己的血液是高贵的，绝不能用下三烂的行为来玷污自己的血液。因为重视荣誉，所以贵族在遇到危险的时候，敢于担当，敢于挺身而出。

春秋时期的战争虽然残酷，但是很多人依旧遵守着信义。国君可以为了承诺，放弃苦苦攻打几个月的城池，还可以为了救自己的大臣不顾自身安危三入敌营。大臣明知族人已被杀害，可是依旧返回国家，只为坚守本分。信义不是一个抽象概念，它是两千多年前我们祖先们的生活方式，它是哪怕放弃利禄、哪怕献出生命，也要遵循的做人原则。

读春秋，要读出那个时代特有的尊严。

四、读春秋，感受华美耀眼的青铜文明

在很多博物馆，我们都能看见青铜器。它们原本闪烁着金子般的光泽，几千年的氧化，让它们披上了绿色的外衣，反而给它们带来别样厚重和神圣。

周王祭祀的青铜大鼎，秦国华丽的青铜战车，楚国镶嵌着无数条青铜小蛇的战鼓，晋国点缀着绿松石的青铜盾牌，向我们展示着那个时代高超的技艺。青铜器不是古代中国特有，当时全世界很多地方都在使用青铜打造的器具，但是我们的古人却将这种金属和礼乐文明融合在一起，让春秋时期的青铜器站在那个时代文明的最高峰。

读春秋，去感受古人青铜文明的伟大。

五、读春秋，致敬那个战争最具仪式感的时代

孔子有句话："郁郁乎文哉，吾从周。"周代八百多年的历史，一半的时间在乱哄哄地打仗，可是孔子为什么向往那个时代的文明呢？因为那个时代的礼乐文明，已经内化为人们向往和尊崇的行为准则，即使是在战场上，在命悬一线的时候。譬如战前致师：交战双方在大战前，会选派自己最能干的武士展示技艺，炫耀自己的实力。譬如恪守礼仪：将士们在战场上见到对方的君主会收起兵器，下马致敬。不杀老人，不杀伤兵。还有贵族的子弟冲在最前线：楚国守卫国君的精锐部队不是平民，全部都是楚国的贵族，打仗时他们也是最具战斗力的战士。在利益和生死面前最能考验人性。

读春秋，了解古人用鲜血和生命锻造的信义精神。

千百年来，有关春秋这段历史的书太多太多了，在让人眼花缭乱的典籍中，《左传》是公认的经典。但是阅读《左传》，别说是孩子，连成年人也经常迷失在复杂的年代和人物关系中。我们书中描绘的故事大都取自《左传》，但用的是孩子们熟悉的语言、恰当的比喻以及提纲挈领的评点。

我们希望这本书，是一架梯子，是一艘小舟，帮助你亲近经典，载着你驶入那个伟大的时代！

李山　申莉

2019年6月

目录

楚国篇

齐宋篇

1

烽火戏诸侯

狼来了的故事

几千年的中国古代历史，历经数十个朝代的更迭，周王朝是其中延续时间最长的一个，它从公元前1046年到公元前256年，延续了将近八百年。不过，八百年的历史实际分为西周和东周。西周时期出现了礼乐文化的创造高潮，对中华文明产生了极其深远的影响。然而，在公元前770年的时候，强大一时的西周王朝崩溃了，历史进入了东周时期。

西周王朝崩溃的原因很多，但大家往往直接归因于一个美女身上。她，就是备受历史责难的褒姒（bāo sì）。

褒姒是谁，居然能倾覆一个王朝？这还要从她的身世说起。

传说还是夏朝（约公元前2070年—公元前1600年）的时候，有一天，天上的两条龙飞临夏朝的宫廷。它们交缠嬉戏，宣称："我们是褒国的两位君主！"说罢，盘旋了好一阵才离去，还在王宫的庭院里留下一摊黏稠的液体。夏王和臣子们看到这摊液体，十分恐慌，赶紧叫太史来占卜。太史说真龙现身是吉利的象征，要把龙的黏液收好。于是，大家赶忙找来罐子，把地上的龙液装好，封存起来。

后来，夏朝灭亡了，这个罐子传到了商朝；商朝灭亡之后，又传到了周朝。连着三代，从来没有人敢打开罐子。千百年过去了，西周王朝也从强大走向了衰落。好像是天意，周厉王时，密封的罐子被打开了。这是怎么回事呢？

一天，周厉王无意中发现罐中有光在闪，便叫人取来查看。没想到罐子掉落在地上，罐中封存了几百年的龙液一下子流了出来。神奇的事发生了！转眼间，龙液化成一只黑色的老鳖就往门外爬。更巧的是，这只往外爬的老鳖撞上了一个未成年的小宫女。

不久，小宫女怀了孕，生下一个女婴。小宫女未成年就生养，孩子当然不能留。无奈之下，小宫女在夜里把婴儿扔到了宫门外。

西周都城外住着一对褒国夫妇，靠卖木弓和弓箭袋为生。他们原本过着平静的日子，没想到这种生活被一个童谣打破了。

当时，执政的是周宣王（周厉王的儿子，西周第十一代王）。有一天，他听到市井中的孩子们传唱一首短歌谣："檿弧箕（yǎn hú jī）服，亡周国。"（《史记·周本纪》）"檿弧"指的是桑木做成的弓，"箕服"就是箕木做成的箭袋。童谣的意思是说，卖木弓和箭袋的人会给周朝带来灭顶之灾。可怕的预言在大街上传唱，周宣王好不心焦，下令在全城大肆抓捕卖木弓和箭袋的人。那对来自褒国的夫妇听到消息，打算趁着夜色逃回到自己的家乡。

逃亡的路上，他们听到了婴儿嘹亮的啼哭声。老两口忍不住凑近一看，原来是个可爱的女婴！他们想都没想，带上女婴一起逃回了褒国。

春去秋来，女婴逐渐长大，而且越长越漂亮，顾盼生姿，顺理成章地被选入褒国宫中。褒国的君主是姒姓，所以这位美人就叫作褒姒。

正巧，褒国的君主得罪了当时执政的周幽王。怎么办呢？周天子身边不缺宝物，但美女总是不够的。于是，褒国的君主就把褒姒献给了周王。

周幽王看到光艳照人的褒姒，眼睛都直了！别说对褒国的怨气，王朝天下也被抛到了脑后。此后，周幽王不问政事，只是围着褒姒转了。

周幽王对褒姒是好吃好喝供着，好言好语哄着，尽心尽力讨好她。可不知为什么，她就是不对周幽王露出笑脸儿。为此，周幽王很是烦恼。他把褒姒当成天下第一宝贝，可不希望她真像财宝那样冷冰冰。周幽王没办法，对身边的人说，谁能博得褒姒一笑，就重重封赏。周幽王身边有一群专门逗他开心的人，这些人开始想办法。先来了一批插科打诨（hùn）的，在褒姒面前热热闹闹地演了一通杂耍，逗得周幽王开怀大笑，褒姒却只是撇撇嘴。接着又来了一批人，他们带着从各地搜罗的金银珠宝、锦衣美服放在褒姒面前，褒姒还是一脸冷漠。最后，不知是谁给周幽王出了个馊主意：点燃烽火，逗褒姒一笑。

原来，为了防备西边的犬戎部族，周王朝曾在骊（lí）山一带修筑了许多烽火台，一旦点燃其中一个烽火台上的狼烟，烽火台会一个接一个把烽火传下去，诸侯们看到就会前来护驾。

周幽王觉得这个主意不错。点燃烽火会是个什么情况，大家安逸生活过得太久了，从来都没有人见到过，周幽王自己也好奇得不得了。选好时间，周幽王带着褒姒登上了王城最高处，命令守卫点起烽火。

很快，狼烟四起，诸侯们一看有敌情，立刻集合军队，赶往王城。大家气喘吁吁地过来一看，哪有什么犬戎呢？只见城楼上，君主正搂着美人儿大摆筵席，周围几个插科打诨的人忙着逗乐，热闹着呢！各路军马半是紧张半是怀疑，本来就出发得匆忙，这时更是乱成一团：倒了旗的、歪了帽子的，什么模样的都有。此情此景，褒姒看了，"扑哧"一声，笑了出来。周幽王终于看见了褒姒的笑容，美得他半天缓不过神！周幽王转过身，心满意足地告诉诸侯们的军队："寡人陪着美人儿取乐呢，没什么事儿，你们都回吧！"

听了周幽王的话，诸侯们气得脸都绿了。可是王命难违，没地方抱怨，只有扛着旗，耷拉着脑袋撤了回去。

所谓千金难买美人一笑，点个火就能博得美人开心，周幽王觉得很值。他接二连三地陪着褒姒用烽火台点狼烟戏弄诸侯，御敌卫国的烽火台现在变成了游戏场。

李 山 说

这段故事，就是历史上著名的"烽火戏诸侯"。看这段历史记载，大家要留点神，它的可信度不高。因为历史学者考证，边境设烽火传消息，是后来西汉才有的事情。那么，这是不是说，褒姒与西周的灭亡就全没有关系呢？也不是。褒姒还是脱不了干系的。西周晚期的诗篇就歌唱说："赫赫宗周，褒姒灭之！"（《诗经·小雅·正月》）意思是，显赫的周王朝，是褒姒把它给灭亡了。西周建国快三百年，也就是到周幽王执政时，周王朝政治就出了问题，民不聊生的现象越来越严重，王朝的根基发生了动摇。在这个时候，遇到好的国君，国家还可能统治得久一点。不幸，周王朝遇到周幽王和褒姒，他们的所作所为，无疑加速了西周的灭亡。

有一天，西北边境的犬戎真的打来了，他们浩浩荡荡地把王城围了个水泄不通！周幽王赶紧派人去点烽火，但是，诸侯们见到烽火，却没有谁再来了——他们怕再一次被戏弄。周幽王这才明白，用烽火戏弄诸侯的后果是多么可怕。然而，一切都晚了！

大势已去，周幽王赶紧带着褒姒逃出城外。可惜他没跑多远就被犬戎士兵追上，惨死在犬戎士兵的刀下。两百多年的王城镐京落到犬戎部族的手中。

周幽王本来有个太子叫宜臼（yí jiù），因受褒姒这个"后妈"的排斥流亡在外。几经周折，宜臼被请回来做王，史称周平王。公元前770年，周平王率众东迁洛邑（luò yì）。自此，二百七十多年的西周历史落下帷幕，东周的历史开始了。

李山说

"烽火戏诸侯"的含义与西方寓言"狼来了"差不多，却更丰富一些。"狼来了"是教育小孩子不要说谎，谁说谎，谁最后就要为谎话付出代价。可是褒姒的"烽火戏诸侯"就不这么简单，它告诉人们，拿国家大事开玩笑，是多么可怕！

还要注意那点"龙液"，沾惹它就倒霉，"龙液"其实就是"祸水"。但问题不是这么简单。龙是王朝的象征，在这里预示的是一种历史命运：再强大的王朝，终将因人性的弱点而败坏，周幽王爱美女不就是人性弱点吗？夏朝亡、商朝亡，也都与美女有关。当然，这是史学家的偏见。在中国古代，男人不做好事，亡国了，往往把责任推到一些美女身上，说她们是亡国的"祸水"。周幽王的宠妃褒姒，就是历史上较早的，也是很出名的被看作"祸水"的女人。

史书《春秋》的含义

小知识

四时流转中，古代的先民们春耕秋收，所以常用"春秋"代指地头的一年。年年相继，就有了连年成史的意味。春秋时期的编年体史书《春秋》，意思正是如此。后来，人们就把书中记载的这段历史称为春秋时期。

2

射王中肩

儿子当众打老爸

　　周平王东迁到洛邑，西边镐京周边大片的土地很快就落到犬戎手里。王朝土地少了一半，国家经济自然开始走下坡路。原先天子高高在上，鼻子哼一声，诸侯们就得揣摩周王的心思。现在王室衰弱了，脊梁骨发软，说起话来底气越来越不足。身边的诸侯不断扩张势力，王室的力量显得更加弱小。被周王室统治了几百年，诸侯们虽然心里对王不敬，表面上还在维持着王室体面。可是有一天，郑国国君公然和周王打了一仗，这好比是儿子在世人面前打老爸，周王连表面的体统也维持不下去了。一个大家庭如果家长失去了权威，天下很快就会乱成一锅粥。

东周刚开始的时候，郑国和周王朝的关系还算不错。周幽王被杀后，郑国的国君郑武公与秦、晋、卫三国联军击退犬戎，护送周平王迁都洛邑。郑武公护驾有功，被任命为周王室管理国家的卿士，相当于后来的宰相。郑武公去世之后，周王对郑武公的儿子郑庄公继续委以重任，命他接着做周王室的卿士。父子两代连续做周王的卿士，在诸侯国中可不常见，郑国人为此很是骄傲，专门写了一首诗来赞誉这件事情：

> 缁（zī）衣之宜兮，敝，予又改为兮。
> 适子之馆兮，还（huán），予授子之粲（càn）兮。
>
> 缁衣之好兮，敝，予又改造兮。
> 适子之馆兮，还，予授子之粲兮。
>
> 缁衣之蓆（xí）兮，敝，予又改作兮。
> 适子之馆兮，还，予授子之粲兮。

——《诗经·郑风·缁衣》

诗中把被王册封的荣誉比作缁衣，"缁衣"是一种黑色的官服，说这件衣服穿坏了，我取回来做好了再给你送回去。以此比喻郑武公去世了，庄公又做上了卿士。

老百姓都引以为荣，郑国国君自然更加神气。郑庄公在其他诸侯面前时不时以老大自居，一些趋炎附势的小诸侯国就跟在后面拍马屁。郑庄公的自大让周平王看着很不舒服，心想，荣誉是我给你的，你不知好歹，我就把它收回来。

郑庄公没有做什么错事，他的职务不能说免就免。于是，周平王决定先把郑庄公的执政权力分一部分给别人。这么大的权力分给谁好呢？找个强大的，搞不好又成为第二个郑庄公，太弱小的分给他也没什么用。周平王认真权衡了一下，看准了虢（guó）国的国君虢公。虢国虽不是个大国，但是地理位置非常重要，正当崤（xiáo）函要塞，是周王室抵御戎狄的重要力量。于是，周平王打算找个机会把郑庄公的权力分给虢公一些。命令还未下达，小道消息却传到郑庄公耳边，郑庄公立刻去和周平王理论。

周平王没想到郑庄公反应这样大，赶紧说，没有这回事啊！接下来为了表示相互信任，周平王把王子狐送到郑国当人质，郑国也把世子忽送到周王室为人质，史称"周郑交质"。周平王要整顿朝纲，最后却以交换人质收场，王朝与诸侯的相互信任，居然以人质为担保，荒唐又可悲。

可事情并未就此结束。公元前720年，周平王去世，接替王位的是周桓（huán）王。他即位没多久，又开始打算拿郑庄公开刀，再次把委任虢公的事情提上了议事日程。郑庄公刚刚消了的火气又被撩拨起来，他本来就没把年轻的周桓王放在眼里："既然你公然对我不客气，我就给你点颜色看看！"

这一年的四月份，郑庄公派大将祭仲（zhài zhòng）率领军队来到温地。温地靠近王城的城郊，有大片的麦田。那时候，城郭外面都是农田，这些地里长出来的作物，是供给城里的贵族们吃的，王城附近的土地自然是供给王室的。四月麦苗长势正旺，郑庄公的人马跑进田里，一通踩踏。这还不算完，到了收麦子的时节，郑庄公又派人把成熟的麦子全给割了去。如此耀武扬威地挑衅，周桓王气得直咬牙，双方的关系进一步恶化。他们当初不是交换人质了吗？可史书说："信不由中，质无益也。"（《左传·隐公三年》）意思是，不发自内心的信用，再多的盟约抵押也没用。

公元前715年，周桓王干脆正式任命虢公为周朝的卿士，与郑庄公拥有同样的权力。过了几年，周桓王一不做，二不休，索性把卿士的权力全部给了虢公，把郑庄公晾在了一边。郑庄公气得头顶冒烟，决定不再朝见周天子。

诸侯朝见天子是铁打的规矩，就算当时王室已经是虎落平阳，面子上的体统还是要维持的。郑庄公不朝见天子就意味着和王室彻底决裂，性质非常严重。

周桓王心想，你一个小小的诸侯，想不来就不来，天子的威严何在？一定要严惩！

周桓王发出号令，联合各路诸侯伐郑。没想到响应的声音却很小，最后只来了宋国、卫国、陈国和蔡国几个势力弱小的诸侯国。周桓王一看，大失所望，可命令已下，仗还是要打呀。周桓王把王军全部压上，亲自带领联军，在繻葛（xū gě）排

开了阵势。

郑国兵强马壮，对周桓王临时凑起来的队伍毫不在意。正巧，当时郑国人还钻研出一个新阵法，叫"鱼丽之阵"，不知道威力如何。郑庄公想，现在可以拿周王的军队来试试看了。据史书记载，这种阵法攻击性很强，周桓王带领的联军从来没有见过这种阵势，立刻傻了眼。指挥的将军犹豫着，不知道该让士兵往哪冲。打仗哪有时间等你想明白呢？趁着周王的士兵发愣的工夫，郑庄公的军队冲了上来，几下就把联军队伍冲散了。本来临时凑在一起的队伍就不团结，一被冲散，士兵们四处逃窜，光顾着逃命，还打什么仗！将士们只能赶紧护着周桓王撤退。

周桓王在前面逃，郑国的大臣祝聃（dān）带着人马穷追不舍，眼看要追不上了，祝聃一点都没迟疑，瞅准了周王，搭弓射箭，箭"嗖"的一声朝着周王飞去，就像安装了导航，稳、准、狠地射到周桓王的肩膀上。史书称这一战为"繻葛之战"，这场战争最大的看点就是"射王中肩"。因为祝聃这一射，可不是射中一个人那么简单，相当于今天儿子当众打了老爸一个嘴巴子，整个王朝都被震动了。

周天子向郑国宣战，本想替王室讨回尊严，结果尊严没讨回来，倒带了箭伤回来，他手中原本微弱的军事力量也被消灭大半，再想报仇更是希望渺茫。如果说王室之前还是虎落平阳，现在则是拔了牙的老虎不如猫了。

西周时期的周王室如同定盘星，稳稳地钉在天下的中心。在周王的管辖下，各方的势力比较平均，大家就算有些争执，也不会做出太出格的事儿。可现在，从王室到诸侯国再到臣子，全乱了套。天子威风不再，诸侯们各自为政，纷争不断，整个中原变成一盘散沙。对于生活在周边的夷狄来说，中原就像是块无人看守的肥肉，他们随时准备着冲进来进行掠夺。在这种内忧外患的形势下，历史需要出现一位能够号令诸侯的领袖，来共同抵御外敌的入侵，保卫华夏的文明。

缥葛之战中，周王当众被自己的臣子射了一箭，虽然是射在肩膀上，不至于要命，可对周王朝而言，那一箭其实把王朝的尊严射倒了。孔子说，春秋时期"君不君，臣不臣"，从这场战役中可以看到，当时王朝内部国君不像国君，臣子不像臣子。值得注意的是，箭射周天子这种事情发生在郑庄公的大臣身上，也不奇怪。郑庄公从小就与亲生母亲关系不和，后来还一度软禁母亲，成语"掘地见母"说的就是这件事（详见下一个故事"兄弟相残"）。郑庄公对母亲的所作所为给郑国臣民带来的影响有多坏，是可想而知的。郑庄公可以软禁自己的亲生母亲，可以组织起军队来给周王摆阵势，他的大臣就可以把箭射向周王。在家里母不母、子不子，在外面就是君不君、臣不臣了。上行下效，一叶知秋，世道人心真是大变了！

封建制

封建制是周王朝实行的政治制度。周武王虽然打败商纣王，建立了西周政权，但是周家人远远少于商朝的遗民。为了巩固周王朝的统治，周王把一些有亲戚关系的贵族派遣到全国各个战略要地建立城邦，守卫一方，捍卫周王室，这就是封建制。被分封的贵族，就是封建诸侯，他们建立的城邦称为诸侯国。诸侯虽然在自己的分封国内各自为政，但必须听命于周王。他们每年都要向周王朝贡，周王一旦有事，一声令下，他们就要赶来帮忙。

小知识

3

兄弟相残

母亲偏心引发的战争

兄弟相残在帝王家中可不少见。我们熟知的《七步诗》，就是三国时曹丕、曹植兄弟俩争斗的一个缩影。所以，民间描述帝王家的兄弟是："一尺布，尚可缝；一斗粟，尚可舂。兄弟二人不能相容。"(《史记·淮南衡山列传》)平常人家兄弟之间尽管贫困，但是一块布、一斗米也会拿来分享，到了帝王之家，纵然是富有四海，也不愿意和兄弟分享了。导致帝王家兄弟相残最主要的原因大都是对权力的争夺，可是发生在春秋时期最著名的兄弟相残事件，却跟母亲的偏心有关。

公元前8世纪的一个夜晚，郑国宫中一个男孩诞生了。这本是件大喜事，可是他的母亲，当时的国君夫人姜氏却没有感到太大的喜悦。因为孩子难产，母亲受了不少罪，所以这个孩子从一生下来就不被母亲喜爱，姜氏甚至还给他起了一个很怪异的名字："寤（wù）生"，意思是"倒着生"。

过了几年，姜氏又生了一个男孩，名叫段，也称叔段。兄弟两个虽是一母所生，但是因为姜氏生叔段的时候挺顺利，加上叔段相貌堂堂、武艺高强，很讨姜氏的喜欢。姜氏原本就看不上大儿子，现在更加偏心小儿子叔段了。等到郑国立太子的时候，姜氏干脆提出立叔段为太子。好在姜氏的丈夫郑武公不糊涂，坚持遵照礼法立大儿子为太子。

郑武公去世之后，寤生即位，史称郑庄公。老大做了国君，可是母亲的心仍然偏向小儿子叔段。今天纵容叔段去跟哥哥讨财宝，明天怂恿他去要封地。她要的还不是普通的地方，而是郑国的要塞。要塞就像是保卫国家的盾牌，城墙修筑得非常坚固。这样的地方如果被敌人占领，很容易威胁到国家的安全，是不能作为封地的。可是母亲不断地要求，郑庄公迫于无奈，便把一个叫作京的地方封给了叔段。

叔段有了自己的根据地，加上有母亲撑腰，便开始打造自己的城池。他的一举一动郑庄公看在眼里，大臣们也看在眼里。可是郑庄公的反应和大臣们截然相反。

一天，大夫祭足禀报说："封地都城的城墙，长度如果超过三百丈，会成为国家的祸害。先王的制度规定，国内最大的城邑城墙不能超过国都的三分之一。现在，京地的城墙早已超过国都的三分之一了，这样做不符合法制，要及早处置，不能让祸根滋长蔓延。蔓延开来的野草都很难铲除干净，更何况那是您那受到宠爱的弟弟呢？"郑庄公听完摇摇头说："多行不义必自毙，子姑待之。"（《左传·隐公元年》）意思是说，多做不义的事情，必定会自取灭亡，暂且等着瞧吧。

叔段仗着母亲的支持，不断扩大城池规模。一开始他还觉得心虚，可是他没想到自己的哥哥根本不来过问，于是胆子慢慢大了，干脆把京地附近的城邑都收拢过来。没几年的工夫，叔段把自己的辖地整治得兵强马壮。

看着羽翼渐渐长成的叔段，大臣们心急火燎。一天，大臣公子吕对郑庄公直接挑明利害："一个国家怎么能让两个国君来统治呢？您如果打算把郑国交给叔段，那

么我请求去侍奉他；如果不给，就请您赶紧除掉他，不要让百姓们产生疑虑。"大臣的激将没有产生作用，郑庄公还是那句老话："不用管他，他自己会遭到报应的。"

郑庄公不着急，可叔段扩张的步伐却很迅速。很快，又有两个地方成为他的辖地，叔段的领地已经离国都不远了。大臣们寝食难安，他们一上朝，就劝郑庄公立刻采取行动。一个叫子封的大臣说："叔段的土地在扩大，拥护他的老百姓也越来越多，再不行动就来不及了。"可是郑庄公还是一副听天由命的样子，说："对君主不义，对兄长不亲，土地虽然扩大了，也终将会崩溃。"——他就是不着急啊！

郑庄公这边不慌不忙，叔段那边已经开始和母亲姜氏商量什么时候开始造反了。可是，他们商量造反的信件却被郑庄公截获了。郑庄公看完信，恶狠狠地说了一句："终于可以了！"从郑庄公即位，看着弟弟在他眼皮底下扩张势力，直到今天他才说"可以"，是因为他早就等着弟弟造反这一天。这样他就可以堂而皇之地收拾这位被母亲偏爱的讨厌弟弟了。

公元前722年，郑庄公命令大臣子封带领二百辆战车去讨伐京地。叔段不敌，逃到鄢城，郑庄公又追到了鄢城。最后，叔段逃离郑国，前往共国避难。

郑庄公赶走了弟弟，回过头就来找母亲算账。他忍了这么多年，积了几十年的怨气，哪能这么快消散呢？弟弟可以赶出郑国，母亲可不行，怎么办呢？郑庄公把母亲赶到了一个叫颍（yǐng）城的地方，并且狠狠地发誓说："不及黄泉，无相见也！"（《左传·隐公元年》）意思是跟母亲至死不再见面了。

狠话没说多久，郑庄公开始后悔了。那个年代，百行孝为先，不孝敬父母是要被治罪的。他作为一国君主，说出如此薄情不孝的话，老百姓会怎么看他呢？郑庄公很后悔，可是话已出口，哪能反悔呢？

这时候，一个叫颍考叔的人给郑庄公想了个办法。颍考叔是管理疆界的官吏，一天，他带着贡品进献给郑庄公，郑庄公留他在宫中吃饭。宫女端上了一盘肉，庄公命人割下一块赏赐给颍考叔。颍考叔谢过之后并不吃，而是放在一边。庄公很奇怪，问颖考叔为什么不吃。颖考叔回答说："我家里有老母亲，只吃过小人我做的肉，还没尝过君主您赏赐的肉，所以想带回去给母亲尝一尝。"庄公听了这话，长叹一声："你们都有母亲可以孝顺，唯独我没有！"

颖考叔装作很吃惊的样子问："君主的母亲尚在，怎么不能孝敬呢？"

于是，庄公便把和母亲结怨立誓的事情告诉了颖考叔。

颖考叔本是有备而来，他马上出主意说："既然主公提到和母亲黄泉相见，那我们就掘地见泉，建一间地室，您和母亲不就可以在里面相见了吗？"

郑庄公一听，这主意不错。于是，他在国都挖建地道，最终和母亲在地下见面。

这就是历史上"掘地见母"的典故。两个亲兄弟因为母亲的偏心，引发了一场战争，导致了弟弟的离去。

这件事，史书上对弟弟叔段的责备比较多一些，但是事情的罪魁祸首应该是他们的亲生母亲姜氏。生孩子难产，让母亲受罪，生活中这样的情况并不少见。可是，因为孩子难产，母亲就恨这个孩子，这样的事就不多了。

李山说

兄弟相残，郑庄公也算是开历史先河的人物。史书上记载这段故事叫"郑伯克段于鄢"。这样记载很有意思，"伯"就是大哥，说庄公是叔段的大哥。接下来是个"克"字，今天在我们的语言当中，这个字有时候仍然不是个好字，比如"克夫""克妻"，"克"就是俗话说的"妨人"。所以这个"克"字用得很传神。说"克段"，大哥"克"自己的弟弟，但是不说他是弟弟，而是"段"。为什么不称叔段为郑庄公的弟弟呢？因为叔段的一切做法都不像个弟弟。这就是所谓的"春秋笔法"。在哪"克"？在鄢。"春秋笔法"就在这种叙述中表达了自己的评价。兄不兄，弟不弟，这就是人伦乱了套。

小知识

郑国的来历

郑国的始封祖是周厉王的小儿子，名叫友，周宣王时受封于郑，就是郑桓公。郑桓公很贤能，周幽王时到王朝当了司徒。他看到周室衰弱，戎狄强盛，害怕自己跟王室同归于尽，因此向周王室的太史史伯请教哪里可以避难。史伯告诉他，济、洛、河、颍四水之间，虢、桧（kuài）两国所在的地方最为稳固，叫他先把家人财物寄存到那里，有事的时候就可以带王室的军队占领这片地方。桓公按照他的话做了，后来郑国果然得到了虢、桧一带的领土，迁到了东方。西周灭亡，桓公殉难，他的儿子武公掘突嗣位，因拥护平王有功，仍做王朝的卿士。郑武公去世后，太子寤生即位，就是郑庄公。

郑国本是西周王畿（jī）之内的国家，到东方来纯属是抢地盘的，所以郑国与东方的老诸侯国如宋、陈、蔡、卫等存在矛盾，经常互相征伐。而周平王需要倚重正当崤函要塞的虢国抗击西戎，也想让虢公来王朝当卿士，这就引起了郑庄公的不满。因此，郑国和周王室之间也有矛盾。但是由于郑庄公很有能力，郑国在春秋初期一度成为东方诸侯中的小霸主。

4

齐襄公之死

君主无德仆忠义

　　说话不算话的人很惹人讨厌。这样的人若是个普通人，大不了和他断绝来往，可他若是一国之君，就不好办了。生活会教训人，哪怕他拥有至高无上的权力，如果总是说话不算话，到头来也不会有好下场。公元前686年，齐国国君齐襄公被叛臣杀掉，就与他的出尔反尔有直接关系。

齐襄公是齐国国君齐僖（xī）公的儿子，名叫诸儿。齐襄公小时候，有个叫公孙无知的男孩常和他厮混在一起。公孙无知是齐僖公的侄儿，齐僖公很喜欢他，在衣食住行等方面给了他与诸儿一样的待遇。没想到，这样的疼爱招来了诸儿的不满和嫉妒。诸儿觉得自己才是正牌公子，公孙无知凭什么享有和自己一样的待遇呢？顾着老爸的面子，诸儿的不满没法发作，到了他继承君位的时候就不再忍了。没有任何理由，他就把公孙无知所有的特权和地位统统削除。公孙无知一夜之间从富贵窝里掉下来，成了穷光蛋，虽然嘴上什么也不敢说，心里却埋下报复的种子。

这样由着性子的事情，齐襄公可做了不止一件。有一年，他派连称、管至父（fǔ）两位武将去守卫葵丘这个地方。走的时候齐襄公答应他们，"瓜时而往，即瓜而代"（《左传·庄公八年》），就是今年吃瓜的时候派你们去，明年吃瓜的时候就把你们换回来，等于约好一年期限。于是，二人兴冲冲地去了。可一年时间到了，瓜吃完了，连瓜秧都蔫儿了，还不见有人来换。国君是贵人，多忘事儿，主动跟国君提吧。于是，连称、管至父就给国君写信。一封信递上去，没音讯；两封信递上去，没人搭理；第三次，正赶上齐襄公发脾气，看到来信，越发不耐烦，干脆说："不许回来！"普通人都要说话算话，何况一国之君。齐襄公现在完全由着性子来，出尔反尔，怎么不招人怨恨呢？当连称、管至父收到"不准回来"的命令时，绝望中报复的念头就产生了。

不久，连称、管至父和公孙无知凑拢到了一起。公孙无知说："我从小在宫中长大，对宫里的情况了如指掌。"两个将军说："我们手里有军队。"三人一合计，决定联手除掉齐襄公。

一天，宫里传来消息，齐襄公打猎回来伤了脚，躺在宫里不能动，公孙无知和两个将军心想，除掉齐襄公的机会到了！

那么，齐襄公又是怎样受的伤呢？还是和他做人不地道有关系。

齐襄公有个妹妹叫文姜，嫁给了鲁国国君鲁桓

公。文姜在嫁给鲁桓公之前，与齐襄公有私情。文姜出嫁几年后，鲁桓公带文姜来齐国访问，没想到兄妹两人旧情复燃，文姜趁机私会齐襄公。更糟糕的是，这样的丑事还被鲁桓公知道了。鲁桓公大怒，碍于还在齐国做客，忍着没有发作。文姜知道回到鲁国肯定没有好日子过，赶紧找齐襄公商量对策。两人决定，一不做，二不休，干掉碍手碍脚还爱生气的鲁桓公！

第二天，鲁桓公要回国了，齐襄公设宴招待。吃完饭，鲁桓公喝醉了，齐襄公就安排他身边的车右彭生扶鲁桓公上车。车右是古时陪同主人乘车的武士，他们都是大力士，彭生趁着扶鲁桓公上车的时候，双手稍微使了点劲儿，就把鲁桓公的肋骨给夹断了。鲁桓公就这样不明不白地死掉了，鲁国人当然不干，找齐国要说法。齐襄公早就想好了对策。明明是他下令让彭生对鲁桓公动的手，可他却把责任往彭生身上一推，杀掉彭生搪塞（táng sè）了事。

齐襄公干了缺德事，心里也发虚。在贝丘打猎时，看见有一头大野猪突然窜了出来，身边的人都说这是彭生变的。齐襄公大怒，说："彭生怎敢如此！"说着拿起弓箭就射，结果那头野猪突然抬起前脚，像人一样站了起来，同时还大声叫唤。齐襄公吓了一大跳，从车下掉了下来，扭伤了脚。

齐襄公受了惊吓，被送回宫中，躺在床上又是害怕又是疼痛，看谁都不顺眼，开始拿下人们出气。他发现自己的鞋子丢了，叫寺人（就是太监）费去找。寺人费找了半天没找到，于是被齐襄公毒打了一顿。受了一顿冤枉打的寺人费浑身是伤，

走出宫外，打算继续找鞋。可是他一出宫门，就碰到了公孙无知一伙叛乱分子。

叛乱分子看宫里出来个人，二话不说就抓住捆了起来。寺人费在宫里待了很多年，齐襄公都得罪了哪些人，他心里很清楚。一时间，他已经想好了应对的计策。

寺人费赶紧说："别别别，先别捆我，你们看看我背上刚被君主抽的伤，我能向着他吗？你们要造反是不是？正好儿，带我一个！"一边说，寺人费一边脱下上衣。大家一看，他背上的鞭痕纵横交错，血淋淋的！看来也是恨齐襄公的人，叛乱者打消了疑虑。寺人费接着说："现在齐襄公正在床上躺着呢，一点防备都没有，千万不要惊动了他，惊动了就进不去了。我先进去悄悄把他杀了，你们不是更省事儿吗？"大家

一听，有人愿意担弑（shì）君的罪名，求之不得！于是他们立刻让寺人费回宫。

寺人费火速回到齐襄公的寝宫，从床上拽起齐襄公，但没有杀他，而是迅速把他藏了起来。接着，寺人费又叫小寺人孟阳躺在床上假装齐襄公。寺人费安排好一切，这才退出殿外，关上宫门，手拿武器再次站到门前。

叛军很快冲了进来，宫里的仆人们吓得瑟瑟发抖，有的四处躲藏，有的拔腿就逃。可他们看见寺人费守在宫门前，一副要跟叛军拼命的架势，便聚到了寺人费的身边。寺人费带领着宫里的人和冲进来的叛军展开了殊死搏斗。可惜寡不敌众，寺人费和宫里的人一个个接连倒在叛军的刀下。叛军杀进宫殿，看见床上的被子不停抖动，拉起被子里的人就砍。砍完了一看，原来是个小寺人，和襄公完全不相像。于是他们开始手忙脚乱地找齐襄公。公孙无知和两个叛将恨不得把墙壁都凿开了看看，要是放跑了国君，不仅前功尽弃，大家都得完蛋。

原来，情急之下，寺人费把他藏在了门后面。可是，倒霉的齐襄公被那只受伤的脚出卖了——它竟然露了出来。叛将们看见后，马上冲过去，把人揪出来，一看，正是齐襄公，二话没说，立刻就把他杀了。

齐襄公死后，公孙无知自立为国君。可是公孙无知也不是好君主，招来了不少大臣们的怨恨。第二年春，公孙无知外出游玩，在雍（yōng）林被大臣杀死。

不到一年的时间，齐国两个国君都死于非命，齐国乱成了一锅粥。大乱之后，统治齐国的又将是怎样一位国君呢？

李山说

齐襄公作为一国之君，论治理国家，并不是一无是处。他在位期间，吞并了相邻的一些小国，打通了齐国沿海贸易的通道。他还压制住了自己的邻国——鲁国的发展势头，为后来齐桓公称霸中原打下了很好的基础。可是常有这样的情况：一个人对外（比如齐襄公扩张领土加强国力）也许很能干，但是在治理自己（古人称之为"治身""治心"）方面很差劲。这样的人如果拥有太大的权力，就容易害人害己。

史书评价齐襄公，用了"无常"两个字，喜怒无常，对人对事没常性，也就是无德行。齐襄公因为没有德行，不仅害得自己的臣子彭生冤死，还逼得亲人朋友带头造反，当然，他自己也没有好下场。

而寺人费虽然被暴虐的君主毒打，却依旧忠心耿耿，令人感叹。这就是人格的奇特之处。人格不分地位高低，地位高的人人格不一定高，齐襄公贵为一国之君，人格低劣，而寺人费虽然是个低贱的奴仆，却让人敬佩。

小知识

古代的战车

春秋时期最厉害的作战工具是战车，一般情况下，战车上乘三人，如果没有国君或主帅在车上，站在中间的就是御者。御者负责驾车，他的左右各站一人。左边的人叫"车左"，也叫"甲首"，手执戈戟，身背弓箭，负责远射，是一车之首。站在御者右边的叫"车右"，也叫"骖乘（cān shèng）"，手执戈矛或殳（shū，前端带钩的古代兵器），在战车交错时钩杀对方车上的战士。战车在行驶时出现问题，也要由车右来解决。例如，车子陷进泥坑里面，车右要跳下车，把车子扛出来，因此车右都是大力士。彭生就是力大无比的车右，他稍微一使劲就把鲁国国君的肋骨给夹断了。

5

桓公争霸

能用仇人当宰相的霸主

俗话说，心胸决定你的眼界和事业，想有所作为必须要有宽广的心胸。春秋时期的第一位霸主齐桓公，就是一个心胸宽广的人。对于差点将自己杀掉的人，他非但不怪罪，还把他请回来当齐国的宰相。

公元前685年的春天，莒（jǔ）国通向齐国的大路上，神色匆匆地走过一群人。为首的是齐国公子小白，他是襄公的弟弟，紧随其后的是跟随他多年的谋士鲍叔牙。与此同时，公子白的哥哥公子纠，在他外甥鲁庄公的支持下，也忙着做回国的准备。接连两位国君死亡，使得齐国处在混乱的状态，他们两人谁先回国，谁就能继承国君之位。

小白和他的人马昼夜兼程。公子纠这边也不消停，派了他的谋臣管仲带着人马去拦截公子小白。在一个叫墨的小地方，管仲的队伍追上了小白，他们隐蔽在灌木丛中，寻找突袭的机会。

小白一行人过来了，管仲认出了他，率先从隐蔽的地方冲了出来，几大步跑到车前，对准小白就是一箭。小白应声倒下，管仲迟疑着是否还要再补一箭的时候，对方的护卫兵已经向他冲了过来。管仲看护卫兵一副拼命的架势，知道自己肯定射对了人。大功告成，管仲带着他的士兵赶紧撤走了。

见管仲的队伍跑远了，躺在地上的小白突然捂着肚子坐了起来，把围在他旁边伤心哭喊的侍从们吓了一大跳，公子小白竟然没死！原来，管仲这一箭虽射中了小白，但只是射在了他的衣带钩上。衣带钩是古人腰上佩戴的装饰用的挂钩，大多用比较坚硬的青铜、黄金、玉石等铸造，没想到这衣带钩却成了小白的"防弹衣"，替他挡住了致命的一箭。危急关头，小白反应也很快，躺在地上装死，不仅骗过了追杀他的管仲，连自己的护卫兵也给骗过了。小白侥幸躲过一劫，不敢再大意，赶紧换了便装抄小路往齐国赶。

公子纠听了管仲的回报，认为小白已死，觉得胜券在握，他们的行动节奏就放慢了。过了几天，公子纠才在鲁庄公的陪伴下前往齐国。一入齐国，他就发现情况不对，城门外非但没有迎接的仪仗队伍，连大门都是紧闭的。公子纠张口便要训斥城墙上站着的人。可是他仔细一看，倒吸了一口冷气，那个被管仲一箭射倒的小白竟然站在城墙上！

看着公子纠和鲁庄公一脸惊愕的表情，小白哈哈大笑说："感谢两位跑了这么远的路来祝贺我成为国君，现在齐国事务繁忙，来不及准备美酒接待贵宾，等我有空，一定亲自到鲁国来拜谢。现在，就请诸位打道回府吧！"

鲁庄公本想借着辅佐公子纠成为齐国国君来壮大鲁国实力，现在却是偷鸡不成蚀把米。他当然不甘心，想趁着小白还没站稳脚跟和齐国打一仗。

鲁庄公回国后，立刻纠集兵马向齐国宣战。这一仗，鲁庄公不占天时、不占地利，输得稀里哗啦，最后连坐的车都被打没了，灰溜溜地爬上士兵的战车逃回鲁国。

打败鲁国，公子小白也在齐国站稳了脚跟，名正言顺地成了齐国君主，他就是历史上威名赫赫的齐桓公。

小白当上国君，第一件事就是清理队伍，安排自己的人打理国政。找谁呢？身边最老的，从小就护着自己的，就是鲍叔牙了，又能干又忠心耿耿，宰相的位置非他莫属。可齐桓公没想到，鲍叔牙不肯当宰相，他居然推荐了另一个人——管仲。

一听这个名字，齐桓公下意识地摸摸自己的肚子，气哼哼地说："别提他，提他我就肚皮疼！"

看齐桓公一脸恨恨的样子，鲍叔牙乐呵呵地说："主公啊，您大人大量，不要在这种小事上生气，有道是各为其主。管仲是当世奇才，他射您的时候心里只有公子纠，没有您。您要是用他为相，他是可以为您射天下的人啊！"

齐桓公的优点就是肯听人劝，他觉得鲍叔牙说得有道理，就把个人恩怨放下，决定去请管仲为相。可是管仲人还在鲁国呢，当务之急是赶去鲁国把管仲要回来。

镞(cù)

杆

前锋

刃

叶翼

脊

后锋

关

本

镝(dí)

羽

这个就该是射小白的箭吧。

再说鲁国这边。吃了败仗的鲁庄公正在犯愁，公子纠现在养在鲁国，就像是块烫手的山芋，随时都会给自己惹来祸端。可他又是自己的舅舅，怎么处置呢？越想越头痛，正在这时候，手下人说齐国派使臣鲍叔牙来了，鲁庄公一听，立即安排召见。

鲍叔牙行过礼后，对鲁庄公说："齐国和鲁国本来没有矛盾，现在成为敌对国家，全都是因为公子纠的挑拨，所以我们国君想把他带回去治罪。"鲁

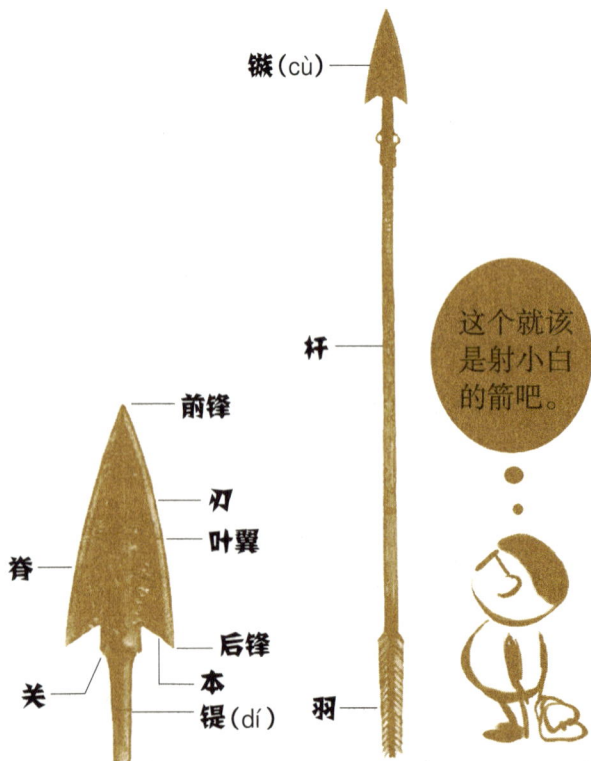

庄公听完，摇头说道："公子纠是我的亲人，要处置，也得是我们自己来！"鲍叔牙又说："那么公子纠手下有个谋臣叫管仲，他曾经用箭射过我们国君，是齐国的仇人，这个人能否让我们带回去？我们国君希望能手刃仇人，以解心头之恨！如果鲁国能够答应这点要求，齐国就既往不咎了。"

鲁庄公一听，鲍叔牙递过来的可是橄榄枝，赶紧接过来，把管仲押进囚车，交给了鲍叔牙。但为防齐国再来找麻烦，庄公究竟还是处死了公子纠。

鲁庄公九年的冬天，齐国的城郊，枯黄的野草在寒风中飒飒作响。这是一个和往年一样寒冷的冬日，可接下来的时刻即将载入史册：齐桓公和管仲作为君臣所引起的一段风起云涌的争霸历史，马上要开场了。

除了知道管仲箭法好之外，齐桓公对于管仲一无所知。齐桓公把管仲接到宫里，迫不及待地要试探一下管仲到底有多大的本事。

两人落座，齐桓公把早已准备好的问题抛了出来："管先生，齐国现在的情况很不好，刚刚死去的齐襄公，在位的时候建盖华屋广厦，骑马打猎，贪图享乐，使得齐国民心涣散。大家都在说，我们国家，美人的地位比大臣高，倡优的分量比将军重。百姓们为此怨声载道，我现在想把这个状况改一改，管先生，您有什么办法呢？"

齐桓公说完这段话，很是得意，觉得自己给管仲出了一道大难题，心里想着，能把这个问题回答出来，才能让他当宰相。管仲听完，起身恭敬地向齐桓公行了礼，朗声说道："只要您立志当霸主，刚才提到的那些都是小问题！"

管仲的回答让齐桓公很是诧异，春秋时期诸侯国中有作为的宰相可不少，但是一上来就让国君当霸主的，估计管仲是头一个。这就是管仲，一个胸怀大志的人。孔子曾对管仲做出过这样的评价："管仲相（xiàng）桓公，霸诸侯，一匡（kuāng）天下，民到于今受其赐。微管仲，吾其被（pī）发左衽（rèn）矣。"（《论语·宪问》）这句话的意思是，管仲辅佐齐桓公称霸诸侯，让天下安定下来，百姓们至今都在享用这种恩赐，要不是管仲，我们现在就会像夷狄一样，披散着头发，衣襟向左了。能做出这样重大历史贡献的人，一定是心怀广大的。

孔子对管仲的评价还涉及华夏文明的存亡问题。我们的文明不是一蹴（cù）而就的，是经过夏、商、周一段一段累积起来的。华夏文明在当时辐射到了整个黄河流域、长江以北及燕山以南这一大片地区，在春秋时期文明程度远高于周边地区。

外族对中原的入侵不仅是丢失土地和资源那么简单，更可怕的是华夏文明的断代甚至是消亡，管仲的执政理想就是希望齐桓公能够站出来成为挽救华夏文明的霸主。

齐桓公可不这样想。他当然不想做一个像齐襄公那样的君主，可也没想过在诸侯国中称王称霸，担负起天下大事。他觉得管好自己就够了，还要管人家的事，那得多累啊！

所以，齐桓公听管仲一下提出这么高的理想，立刻把头摇得像个拨浪鼓似的："管先生，咱们把齐国治理好就行了，我不想做什么霸主。"

可是没有天下稳定的局面，诸侯之间打来打去，把自己国家治理得再好，也难免受天下混乱的牵累。于是，管仲又努力劝说道："您不做霸主，齐国的治理无从谈起！"

齐桓公依旧摇头，这么个泱泱大国，足够自己安享一辈子的富贵太平，何苦多事呢？

看来自己想要让天下恢复太平的理想，在齐桓公这里是行不通了，管仲开始神色黯然。

古时候有殉节的传统，主人死时，追随者会一起死去，以表忠诚。管仲曾经是齐桓公哥哥公子纠的谋士，公子纠成了争夺齐国国君位置的牺牲品，他死的时候，跟随他的谋士中，很多人都自杀殉节，可是管仲不但没有殉节，还跑来帮助公子纠的政敌，他的行为已经为世人所不齿。管仲当时对他的朋友说，担负骂名，是为了实现更加远大的理想。现在，这个理想眼看要落空了，管仲该怎么办呢？

管仲起身向齐桓公深深地行了个礼，说道："我之所以苟活至今，是想做一番有利于天下的大事，可如果活着只是为了齐国，恕管仲不能从命，您还是把我送回到鲁国去吧！"说完就向门外走去。看来，管仲是打算为公子纠殉节呀！

管仲的行为，惊得满堂大臣目瞪口呆。倒是齐桓公反应快，连忙高叫："快快，快留住管先生！"大臣们赶忙追上去把管仲拉了回来。

到底是年轻人，齐桓公身上的豪情一下子被管仲这样不怕死的劲头激发了出来。即使还不清楚管仲一匡天下的大计具体是什么，可是管仲背着天下的骂名来辅助自己，那就做一个像管仲说的那样的霸主吧！齐桓公此刻的决定不仅让齐国崛起，也让春秋的历史踏上了新的轨迹。

李山说

齐桓公与管仲在朝堂上的初次相见是一段很精彩的故事。齐桓公表现出了他的一个优点——听人劝。听鲍叔牙说管仲有才干，他就原谅了管仲，这很难得。在未来的几十年，他也完全信任管仲。这是后来很多想做官的读书人都羡慕的"君臣之遇"。君臣之间能有这样好的关系，千载难逢。

古书上说齐桓公这个人"无小智惕而有大虑"，就是说齐桓公不在小事上用心思，却能在大事情上听从他人的好主张、好建议。这和他的贵族身份有关，贵族养尊处优，百事不缺，容易形成出手阔绰、不斤斤计较的性格。在做人上大方，心胸就宽广，有大志向的人就喜欢跟他交往，就容易做成大事。齐桓公就属于这类的老贵族，最终成就了大业。

小知识

左衽

衽，本义是衣襟。左前襟掩向右腋系带，将右襟掩覆于内，叫作右衽。反之称左衽。古代中原汉族服装衣襟向右，中原地区以外少数民族的装束衣襟向左。逐渐地，右衽、左衽就成了华夏民族与少数民族的代名词。

6

管鲍之交

孔子推崇的交友境界

　　人的一生中，能够交到真正的朋友是非常幸运的事。什么样的朋友值得交往呢？来看看宰相管仲的朋友吧。

管仲的朋友叫鲍叔牙，他不仅把管仲从囚车里救出来，还推荐他成为齐国的宰相。作为朋友，这样的帮助能有一次，就称得上是恩重如山了。可是史书上记载，鲍叔牙对管仲类似的帮助可不止一两件。

《史记·管晏列传》中，记录了管仲和鲍叔牙交往的故事。管仲和鲍叔牙年轻时一起做买卖挣了钱，分钱时，管仲就往自己兜里边多揣。这种事情，一般人知道后马上就得闹翻，可鲍叔牙却不以为意。他说："管仲这样做，是因为他家里穷。人穷志短，马瘦毛长。这点小毛病，我原谅他，谁让他家里穷呢！"

鲍叔牙和管仲曾一起参军打仗，管仲总是自己先溜掉，只顾自己不管别人。这对于别人来说也是难以原谅的，可鲍叔牙却说："这是因为管仲家里有老母亲要养活，不能轻易死在战场上。"

既然是好朋友，帮助应该是相互的。鲍叔牙对管仲的帮助向来是雪中送炭，可是轮到管仲帮鲍叔牙办事呢，办一件，砸一件。这在别人，也早就断交了，可是鲍叔牙仍然不以为意，还替管仲辩解："办事嘛，总有顺风和逆风，所谓流年有利有不利。"总而言之，管仲要有一百个缺点、一百个毛病，鲍叔牙就有一百零一个谅解、

一百零一个宽容。对于这样的朋友，管仲由衷地感慨："生我者父母，知我者鲍子也！"（《史记·管晏列传》）他们之间的友谊让人感慨，于是就有了一个成语"管鲍之交"。

李山说

人们谈到"管鲍之交"时，首先不是赞美管仲多么有才干，而是感叹鲍叔牙难得的心胸。他在乱世中摸爬滚打了这么多年，辅佐小白这样一个落魄公子，终于有机会翻身做宰相的时候，却能舍得把到手的大权交给别人，这样的人在历史上也不多见。孔子对鲍叔牙的评价比管仲还要高，正是因为鲍叔牙能举贤人。在儒家的观念当中，如果身在朝堂，知道贤人却不举荐，就要为人所诟病。因为古代崇尚的是贤人政治，政治清明有赖于贤人，所以举贤就成了大事。后来汉代实行察举制，隋以后实行科举制，都是国家选拔贤才的制度性措施。

7

曹刿论战

打仗不光靠人多

春秋时期诸侯国之间最重要的事情之一就是打仗。一年到头，要么盘算着怎么去攻打别人，要么盘算着怎么不挨打。齐鲁是邻国，齐国总是欺负鲁国。可是凡事总有例外，公元前684年，这个"惯例"被打破了，历来号称强大的齐国，竟然被鲁国打得落花流水。

公子小白成为齐国国君的第二年，开始蠢蠢欲动。他年轻气盛，很想找人比试一下，左看右看，把矛头指向了邻国——鲁国。齐桓公把管仲找来商量，管仲看年轻的国君一脸急切，没有立刻回答，说和鲍叔牙再合计一下。管仲出了朝堂直奔鲍叔牙家，把齐桓公的打算说给鲍叔牙听。鲍叔牙一听，急得变了脸色："鲁庄公已经执政近十年，把国家治理得井井有条。可咱们的国君即位才一年，百业待兴，拿什么去跟鲁国拼呢？就算是发动全国的兵力，最多也是个两败俱伤的结果，这仗我们不能打啊！"管仲听了苦笑道："国君年轻没有吃过亏，不知深浅，现在靠劝是劝不住的。"鲍叔牙听了摇摇头说："听不进去也要劝，我马上去见国君。"鲍叔牙刚想走，却被管仲一把抓住："我来找你商量不是叫你去劝国君，而是希望你能和他一起去，有你在，输也不会输得太惨！"鲍叔牙虽然不太明白管仲这样做的目的，但他相信管仲的决定，便点头答应下来。

几天之后，齐国的大军出发，直奔鲁国的边境长勺。

鲁国国君鲁庄公得到消息后心想："上一仗被这个小子打败了，没等我找上门算账，他倒先动手了！"鲁庄公想报仇，可对手很强大，他不敢轻敌，立刻召集大臣们商量对策。大臣们聚在朝堂上你一言我一语也没个准主意。这时候，国中一个叫曹刿（guì）的人声称有退敌的计策，请求进见。鲁庄公觉得很奇怪，一个卑微的平民怎么会如此大胆呢？等曹刿来到鲁庄公的面前，一张嘴说话，更是出乎鲁庄公的意料。他不是直接拿出自己的计策，而是先向鲁庄公抛出了一个问题："请问主公，您拿什么跟齐国打仗？"

这算个什么问题呢？打仗不就是靠士兵吗？当然，鲁庄公没有这么回答，他绕着弯说："衣食所安，弗（fú）敢专也，必以分人。"（《左传·庄公十年》）意思是，吃的穿的这些生活必需品，我不敢独占，一定会分给大家。曹刿一听，摇摇头说："这些小恩小惠，只能被几个人享用，不能成为老百姓跟着您冲锋陷阵的理由。"

鲁庄公又说道："牺牲玉帛（bó），弗敢加也，必以信。"意思是，祭祀用的猪、牛、羊、玉器和丝织品，我从来不敢虚报夸大，对神明一定用实情相报。曹刿听了还是摇摇头说："这点信用对于神明来说根本不算什么，神明不会保佑您的。"

两个回答都被这个小人物给否定了，鲁庄公不再急着回答，他沉思了一会儿，说："小大之狱，虽不能察，必以情。"意思是，鲁国大大小小的案件，虽然不敢说都断得很公正，却都是我尽量照实情来处理的。曹刿一听，点点头说："这是尽了做君主的本分，凭借这点可以去打一仗了。若开战，请允许我跟随您作战。"

史书中记载的这段曹刿在鲁庄公面前请战的对话，看上去不像是请战，更像是曹刿帮助鲁庄公树立取得胜利的信心。《孟子》中认为打仗是"天时不如地利，地利不如人和"。一个国家的君主能够尽心尽力为老百姓公正办案，体现出公正、亲民的思想，只有这样才能获得民心，打仗时老百姓才肯出力。

公元前684年的早春，鲁国的边境长勺还刮着凛冽的寒风，齐国和鲁国的军队早早布好了阵势，放眼望去，齐国大军黑压压地排列着，人数明显比鲁国多出不少。

马上就要面临生死搏杀，鲁国士兵们神色凝重，而齐国士兵看上去却自信满满，也许是因为人数上的优势，也许是因为不久前打败过鲁国，齐国人以为胜券在握。

突然，原野上响起了齐国战鼓雄浑有力的声音——嗵，嗵，嗵。鼓越敲越快，战士们的心也跳得越来越快，浑身的血液随着心跳在急速流转、沸腾，齐国的战士们如同开足马力的战车，就等着国君一声令下，全速冲向对方的军阵，把那里的一切全部捣毁。可是憋足了劲的战士们却始终没有听见向前冲的命令，再看鲁军阵地，一点动静都没有。齐军一通震耳欲聋的鼓声响过后，渐渐没了动静，原野上又只剩下一阵阵风声。

古时打仗以鼓为令，双方都敲起鼓来，士兵才会跟着鼓声冲向对方的阵营，如果一方的军队不击鼓，就不能冲过去厮杀。这就是春秋时期的战争，打仗虽要拼命，但是打仗的礼仪依旧要遵守。所以齐国敲鼓，但鲁国不敲，齐国的士兵就不能冲过去。他们心里纳闷，难道鲁国敲鼓的人还没到？算了，不管这么多，那就再敲一次吧！

齐军的阵队里再次响起了鼓声，比刚才还响、还密，不独齐军，鲁国的士兵也感到了脚下土地的震动，可是他们的战鼓依旧一声不吭。不一会儿，齐军惊天动地的鼓声再次被风吹散了，大地重归平静，像是什么也没发生。

　　齐军的将士们有点儿沉不住气了：打仗又不是唱独角戏，只是自己敲，没有人应和，怎么打呢？难道鲁国是害怕了，不敢迎战吗？这倒也是好事。那就再敲敲看，如果鲁国还没动静的话，那我们也歇着了。于是，齐军第三次敲响战鼓。

　　大概齐军敲鼓的人也敲得没意思了，第三通鼓敲得疲沓沓的，一点气势都没有，阵营中更是有不少士兵放松戒备，觉得擂完三通鼓就该收兵了。

　　突然，对面鲁国军阵中爆发出阵阵惊天动地的鼓声，这鼓声像是掀起了一层巨浪，狠狠地撞向齐国的阵地。齐国士兵被巨大的声浪搅得一头雾水，还没闹明白发生了什么，鲁国的士兵就如黑压压涌动的潮水，迎面扑了过来。

　　鲁军此刻就像一群蓄势已久的雄狮，迫不及待地扑向自己的猎物，而齐国士兵如同草原上的马，面对狮群的进攻，惊慌失措、四散奔逃。慌乱中，士兵和士兵挤在了一起，车和车撞在了一起，根本没有还击的力量。

　　这样的情形大大出乎鲁庄公的预料。他激动地站起身来，准备亲自擂鼓下令，让全军乘胜追击。可鲁庄公的鼓槌还未拿起，就被一只手按了下去，抬头一看，正是身边的曹刿。鲁庄公迟疑地问道："刚才听了你的话，等到齐军的三通鼓后，我们才出击。现在他们已经溃不成军，难道我们还不乘胜追击吗？"

　　曹刿微微一笑，解释道："夫战，勇气也。一鼓作气，再而衰，三而竭。彼竭我盈，故克之。"（《左传·庄公十年》）原来，刚才鲁国军队故意落后击鼓是曹刿的计策。曹刿解释说：打仗，战士的勇气最为关键。第一次敲鼓士气最旺，可接下来就会衰退，等第三次敲的时候士气基本就衰竭了。等到敌军士气衰竭，我们再敲响第一通鼓，用我们最旺盛的士气去迎战敌人最低落的士气，当然势如破竹。

鲁庄公真没想到敲战鼓还有这么多玄机，原来不是自己的士兵比齐国的威武，而是因为齐军的士气就像一个充气球，不断地被打气，满了之后再被放空，最后彻底软了，吹不起来了。

但在这种情况下，战斗力的低迷不一定会持续很长时间，所以曹刿阻止鲁庄公下令追击。毕竟齐国的兵力很强盛，万一他们是假装逃走，鲁国士兵莽撞地追过去，被齐军包围起来，弄不好就会全军覆没。

鲁庄公现在非常信任曹刿的判断，不让追就不追，放下鼓槌，让曹刿做决断。只见曹刿下车仔细观察齐军车轮留下的痕迹，已经是乱七八糟；曹刿又站到了战车上，从高处审视齐军败逃的战场，只见对方的士兵、将官乱成一团，纷乱之中互相踩踏冲撞。这下曹刿确定齐军不是假装逃走，完全是败军不经扫帚扫的样子，于是立刻下令：全力追击！

长勺之战，鲁国大获全胜，曹刿一战成名，他靠"三通鼓"以弱胜强的战术也被载入了史册。

李山说

这就是著名的"长勺之战"，发生在齐桓公继位后的第二年，这次战争最重要的看点就是"曹刿论战"，而曹刿论战的要点，在于他对战士的心理状态的利用。古人把战争中将士的战斗心理称作"气"，齐人敲了三通鼓而不开战，就把战争给"敲"输了。曹刿指挥下的鲁国军队则是"一鼓作气"，大获全胜。这次的战役，人们往往从鲁庄公如何善于听取贤人建议、曹刿如何善于利用心理智慧战斗这个角度看。可是，如果换个角度去想想齐国，我们就要问了，怎么三通鼓就把齐军敲打得落花流水呢？我想，齐国士兵灰溜溜回国后是一定要反思的。即使一般士卒不反思，将士和齐国的当政者也得反思。这实际暴露了齐国争霸的基础还不牢固。齐桓公太急躁了，他不了解，齐国还存在着很多根深蒂固的问题没有解决，而在这种情况下轻率动兵，就连鲁国这样的一般国家都打不过。战败是坏事，可是在管仲这样聪明的政治家眼中也是好事，可以因祸而得福。坏事经过有利条件的转变，往往就能变成好事。管仲就善于利用这样的转变。在管仲诸多变法的实施过程中，齐桓公总是很急躁，刚刚实行政策，马上就问，这下可以称霸了吧？就像孩子学做饭的时候，等在锅边，时不时要掀开锅盖看看。

管仲的沉稳和齐桓公的急躁就形成了一个对比，这实际上是一个深谋远虑的政治家在驯服当权者，就像马没有经过训练，驾车时就不懂得左右拐弯的口令，得慢慢地驯化它。如果齐桓公不经过这样的失败教训，恐怕管仲怎么劝说让他不要着急也不会管用。事实证明，齐桓公经过长勺之战的失败后，确实踏实了许多。这样一来，管仲就可以按部就班地实施他富国强兵的大战略了。

春秋时期的战争特点

春秋时期，打仗的主要方式还是车战，交战双方多选便于行车的平坦之地作为战场，排成整齐的车阵之后，才开始交战。战败的一方车阵一乱，就很难重整军阵再次开战，一鼓作气、速战速决是车战的最大特点。因此，春秋时的战役大都"车不过千乘，兵不过十万，战不过一天"。

在古代打仗也要讲究礼仪。虽然春秋时期因为诸侯不再遵从周王室的约束而不断混战，但是大部分国家还尊崇这些打仗的规矩：例如"不鼓不成列""不重（chóng）伤""不擒二毛"等，意思是不要在对方还没有准备好的情况下击鼓出兵，不能对伤兵实施二次伤害，不要俘虏头发花白上了年纪的老人。

8

南宫长万

半人半兽的大力士

春秋时期有很多大力士被载入史册，其中有一位宋国的大力士叫南宫长万，不过他的出名倒不是因为战功显赫，而是因为臭脾气和凶暴。

公元前684年，齐桓公趾高气扬地带着军队想要好好教训一下鲁庄公，却稀里糊涂地打了败仗逃了回去。输成这样，齐桓公都没有静下心，好好总结一下教训，反而觉得自己第一次带兵打仗没打赢太没面子。没多久，他又纠合了宋国跑去和鲁国打仗，没料到再次输了个稀里哗啦。

齐国和宋国的联军输了，但是这场战役却让宋国的一个大力士——南宫长万出现在历史舞台上。

战场上，齐国和宋国的士兵在人数上占据优势，但没有鲁国的士兵训练有素、配合默契。不一会儿，齐宋联军就显现出败象，唯独宋军南宫长万带领的人马斗志昂扬。南宫长万挥舞着一杆长戈左拼右杀，像割麦子似的把围在他身边的鲁国士兵全部弄翻在地，跟随他的士兵们也显得非常勇猛。

远远观战的鲁庄公觉得情形不妙。打仗靠的就是一股气势，南宫长万越战越勇，不把他擒住，这场仗弄不好就会输。想到这，鲁庄公赶紧派出鲁国第一勇士歂（chuán）孙生去和他交战。

歂孙生抄起大戈，驾起战车冲向南宫长万。两个大力士厮杀到了一起。歂孙生用尽全力拼杀，可始终占不了上风。时间一长，渐渐有些招架不住。鲁庄公急坏了，大声喊道："取我的金仆姑来！""金仆姑"是鲁军一种强弓所用的劲矢，力量大，射程远。鲁庄公搭箭上弦，瞄准南宫长万，嗖的一箭，深深地射进了南宫长万的肩膀。看来鲁庄公还是个神射手，两人离得老远混战在一起，他还能够射中目标。

"金仆姑"果然名不虚传，南宫长万中箭的臂膀一时间疼得竟然抬不起来，急忙用手去拔箭。歂孙生趁着他腾不出手的工夫，挺起大戈尽全力一刺，刺透了南宫长万的大腿，把他撞倒在地上。南宫长万挣扎着要站起来，歂孙生干脆整个人都骑到了南宫长万的身上，双手紧紧按住他，鲁国的士兵们趁机一拥而上，终于将南宫长万擒住。宋军一看主将被擒，无心再战，顷刻间，齐宋联军如同潮水般退去。鲁国再次大获全胜，鸣金收兵。

歂孙生押着南宫长万来到鲁庄公面前，鲁庄公见他受了重伤，依然站得挺直，脸上没有任何痛楚的表情，很是敬佩，非但没有处罚他，还把他带回鲁国，敬为上宾。

第二年，宋国发水灾，宋国和鲁国原本没什么积怨，鲁国不想树敌太多，便趁这个机会派人前去宋国慰问。宋闵公宴请鲁国使者的时候，"顺便"提出了把南宫长万接回来的请求。鲁国顺水推舟，送回南宫长万，于是鲁国和宋国重修旧好。

南宫长万是当过俘虏的人，见到宋闵公很是尴尬，垂头站立着。宋闵公不是个心胸宽广的人，他想着南宫长万当了俘虏，回来应当谢罪，没想到他却低着头，一言不发。宋闵公心里顿时不舒服起来，讥笑道："我本来很敬重你，但你当过鲁国的俘虏，我若再敬重你，国民会耻笑我的！"南宫长万当众被国君嘲讽，脸上青一阵红一阵，尴尬地退了出去。

旁边的大臣劝宋闵公："南宫长万是尚武之人，极其自负，很在意被提到短处。他虽然当过俘虏，但是没有做过对不起宋国的事情。他还是宋国的将军，君臣之间应该以礼相待，这样当众讥笑大臣是不应该的。"宋闵公听了根本没有当回事："我经常和他开玩笑，他不会在意的！"实际上，南宫长万很在意，这成了他的"心病"，他觉得被国君当众取笑是奇耻大辱！

宋闵公一点儿都没有意识到自己得理不饶人的嘲笑已经在南宫长万的心中种下了病根，居然还时不时给这个"病根"浇水加肥。

一天，宋闵公与南宫长万博局。博局类似于现在的棋类比赛，这是宋闵公的强项。不一会儿，南宫长万就接连输了几局。输了要罚酒，南宫长万一碗接一碗被罚喝酒，又气又恼，突然蹦出这样的话："甚矣，鲁侯之淑，鲁侯之美也！天下诸侯宜为君者，惟鲁侯尔！"（《春秋公羊传·庄公十二年》）这是在说鲁君真善良、真美好啊！天底下的君王没有谁比鲁国的国君更英俊贤能了。南宫长万当着自己的国君夸别国国君，明摆着是输不起，心里泛酸水。

宋闵公本来赢得正高兴，听到南宫长万的话，立刻沉下脸，毫不犹豫地拿话朝南宫长万的痛处戳："你这个家伙，当了几天鲁国的俘虏，居然嘲笑起自己的主子来了，看来鲁国国君真贤德啊！"国君和臣子，两个小心眼儿，开始针尖对麦芒。

南宫长万最听不得别人说他是俘虏，听见宋闵公的嘲笑，竟然仗着酒劲上前和宋闵公动起手来。南宫长万抓住宋闵公一推搡，宋闵公的脖子立刻就断掉了。

几分钟不到的功夫，国君就在大家的眼皮底下断了气，一旁的人全都吓呆了，可竟然没有一个人敢上前阻止南宫长万。南宫长万在众目睽睽之下，拎着自己的大戟昂首走出宫廷。

南宫长万走到宫门口才被一名叫作仇牧的将士拦下。可仇牧哪里是南宫长万的对手？《史记·宋微子世家》中这样描述二人格斗的场景："万搏牧，牧齿著（zhuó）

门阖（hé）死。"南宫长万一出手便将仇牧的头颅打碎了，打飞的牙齿还嵌进门柱中。可见南宫长万的力气大得惊人。

南宫长万杀死了仇牧，从容地驾车而去。这时，救援的士兵才赶到，大臣华督带领着士兵追上了他。华督骑马拦在南宫长万的马车前，南宫长万二话不说，跳下车，径直走向华督，一戈就把华督挑下马，再一戈，华督也成了南宫长万戟下的冤魂。

不到一顿饭的工夫，南宫长万连杀国君和两位大臣，天下为之震惊！

接下来，南宫长万开始逃亡。他虽行事鲁莽，却是个大孝子，逃命也要带上老母亲。《左传》中记载，南宫长万驾车拉着老母亲，一个晚上就跑到了两百里外的陈国。

陈国国君知道南宫长万的厉害，不敢不招待他。但是，陈国国君也不能得罪宋国。想来想去，他想出了个主意。他热情地宴请南宫长万，还叫来宫中美女歌舞劝酒，南宫长万放松了警惕，喝得酩酊大醉。陈国国君看南宫长万醉倒之后，赶紧叫人用犀牛皮把他里三层外三层紧紧地捆住。为什么用犀牛皮呢？犀牛皮是一种最为结实牢固的皮，有两三公分的厚度，被犀牛皮绑住，比装进囚车里还要保险得多。南宫长万就这样被犀牛皮绑着押回了宋国。但他一路上也没闲着，到宋国的时候，他手脚已经从犀牛皮里挣脱出来了。宋国人一见吓坏了，免掉审判，直接把他押出去剁成了肉酱。

即位不到十年的宋闵公和神猛无比的大力士南宫长万，因为小心眼儿，就这样早早地断送了性命。

李 山 说

相信看过南宫长万故事的人，一下子就可以记住这个生猛的家伙。他留给人们最深刻的印象莫过于他的力大无穷。可是，一个人不论是打仗，还是日常生活，只凭着蛮力办事，就会变得跟野兽一样。南宫长万就是春秋时期的一只野兽。但他如此力大无穷，不还是被鲁国人抓做俘虏吗？可见即使在战争中，单凭气力也打不了胜仗。然而南宫长万并不这样想，自从当了俘虏，灰溜溜地被放回来之后，他就变成一个大力气、小心眼的瞎心汉，自尊得要命、狭隘得要命，于是他那点子力气，就变成伤害人的暴力了。

南宫长万有着春秋或更早时期武士的一般特点——极端自尊，但德行修养跟不上去。比南宫长万稍晚的孔子站出来，主张人要放弃对力气的依仗，提倡包括武士在内的人们要转而加强内在德行的修养，不要动不动就使性子、动蛮力，大概就是有鉴于古代像南宫长万这样"缺德"的战士有很多吧！不过，南宫长万也有一个优点，他对自己的老母亲还是很孝顺的。所以，逃跑的时候，他像老牛一样驾车拉着老母亲逃跑。不过，他也只是知道爱老母亲，对他人，就不是像对自己的老母亲这样了。百善孝为先，就是说孝敬父母的德行，能生出对他人的爱。爱老母亲，南宫长万还像个人；不顺气就杀人，南宫长万又不像个人。所以他一半是人，一半是野兽。

什么是"礼"

礼，起源于古代的祭神活动，主要是祭神的仪式。"礼有五经，莫重于祭。"（《礼记·祭统》）当华夏民族的先人还处在原始蒙昧状态的时候，他们对于宇宙的斗转星移、四季的寒暑易节、生物的繁衍死亡、草木的茂盛荣枯等感到神秘莫测，总以为在这些奇异的自然现象背后，一定有一些有威力巨大、能够操纵天地万物的神。为祈求神灵的保佑，先人们虔诚地向神跪拜祈祷，于是最初的原始的礼出现了。无数次的祭祀活动，反反复复的举止，使得祭祀的前后程序和各种形式固定并完善下来，于是礼仪就应运而生了。

《说文解字》在解释"礼"字时说："礼，履也，所以事神致福也。"礼起源于祭祀活动，是先人们祈神致福的种种仪式。《左传》里说："国之大事，在祀与戎"，精辟地概括出祭祀在当时社会生活中的作用。

礼是先秦时期的重要人文内容，承载着政治、伦理、哲学等多方面的丰富信息。它经过早期社会的漫长发展，在西周时期的周公旦手里正式形成，并随着周代的推进影响着后世的发展。

9

会盟诸侯

说话算话才能当老大

"对天发誓"，现在说起来像是一句玩笑话，可是在春秋时期，"对天发誓"是非常严肃的事情，叫作"盟誓"，还有一套完整的礼节来展示誓约的神圣不可违背。齐桓公想当霸主也需要借助盟誓来提高他在诸侯中的威信。

齐桓公接连两次被鲁国打败之后，终于踏实下来，听从管仲的劝告，安心治理国家。但他毕竟年轻性急，虽然嘴上不嚷嚷着找人打仗了，心里却一直在嘀咕：不和别人比试，怎么知道自己的实力如何呢？齐桓公还在暗自琢磨这个事情的时候，南宫长万就"帮"了他的忙。

　　公元前682年，南宫长万突然杀死了宋闵公，没有了国君的宋国乱成了一锅粥，宋国的事总要有人出头来管吧。于是，在公元前681年的春天，齐桓公以"平宋乱"为名发起了他执政时期的第一个会盟。

　　会盟是中国古代一项非常重要的礼仪制度，会盟中最重要的就是盟誓，通过这种神圣的仪式，让大家能够执行共同的条约。据文献记载，奉神约信的盟誓制度在夏代之前就已经产生了。春秋时期，王室衰微，没有能力号召天下，盟誓的作用显得越来越大，诸侯要想成为盟主，必须与列国会盟，通过盟誓来确立盟主的地位，会盟时来参加的诸侯越多，说明盟主的地位越高。

　　齐桓公也想通过这种办法来看看自己的实力。他在北杏（今山东东阿）向诸侯国们发出邀请，请大家来一起协商如何处理宋国内乱。

　　齐桓公兴致勃勃地筑好盟誓用的大土台子，准备好盟誓用的牲口，可是等了半天，只等来了宋、陈、蔡、邾（zhū）四个不大不小的诸侯国。更让他扫兴的是，这几个国家来的都不是国君，而是国君的代表。这种情况下当然形不成什么盟约了，北杏之盟变成了齐桓公剃头挑子一头热的盟会。

　　冷冷清清的会盟场面像盆冷水，彻底把齐桓公心中的急躁劲儿给冲干净了。齐桓公意识到，想要成为真正的霸主，仅仅靠把对方打败，让别人害怕是不行的，更需要大家发自内心的支持。齐桓公放下了仅靠打仗来称霸的想法，转而寻求和其他诸侯国的结盟。

　　齐桓公第一个想到的就是鲁国。鲁国是齐国的邻居，可是从齐桓公即位以来，齐国和鲁国的纷争就没有停止过，和邻居都相处不好，还当什么霸主呢？

　　公元前681年的冬天，齐国和鲁国在柯地举行会盟，齐桓公要和鲁国化敌为友。

　　自齐桓公即位以来，鲁庄公就感觉像躺在炸药包上睡觉，一天到晚精神紧张，能够和齐国握手言和当然是件好事，鲁庄公立刻痛快地带着手下来到柯地参加盟会。

　　没想到，在盟会现场却发生了意外。就在齐桓公和鲁庄公准备歃（shà）血为盟的时候，站在鲁庄公身后的壮士突然手持匕首冲到了齐桓公的旁边，一把抓住了齐桓公。齐桓公吓了一跳，问道："你要干什么？"抓住齐桓公的人叫曹沫，曾经三次参加齐国和鲁国的战争，是鲁国著名的勇士。只听曹沫怒斥道："齐强鲁弱，而大国侵鲁亦以甚矣。今鲁城坏即压齐境，君其图之。"（《史记·刺客列传》）意思是，你们齐国侵占我们鲁国的土地也太多了，我们鲁国的城墙要是倒了，就压到齐国的国境线了，你该好好考虑！曹沫说完，拿着匕首瞪着齐桓公。齐桓公又惊恐又迷惑，手下的人赶紧提醒他，曹沫说的大概是鲁国曾经把一个叫作遂邑的地方割给齐国的事情。

好汉不吃眼前亏，齐桓公弄清楚了状况赶紧说："有话好商量，不就是些土地吗，还给你们就是了。"

得到了承诺，曹沫把匕首一扔，从容地站回到鲁庄公的身后，就像什么都没有发生过一样。齐桓公又惊又吓，还丢了土地，越想越气，盘算着要违背诺言。看着一脸怒气的国君，管仲劝说道："夫劫许之而倍信杀之，愈一小快耳，而弃信于诸侯，失天下之援，不可。"（《史记·齐太公世家》）你要是背信杀了他，不过是逞一时之快，但是大家都会看到你是个不守信用的人，那失去的可就大了。

齐桓公这人最大的优点就是听人劝，一听管仲分析得有理，平息了自己的火气，依照诺言把占领的土地归还给了鲁国，齐鲁两国的恩怨就此化解。没想到，曹沫的小插曲反而成就了齐桓公的信誉，柯地之盟也成为齐桓公执政以来第一个成功的盟会。

李山说

曹沫的这段故事不可信，用刺客解决政治外交乃至军事上的问题，是战国时期的事情。司马迁写《史记》，有一个特点——好奇，就是喜欢奇特的事情，所以就把这样的传说写到《史记》里来了。不过，给齐桓公的盟会加上这样一个传说的用意，是想突出齐桓公、管仲的讲信用。

齐桓公能够成就一番霸业的一个重要原因，是孔子所谓的"正而不谲（jué）"（《论语·宪问》），说齐桓公这个人做事正派，不要阴谋诡计。正是因为齐桓公为人正派，所以才能够遵循管仲提出的"招携以礼，怀远以德"（《左传·僖公七年》）——用合乎道义的方式来称霸于诸侯，所以说齐桓公颇有一些"修文德以来之"的气魄。齐桓公通过多次会盟，与华夏诸侯结成了"尊王攘夷"联盟。这种联盟不仅使纷争不断的中原诸侯有了暂时的凝聚，也使得华夏文明在"南夷与北狄交，中国不绝若线"（《春秋公羊传·僖公四年》）的巨大危机之下得以保存。

小知识

盟　誓

据文献记载，奉神约信的盟誓制度在夏代之前就已经产生了。《尚书·吕刑》里就说上古的时候本有良好的社会风气，后来蚩（chī）尤开始作乱，制定酷刑、施暴政，导致天下大乱，民风日下，人们不再遵守自己在神灵面前许下的诺言，开始背信弃义。《尚书》中记载的蚩尤是远古时期的部落首领，其所处的时代大致相当于传说中的黄帝时期。可见盟誓的传统非常悠久。

盟誓的仪式到西周时期已经渗透到了生活的方方面面。大到分封诸侯，小到民事纠纷，都要进行盟誓。重大事件的盟誓文书还有专门的盟府来保存。

到了春秋时期，盟誓活动达到了鼎盛。天子与诸侯之间、诸侯与诸侯之间、个人与个人之间有着各种各样的盟誓，还出现了很多稀奇古怪的盟誓，比如斋盟、割臂盟、割心盟、强盟等。在《春秋》这部书中光是"盟"这个字就出现了七百多处，是使用频率最高的字之一。

春秋的盟誓这么盛行，自然也发展出一套完备的盟

誓礼仪。根据学者考证，东周时代的盟誓礼仪程序大致有十项。

（一）书盟辞于策　把要盟誓的话记录下来。

（二）凿地为坎　在举行盟誓的地方挖一个大方坑用来杀死盟誓用的牲畜。

（三）用牲　根据盟誓者的地位来选择牲畜。天子、诸侯用的是牛和猪，一般平民用的是鸡。

（四）盟主执牛耳　诸侯之盟一般用牛，杀牲时先割牛耳，盟主拿着牛耳取血。

（五）歃（shà）血　杀掉牲口之后，盟誓的人要依次喝一口血。

（六）昭告神灵　盟誓就是为了让神灵作证，这是盟誓中最重要的过程。

（七）读载书　把誓言在仪式上当众宣读。

（八）加书　载书宣读完毕，将载书放在被杀掉的牲口之上。

（九）埋书　盟誓之后，将载书与杀牲同埋于坎内。

（十）藏载书于盟府　载书有正本和副本，正本埋于地下，副本藏于盟府，以备日后查档。《左传·僖公二十六年》记载，西周初年，齐鲁两国结盟，约定"世世子孙无相害也"，其载书直到春秋时期仍然存于盟府中，成为鲁国化解齐国入侵的法宝。

在春秋时期，人们对盟誓的神圣意义还是非常看重的，一旦盟誓就不能背弃，否则就是和神灵开玩笑，会受到惩罚。因此我们在史书中经常会看到这样的记载，有些国家本来准备参加盟誓了，可是半路又偷偷地溜掉。可以立场不坚定，但是不敢对神灵撒谎啊！

10

救燕定鲁

中原霸主的东征西战

春秋时期不少诸侯都想当霸主，可当霸主并不只是对别人发号施令这么简单，还肩负着帮助盟国解决困难的重任。这种援助不仅花费时间、金钱，有时候甚至要面临生死攸关的考验。

随着齐国地位的不断上升，中原各国渐渐开始承认齐国的盟主地位。现在齐桓公不仅要管好自己的国家，还要照顾好其他国家。一天，齐桓公正和管仲商量事情，齐国北面的燕国派人来求救，说山戎在燕国劫夺财物。

燕国是当时中原地区北边的一个诸侯国，它的北面一带是山脉，就是今天的燕山山脉，在那里居住了很多少数民族部落，当时称之为山戎。这些人经过了很长时间的发展以后，势力逐渐壮大，就开始入侵燕国，燕国抵挡不住山戎的进攻，向齐国求救。

山戎抢夺北方的燕国，势必会成为中原的隐患，这件事一定要管。于是，齐桓公亲自率领大军前往燕国。

《吕氏春秋·简选》中记载，齐桓公讨伐山戎的部队十分浩大："齐桓公良车三百乘，教卒万人，以为兵首，横行海内，天下莫之能禁，南至石梁，西至酆（fēng）郭，北至令支。"三百辆优良的战车，光是先锋部队就有上万名士兵，所以形容这支部队是东南西北根本望不到边。能带出这么多人马去讨伐，齐国此时的强盛也可见一斑。这支浩浩荡荡的队伍，从齐国的都城临淄（zī）出发，先要经过今天的济南、德州进入河北省内，然后继续从德州向西北方向走，到达今天的河北保定附近之后，再向北才能到达燕国的都城。围剿山戎还要向东进入地势险峻的山区，行程达到数千里。光是长途跋涉不说，一路上要过黄河、滹沱（hū tuó）河、永定河、潮白河、滦（luán）河等众多河流。可以想象，这么多车辆、人马，一次次渡过湍急的河流是件多么不容易的事，前进的道路可谓是困难重重。

《韩非子·说林上》中就记载了齐军前进路上的故事。一天，齐国的大军走进一个山谷，走了很长时间都走不出去，大家意识到可能迷路了，于是管仲出了个主意："老马之智可用也。"士兵们赶紧找来几匹当地的老马，让老马在前面走，军队在后面跟着，终于带着部队走出了山谷，这个故事后来演变为成语"老马识途"。

还有一次，军队在山中找不到水喝，这也是个大难题。一个得力的大臣隰（xí）朋说："蚁冬居山之阳，夏居山之阴，蚁壤寸而有水。"如果蚁穴口封土高一寸，这下面就会有水源。士兵们按照这个方法寻找，果然找到了水。

从《韩非子·说林上》的记载看，齐桓公的大臣们真是能干，不仅懂得带兵打仗、治理国家，还很懂得动物习性，主意出得也是恰到好处。怎么这么巧呢？所以说这两个故事的真实性有待考证。但我们从古人的记载中可以感受到，当年齐桓公

带领军队作战不仅要面对打仗的危险，还要面对来自大自然的考验。尽管山戎的人马和齐国大军实力相差悬殊，可齐桓公却用了一年多的时间来讨伐山戎，要当霸主真不是件轻而易举的事！

仗打得非常辛苦，但是解除了燕国的危机，大大削弱了山戎的势力，一年多的出征对齐桓公的霸业也起到了很好的巩固作用。"海滨诸侯，莫不来服。"（《管子·小匡》）从此之后，无论是四周的夷狄还是中原的诸侯，都认定齐桓公是中原的家长了。

打了胜仗，齐桓公很高兴，燕国国君自然更加开心。他送齐桓公回齐国，两个国君聊得投机，不知不觉燕国国君就走过了国界，到了燕国和齐国的交界地带。按照周朝的礼制，诸侯之间相送，是不能走到对方国境线上去的，燕国国君本是热心，没想到却破坏了规矩，怎么办呢？齐桓公说："得了，重新划条国境线吧，这块土地我不要了，划出去归你们燕国吧！"齐桓公这事做得漂亮，牺牲了自己一点土地，既维护了礼法，又让燕国人感激。燕国国君提出要报答齐桓公。齐桓公听了，笑着摇摇头说："这些年，你们疏于对周天子的尊敬，现在不要感激我，你去向周天子进贡，就像西周强大的时候，尽一个诸侯的本分吧。"

齐桓公在处理燕国事务上显示的长者风范，诸侯们看在眼里，佩服在心里。连孔子都称赞齐桓公为人正派、厚道，说他"正而不谲"。

齐桓公用了一年多的时间，历尽艰辛帮助了燕国。接下来也没时间闲着，因为鲁国发生内乱的问题又摆在他的面前。

鲁国会出现内乱，原因和国君继位有关。

古时候的婚姻大都是父母做主，国君当然更是如此，可是鲁国国君鲁庄公年轻的时候是自由恋爱，娶了一个姓任的姑娘。因为不是父母所定，这个姑娘娶回来只能为妾，她给鲁庄公生下了个儿子叫般。后来鲁庄公的母亲文姜给鲁庄公娶了齐国的哀姜为正室夫人。哀姜不得鲁庄公宠爱，没有生孩子，然而哀姜的陪嫁女叔姜生了一个儿子，哀姜就把这个孩子当作自己亲生的孩子养着，等待将来接鲁庄公的班，当君主。这在礼法上是可以的。

作为国君，大大小小的老婆自然不会少，可鲁庄公始终对任姓女子情有独钟，也更偏爱公子般。鲁庄公在位三十二年，要去世的时候，决定把国君的位置传给公子般。公子般是小妾所生，他当国君礼法上站不稳，为了让般能够顺利当上鲁国国君，鲁庄公把般托付给了和他关系最亲密的四弟——季友。

不久，鲁庄公去世，公子般在叔叔季友的支持下准备继位。鲁庄公的正室夫人哀姜站出来反对。她是一国之母，她的养子才是君位继承人，所以鲁庄公实际上是办了件糊涂事，一办糊涂事，国家就开始乱了。

哀姜也有自己的同盟，不是外人，正是鲁庄公的二弟庆父。于是，这两股势力就在鲁国争斗起来。最后哀姜和庆父获胜，公子般国君的位子还没有坐热就被杀掉了，季友则被赶出了鲁国。哀姜终于把她的养子扶上了君位，史称鲁闵公。

按道理，夺回君位，国家就应该安稳下来了。可是哀姜和庆父的关系此时已发生了变化，他们从盟友变成了恋人。哀姜嫁给鲁庄公，但是鲁庄公从不待见她，哀姜作为女人也没有好好恋爱过，她现在爱上了庆父。女人谈恋爱原本无可厚非，可是哀姜不是普通女子，她的一举一动都和鲁国的命运息息相关。对于这场迟到的恋情，哀姜非常投入，谈得是昏天黑地，直到丧失了理智。她想，现在坐在国君位置上的孩子和自己只是名分上的母子，与其辛苦半天为别人做嫁衣，还不如让自己喜欢的人当呢！于是，哀姜和庆父合计着，准备杀掉小国君，让庆父自封为国君。

鲁国大乱的消息传到了齐国，齐桓公一听，高兴坏了。齐鲁两国虽然是邻居，然而齐桓公当国君的时候，就和鲁庄公关系不好，后来齐国仗着自己强大，总想让鲁国听他的，但是鲁国不甘示弱，不买齐国的账。何不乘此机会把鲁国给灭了？齐桓公就想趁火打劫。于是，他派了一个叫仲孙湫（qiū）的人去鲁国了解情况。仲孙湫到鲁国调查一圈，回去向齐桓公报告说："不去庆父，鲁难未已。"（《左传·闵公元年》）这个汇报很有意思，鲁国不太平明明是哀姜和庆父两个人折腾出来的，为什么只说庆父，不提哀姜呢？难道是因为哀姜和齐桓公有血缘关系，碍着国君的面子不好直言？或者是他认为这是庆父蓄谋已久的阴谋，而哀姜不过是个谈恋爱昏了头的牺牲品？这当中的滋味，只有美丽的哀姜自己清楚了。

仲孙湫接着汇报，鲁国虽然现在很乱，但灭掉鲁国是不可以的。为什么呢？鲁庄公在位三十二年，给鲁国留下了好底子。现在国君走马灯似的换，朝政混乱，可鲁国的老百姓没有乱，他们仍然秉持着周礼，上上下下秩序井然。老百姓该种田的种田、该经商的经商。想灭掉鲁国还是很困难，不如帮助它安定下来并维持好关系。齐桓公一听，觉得有理，便答应了。

公元前660年，闵公继位的第二年，庆父便派人杀死了闵公，出于对国人的害怕，庆父逃到了莒地，最终被迫自杀。哀姜也逃了出去，齐桓公派人找到她，并把她杀了。两位首恶元凶死了，鲁国也就安定了下来。

春秋时的鲁国

鲁国在当时称不上是大国，但在春秋的历史上占据着非常重要的地位。鲁国的第一代君主伯禽是周公旦的儿子。据《史记》记载，伯禽被封到鲁国后，忙活了三年才回京城述职。周公问儿子："为什么来得这么晚呀？"伯禽回答说："要变革鲁地的风俗，又要守三年的国丧，所以到今日才能来啊。"而被封在跟鲁国相邻的齐国的姜太公，到任后五个月就回京城述职了，周公当时就问："你怎么来得这么快啊？"姜太公回答说："我简化了君臣之礼，尊重顺从当地的风俗，因此很快就稳定了局势。"于是，周公叹息道："后世鲁国恐怕要面向北方服侍齐国呀！因为为政烦琐，人民就不会亲近。只有简易近人，人民才会跟从。"后来鲁国、齐国的地位果如周公所料，齐国一直是可以和楚、晋抗衡的强国，而鲁国始终未能雄霸一方。但是，伯禽这种变革礼俗、文化立国的策略，奠定了鲁国文化大国的地位。

春秋时代，礼崩乐坏，鲁国却比较完整地保留了周公制定下来的一系列礼乐制度，这在鲁襄公二十九年（公元前544年），吴国公子季札来鲁国观礼时有很好的体现。鲁人先是演奏了《周南》《召南》，后是十五《国风》，最后是《小雅》《大雅》。此外，还展示了乐舞《大武》《韶濩（huò）》等，将周代的礼乐文化展示得淋漓尽致，得到了季札的高度赞扬。四年后，晋国的韩宣子来到鲁国，在鲁国的档案馆中看到了《易》《象》《鲁春秋》等众多典籍，感叹道："周礼尽在鲁矣！"在当时，鲁国因一直秉承周礼而赢得诸侯们的尊重，故事中提到的仲孙湫就是因为鲁国"犹秉周礼"而劝谏齐桓公不能轻易攻打鲁国。

11

仙鹤的专车

因鹤亡国的卫懿公

　　国君养宠物，本来不是件大不了的事，可是春秋时期卫国国君卫懿公却因为养宠物，不仅断送了自己的性命，甚至把整个国家都拖入了灾难之中。

公元前661年，齐国的朝堂上来了一位邢国的使臣，他一看见齐桓公，立刻哭诉："邢国正在遭受北狄的攻击，他们来势太凶猛，我们马上就顶不住了，请赶紧救救我们！"

齐桓公存燕定鲁之后，在中原的声望越来越高，大家都把他当作诸邦领袖，出了事情，首先想到的就是找齐国帮忙。这些年，齐桓公像救火队员似的，不断地东奔西跑，消耗精力和财力去帮助别人，家长可不好当！邢国距离齐国有七八百里，跑这么远去帮助他们，太费力气了，想到这，齐桓公脸上露出了犹豫的神色。

管仲一看，着急了，说道："戎狄豺狼，不可厌也；诸夏亲暱（nì），不可弃也。"（《左传·闵公元年》）意思是，戎狄就像豺狼一样，他们侵略的欲望是不会停止的。我们是同样祖先、同样文化的人，虽不是同一个邦国，却是一家人，自己的兄弟被外族侵略，这个忙一定要帮。

齐桓公一听关系如此重大，立刻组织军队向邢国进发。北狄看齐国大军来了，形势不妙，就赶紧撤退。马上要到嘴的肉给丢掉了，北狄不甘心，从邢国撤离之后，随即就瞄准了下一个弱小的目标——正处在内政混乱之中的卫国。

卫国的当政者是卫懿公，不过老百姓却不喜欢这个国君，为什么呢？一是他的王位来路不正，二是他这个国君当得不正经。

先说说卫懿公这个国君的来历，历史上著名的"二子乘舟"典故，就与他的来历有关。

故事先要从卫懿公的爷爷卫宣公说起。卫宣公有个儿子叫伋（jí），他给伋定了一门亲事，可是发现未过门的儿媳宣姜太漂亮，便自己抢先做了新郎官。为了讨宣姜开心，卫宣公还在黄河边上建高台迎娶她。卫国老百姓看不下去，作了首诗嘲讽他们：

> 新台有泚（cǐ），河水㳽㳽（mǐ mǐ）。
> 燕婉之求，籧篨（qú chú）不鲜。

> 新台有洒（cuǐ），河水浼浼（měi měi）。
> 燕婉之求，籧篨不殄（tiǎn）。

> 鱼网之设，鸿则离之。

燕婉之求，得此戚施。

——《诗经·邶风·新台》

诗中说，女孩子出嫁，本想嫁个年轻貌美如意郎，不想遇到一个长得像癞蛤蟆一样的老家伙。卫宣公娶宣姜的时候正值壮年，就算不是器宇轩昂，也不会是个糟老头子，这是因为老百姓讨厌他，所以在诗歌里把他贬到脚底。

尽管世人看不惯，卫宣公和宣姜关起门来啥也不听，过自己的好日子。没多久，宣姜还给卫宣公生了两个儿子，一个叫寿，一个叫朔。宣姜有了孩子，日子开始过得不消停了，她想让自己的孩子成为国君。太子本来早有人选，就是公子伋。于是，宣姜开始撺掇卫宣公除掉太子。

公元前701年的一天，公子伋奉卫宣公之命出使齐国，卫宣公亲手把使节交到公子伋手中。这次出访，其实是宣姜和卫宣公一起安排好的阴谋，他们在公子伋的必经之路上安排好了刺客，使节就是刺客们确认公子伋的标志。

然而这个看似完美的阴谋却出了意外。宣姜的儿子公子寿无意间听到了父母们可怕的安排。俗话说，一棵树上的果子酸甜不等，妈妈是个狠毒的角色，公子寿却性格淳厚，加上私底下和公子伋关系很好，公子寿决定要救自己同父异母的哥哥。

公子寿找到公子伋，让他赶紧出逃。公子伋听到消息却说："作为儿子，听从父亲的命令，是尽孝道，如果把父亲交代的使命扔在一边逃跑，天底下哪有地方收容这样的逆子呢?"公子伋铁了心要尽这个孝。不过，这种孝，其实是"愚孝"。公子寿听哥哥要尽孝，也铁了心非帮他不可，哥俩是一个比一个实心眼!

很快，到了公子伋出发的时候，公子寿拿了酒跟哥哥话别，酒一杯杯喝下去，把哥哥给灌醉了。公子伋倒头昏睡，公子寿趁机拿走他的使节，装扮成哥哥的模样上了路。队伍走到刺客埋伏的地方，刺客一看拿着使节的人到了，二话没说，冲上去就把公子寿给杀了。

公子伋昏睡了一阵子，醒来一看，公子寿不见了，使节也不见了，立刻明白大事不妙。于是赶紧去追，追是追上了，但是看到的却是寿的尸体。公子伋料想刺客还没走远，又去追刺客，追上刺客说："你们杀错人了，我才是公子伋，刚才你们杀的是我弟弟。"刺客为了保证回去交差，接着把公子伋也给杀了。

顷刻之间，两个年轻的生命就这么消失了!卫国的老百姓十分悲愤，写了《二

《子乘舟》这首诗来纪念他们。

　　　　二子乘舟，泛泛其景。
　　　　愿言思子，中心养养。

　　　　二子乘舟，泛泛其逝。
　　　　愿言思子，不瑕（xiá）有害？

　　　　　　　　　　　——《诗经·邶风·二子乘舟》

　　"二子乘舟"，就是兄弟两个一起乘舟；"泛泛其景"，是说他们将要远行；"愿言思子，中心养养"是说我很思念你们，内心充满忧伤。

　　公子伋和公子寿都死了，宣姜剩下的儿子公子朔理所当然成为太子，继而成为国君，之后公子朔的儿子公子赤成为现在的卫国国君卫懿公。卫国的百姓因为讨厌宣姜和卫宣公，所以看他们一家子都不顺眼。

　　本来就不受待见的卫懿公还有个嗜好——养鹤。当国君的养几只鹤当宠物倒也没什么，可卫懿公养宠物太与众不同，他的鹤享受的是诸侯的待遇！他还时不时地让鹤坐在战车上招摇过市。这样一来，又得罪了穿铠甲、乘战车为国打仗的武士。战车是武士坐的，国君却让鹤坐战车，分明是不尊重武士，不把他们当人看。

　　不久，北狄把战火烧到了卫国。卫懿公召集勇士们保卫国邦，伤透心的勇士们早就对他有看法，没有人肯为他卖命。"叫你的鹤打仗去吧！"勇士们回答道。卫懿公现在才开始醒悟，自己养鹤养过了头，平时根本没有花费精力去练兵打仗，军政都荒废了，可后悔也来不及了。

　　不管怎样，卫懿公还算是一位有血性的君主，他把所有能召集的人都召集起来，决定拼死一搏。

　　《论语》里说："以不教民战，是谓弃之。"（《论语·子路》）一个国家，平时不搞军事训练，临时拉民众上前线打仗，等于是把民众抛弃在战场上，这种战争的结果不打就见分晓了。

　　卫懿公领着部队迎击北狄，在卫国都城北边的荧泽与北狄相遇。匆忙迎敌的卫国军队遇上凶猛的北狄，不堪一击。卫懿公倒是很勇敢，卫国军队在慌乱中撤军的时候，卫懿公始终让他战车上的战旗高高飘扬，这大旗为撤退的将士们指引了方向，却也引来了敌人。北狄的士兵像狼群一般包围了卫懿公的战车，卫懿公就这样战死了。

失去国君的卫国如同一盘散沙，在得知卫懿公战死消息的当晚，成千上万的卫国人弃城逃亡。可怜的卫国人没能逃多远，子夜时分，来势凶猛的北狄人就将卫国人堵在了黄河边上。北狄的军队对手无寸铁的卫国百姓展开了屠杀。一边是冰凉刺骨的黄河水，一边是沾满鲜血的屠刀，卫国人陷入了绝望之中。

在此千钧一发之际，宋国的军队赶到了黄河对岸，所剩无几的卫国百姓看到了一线生存的希望，纷纷渡过黄河向援军靠拢。紧接着，齐桓公的儿子公子无亏率领的主力部队也赶到了，北狄一看形势发生了逆转，便退去了。

清晨，援军在黄河岸边清点被救下来的卫国子民，只剩下了七百三十人。齐桓公得到消息，摇头叹息：七百多子民，被洗劫一空的都城，哪还是个国家啊！于是齐桓公和管仲决定，用最快的速度帮助卫国重新建国。卫国现在的都城朝歌离北狄的势力太近，非常不安全，必须迁都。于是，卫国的新国君卫文公带领着七百多名子民和周边散落的卫国百姓赶往楚丘，齐国则把建国的物资——大到车马，小到造门窗用的木材——源源不断地运往卫国。

卫国遭逢劫难后开始重建，可事情并没有就此结束。齐国率领的盟军驻扎在黄河以南，北狄不敢进犯，可是黄河以北还有邢国。北狄很快就把矛头转向邢国。这一次，齐桓公和管仲早有准备，诸侯联军紧随着敌军北进，并且比北狄先一步进入邢国境内。联军在聂北驻扎下来，北狄一出现，联军就立刻进军驱逐，北狄没有料到会遭到伏击，一哄而散。

邢国得救，齐桓公并没觉得踏实，因为整个黄河以北几乎全是夷狄的势力范围。一旦诸侯联军撤离，北狄很快就会卷土重来。齐桓公决定帮助邢国迁都，最终把国都迁到了南岸的夷仪。

这就是历史上的"存邢救卫"，春秋历史上最为惨烈的外族入侵不仅改变了两个国家的命运，也让周王朝的统治更加风雨飘摇。

李 山 说

卫懿公这个人平时表现糟糕，可在国家面临危亡时还颇有血性。然而毕竟平日没有花心思做好自己的本职工作，一味贪玩，爱养宠物，把国家军政大事荒废了。一旦亡国的危机到来，着急上火，临时抱佛脚，以致连他自己都当了"烈士"，也无济于事。古语说："好战者亡，忘战者危。"卫懿公就是这样"忘战"的君主。死得很惨烈，教训很深刻。这样的事情，古代还有很多。

小知识

使 节

在古代，"使节"并不是对人的称谓，而是一种官职的凭证。卿大夫聘为诸侯时，国君要授其任职凭证，这种凭证就叫"使节"，又叫"符信"。使臣受命出使他国时，国君也要给予他出使凭证，这种凭证也叫"使节"或"符节"。作任职凭证的使节大多用铜铸成，并根据任职地区的不同，分别铸成不同动物的形状。在山区任职的授"虎节"，在平原地区任职的授"人节"，在湖泽地区任职的授"龙节"。作为出使凭证的使节一般用竹子，上面缀（zhuì）些牦牛尾等装饰品，又叫作"庭节"。

12

许穆夫人

战火中的传奇女子

在卫国危急存亡的时刻，出现了一位传奇女子——许穆夫人。春秋乱世中的女子，史书记载中多阴险狠毒，像文姜、宣姜等，而像许穆夫人那样大义凛然的少之又少，极其可贵。

许穆夫人是许国国君的夫人，她是上文所提到的宣姜的女儿。卫国被血洗的消息传到许国之后，许穆夫人悲痛欲绝，希望自己的丈夫许穆公能像齐国一样给予卫国援助。可是许穆公不愿意多事，忧心忡忡的许穆夫人决定只身赶回卫国，与兄长、国人共赴国难。她的义举让许穆公很恼火。许穆公带着人马追上来，拦住她的去路，悲愤之下的许穆夫人吟唱出被后人称道的《载驰》：

载驰载驱，归唁（yàn）卫侯。驱马悠悠，言至于漕。大夫跋涉，我心则忧。

既不我嘉，不能旋反。视尔不臧（zāng），我思不远。既不我嘉，不能旋济。视尔不臧，我思不闷（bì）。

陟（zhì）彼阿丘，言采其蝱（méng）。女子善怀，亦各有行。许人尤之，众稚且狂。

我行其野，芃芃（péng péng）其麦。控于大邦，谁因谁极？大夫君子，无我有尤。百尔所思，不如我所之。

——《诗经·鄘风·载驰》

这首诗表现的是许穆夫人在自己母邦——卫国遭受亡国大难时焦虑关切的心情。看诗篇，许穆夫人好像是乘上车马开始了返国旅程，实际上诗篇所言都是她的想象之词。

第一章说她驾起车马一路狂奔，来到一个叫漕的地方，去慰问那些刚刚死里逃生的同胞。当时卫国都城陷落，大家都临时逃到了漕这个地方。对"大夫跋涉，我心则忧"这句诗，人们看法不同，有的说是许国派遣了大夫去看望卫国人，但是许穆夫人觉得他们办不好事情，所以心忧，也有的说是许国人不许夫人离开，派人跋涉前来追回她。

第二章表达的是许穆夫人和许国男人的矛盾冲突，大意是你们这些许国男人不让我回家，可是你们在如何帮助卫国这件事上，做法实在不高明。

第三章写许穆夫人不能前往母邦探望的愤懑（mèn）。

最后一章，提到了一个很重要的办法，就是向当时的"大邦"（如齐国等）去求助。

《载驰》一诗沉郁顿挫，但哀而不伤，有一种英豪之气流露于字里行间。许穆夫人的表现实在是不让须眉，因此后人深深地记住了她。

13

齐楚相逢

一把青草免干戈

春秋时期的战争，有时候是为了现实利益，有时候则是为了某种名义而战。公元前656年，齐国和楚国这两个当时最为强盛的国家在战场上对峙，可是即将燃起的熊熊战火竟然被一把青草给压灭了。

齐桓公率领联军存燕定鲁、存邢救卫的举动，不断地感召着大家，不少诸侯国停止了为一己私利的纷争，站到齐国的旗帜下共同抗击外敌入侵，齐桓公成为中原的精神领袖，齐国的发展也如日中天。然而齐国强劲的发展势头引起了另一个诸侯国的不满，那就是一直盘踞在南方的楚国。

　　楚国居于中原各国之南，中原人认为他们远离中原文明，叫他们南蛮。但他们的祖先其实是中原人，据说是黄帝的孙子——上古五帝中的颛顼（zhuān xū）。西周初期，颛顼的后人鬻（yù）熊开始了与中原的来往。当时，鬻熊的部落很弱小，为了生存，必须找个靠山，他便认了周王为"干爹"。《史记·楚世家》就记载鬻熊"子事文王"，即像儿子伺候父亲一样侍奉周文王。鬻熊的殷勤得到了回报，周王封他为子爵，赐他在丹阳建国。丹阳远离周王朝的政治中心，这块土地对于周王而言如同鸡肋，却给楚国人创造了很大的开拓空间。丹阳南面是汉水地区，再往南走就是长江流域，还有长江以南的广大地区，当时大都是地广人稀的荒原，楚国人不断开疆拓土，把这些土地慢慢地变为楚国的疆域。到了西周后期，楚国已经发展成为一个地域辽阔的强国了。

　　古时交通不方便，楚国所处的地区可谓是山高皇帝远，周家人对楚国不怎么热情，楚国人也很少去套近乎，关起门来自己干活，渐渐形成了不同于中原文化的楚文化。国势的强大让他们早就不满周王封的小小爵位，加上周王朝日渐衰败，楚国干脆自己称王，每年不再向周王朝贡。西周的崩溃，再次给楚国的发展带来大好机会。从西周晚期至春秋早期，汉水一带姬姓的诸侯差不多都臣服在楚国的势力下，趁着春秋初期中原大乱，楚国人把进攻的矛头指向北方。

　　楚国选择的第一个中原对手是郑国。郑国打了两下就招架不住了，急忙向盟国齐国求救。楚国攻打郑国，说白了就是向齐国挑衅，那接下来齐国该如何接招呢？齐桓公以其人之道还治其人之身，打算给楚国的盟国蔡国一个巴掌。可是作为大家的精神领袖，随便攻打蔡国不太好，齐桓公需要找个理由。

　　史书上记载齐桓公出兵打蔡国的理由可有些不着调。

　　齐桓公有个妃子叫蔡姬，是蔡国的公主。一天，齐桓公和蔡姬两人在湖中划船，蔡姬一时兴起，把船晃了起来。齐桓公是个旱鸭子，非常害怕，连忙让她住手，蔡姬毕竟是年少不懂事，见齐桓公惊慌失措的样子，觉得很好玩，非但没停手，反而晃得越发厉害起来。年轻媳妇的恶作剧惹恼了齐桓公，他上了岸就把蔡姬送回蔡国了。那个时候，把媳妇遣送回娘家就意味着休妻，但是齐桓公没有写休书。蔡姬不明不白地待在家中，蔡国的君主一气之下，又把蔡姬嫁给了别人。齐桓公得到消息，气坏了，还是我的媳妇，怎么能嫁给别人！发生这样的事情，给齐桓公出兵蔡国找了个好借口。

齐桓公迅速组织起由齐、鲁、陈、宋、卫、许、曹、郑几国联合的军队，出其不意地袭击了蔡国。这场多国对一国的战争，史书用了两个字描述："蔡溃"（《左传·僖公四年》）。什么意思呢？"民逃其上曰溃"，老百姓一看诸侯联军打过来，不做防御，撒腿就跑。看来不光是联军强大，蔡国国君也不是个被老百姓喜欢的人。

攻打完蔡国，联军立刻驶进楚国境内，驻扎在一个叫陉（xíng）的地方。楚国从西周后期起，只有到别人的土地上去撒野，从没有被别人欺负过，现在诸侯联军跑到楚国境内耀武扬威，当政的楚成王必定要还以颜色。但是面对强敌，楚成王没有贸然行事，他先派使者到联军阵前去质问。

"君处北海，寡人处南海，唯是风马牛不相及也，不虞君之涉吾地也，何故？"（《左传·僖公四年》）你们住在北海，我们住在南海，楚王的使者一开口就言辞夸张地形容两国相隔遥远。接下来他又打了个风趣的比方，哪怕是两国境内的牛马走失了，也不会到达对方的境内。这是形容齐桓公不顾路远找楚国，是找错门了。齐桓公前来兴师问罪，但这个使者却用一个夸张的比喻调侃了两国关系，既明确了态度，也没伤着和气，真是太聪明了。

楚国人如此客气，齐国人自然不能瞪着眼睛说，你欺负我家弟兄，我们替郑国撑腰来了！管仲气定神闲地回答："昔召康公命我先君大（tài）公曰：'五侯九伯，女（rǔ）实征之，以夹辅周室。'赐我先君履（lǚ），东至于海，西至于河，南至于穆陵，北至于无棣（dì）。尔贡包茅不入，王祭不共，无以缩酒，寡人是征。"（《左传·僖公四年》）管仲一上来就给楚国的使者上了堂历史课："从前周王赐给我们老祖宗——姜太公管理诸侯的权力，所以我们住在北海也可以管南海。今天我们大老远跑来管你们，是因为你们有两件事情做得有问题。第一，你们原来负责给天子进贡祭祀用的茅草，你们自己想想已经多长时间没有进贡过啦！"祭祀先王可是一个非常重要的仪式，仪式上用的包茅虽然只是一种青草，但是代表着诸侯的忠心，不送包茅就意味着对周王室的大不敬，这可不是个小错误，所以管仲摆出的第一个理由就是响当当的。第二个理由是："昭王南征而不复，寡人是问。"（《左传·僖公四年》）就是说周昭王南征没有回来，请问跟你们楚国有关系吗？这个质问说的是，西周初期，淮水一带的东夷造反，周昭王带着部队向南讨伐东夷，当他返回都城的时候，路过位于楚国境内的汉水，结果他坐的船沉了，周昭王被淹死在汉水。堂堂周天子坐的船怎么会这么不结实呢？后人有很多猜测，其中一个就说周昭王坐的船是用胶粘起来的，但是胶有一个特点，干的时候很有黏合劲儿，可一放到水里，马上就化开了。所以传言当年汉江旁边的人，表面上对周王朝臣服，心里面却对周家很敌视，所以给了周昭王一艘用胶黏合的船，结果船遇到水以后化开了，昭王因此就被淹死了。周昭王的事情已经过去好几百年，虽是本稀里糊涂的陈年旧账，可害死周王是天大的罪，管仲现在把它搬出来，依旧震得楚国使者耳朵疼。

楚国使者面对管仲咄咄逼人的问责没有惊慌失措，回应道："贡之不入，寡君之罪也，敢不共给？"（《左传·僖公四年》）不贡包茅这是我们的错误，我们知道了，以后一定上贡。至于说周昭王怎么死的，"昭王之不复，君其问诸水滨"。（《左传·僖公四年》）对不起，我们不知道，你问汉水边的人去吧！小的错误承认了，把大罪推了个一干二净。

楚国使者的回答像是滑手的泥鳅，没有留下把柄。可是管仲认为已经足够了。楚国包茅不入、不向周王称臣已经很久了，如果他们能够在这件事情上认错重新称臣，周王对齐国肯定也会满意。齐国不用动武又提升了威望，这是两全其美的事情。至于周昭王被淹死的事情，那不过是搬出来唬人的，人死了好几百年了，说得清吗？

管仲一听对方承认了"包茅不入"的错误，立刻回去告知齐桓公："只要楚国再次向周王称臣，就可以撤兵。"楚国人虽然不听话，但是他们毕竟是自己家里人，两个实力强大的弟兄打架，到头来把家里面弄得鸡飞狗跳，谁都不好受。

可齐桓公还是有些不放心，楚国自恃强大，又是天高皇帝远，已经称王那么长时间，怎么甘心再次臣服？会不会有诈呢？管仲分析说："我们是在楚国境内，打起仗来倒霉的是楚国百姓，何况我们联军势众，结束战斗肯定不是一两天的事情，时间越长楚国就越遭殃，这个道理楚成王肯定很清楚。如果他们承认错误，我们就撤兵，楚国也不吃亏，所以对方使者的话就是楚成王的意见，肯定没问题！"

齐桓公听了，打消疑虑，号令诸侯联军从陉撤退到了召陵，等待楚国下一步的反应。楚成王一看，齐桓公已经表示要和平处理争端了，便又派屈完带着一车的包茅前来认错。两个摩拳擦掌的大国碰到一起，谁都没想到，最后是一车青草化解了纷争。姑且不论谁取得了更大的政治利益，齐楚两国的老百姓是暂时躲过了一场战火啊！

李山说

对于看历史的人来说，齐国和楚国的这次照面，让人总觉得有点不过瘾：怎么齐国还没有对楚国动兵，他们就屈服了？事情不这么简单。真要打，齐国也不是稳操胜券。另外，在管仲这样的政治家眼里，不是只有动武才能解决问题。只要楚国重新回到原来的位置，尊重周王，全局的秩序就算恢复了，这里边有一种分寸的拿捏。

14

葵丘之盟

不乘战车的诸侯大会

公元前651年，齐桓公的霸业达到顶峰，他在葵丘举行了一场盛大的会盟，后人称之为"葵丘之盟"。这称得上是他作为中原第一位霸主所做过的最荣耀的大事。

　　春秋时期会盟是很普遍的事情，但国君离开自己的国家参加会盟，肯定会有风险。为了安全，会盟时诸侯国的国君们都会带着部队，以防不测。可是齐桓公发"葵丘大会"邀请函的时候，特别强调这次大会是"衣裳之会"。什么意思呢？就是要求诸侯们不要穿着战袍坐着战车，只穿着华丽的礼服前来就可以了。诸侯们参加过大大小小无数次会盟，第一次收到这样的邀请函，不带军队，不穿铠甲，太没有安全感了。大家心里面难免嘀咕，可是想想，有齐桓公在，没问题，肯定是和平大会啊！于是，诸侯们穿上鲜艳的礼服来到了葵丘。春秋诸侯的会盟史上，最为盛大的"衣裳大会"开始了。

　　没有硝烟、只有华服的葵丘大会，开了两个来月，从夏天开到了秋天。照顾这么多人吃吃喝喝了六十多天，齐桓公真是慷慨大方！周王对葵丘大会也很重视，专门派使者宰孔向齐桓公赏赐胙（zuò）肉。胙肉是祭祀时供奉给神的肉，周礼中赏赐胙肉是规格很高的礼遇，周王的赏赐等于是向天下人昭告周家对齐桓公的器重。

　　赏赐仪式上，宰孔拿着胙肉赐给齐桓公，按照周礼，齐桓公要走下高台行叩拜大礼。齐桓公刚要站起身，宰孔赶忙说："慢着，慢着，大王特有吩咐，说您辅佐周家很有功劳，特别再加一级爵位。您年纪大了，就不必起身拜谢了！"

　　齐桓公再加一级爵位可就跟周王平等了，真是不用拜了。齐桓公一听倒没了主意，站也不是坐也不是，他看着管仲，向他讨主意。

　　管仲悄悄对齐桓公说道："天下大乱的原因是什么？君不像君，臣不像臣。"齐桓公一听就明白了，赶紧起身下台叩拜，再上台，一丝不苟。还说了这么一番话："天威不违颜咫尺，小白，余敢贪天子之命无下拜？恐陨（yǔn）越于下，以遗天子羞。敢不下拜？"（《左传·僖公九年》）意思是说天子的威严，国家的体统，就在我面前不过一尺远的地方。假如我不下来叩拜，大模大样接受了赏赐，会让天子蒙羞，让天下人耻笑的！

　　齐桓公的一番话，让管仲听了感到欣慰，自己这么多年的心血没有白费啊！接下来的事情就更让管仲心满意足了。齐桓公把和管仲早已拟好的几条规定宣读出来，作为葵丘大会盟誓誓言：

　　"初命曰：诛不孝，无易树子，无以妾为妻。再命曰：尊贤育才，以彰有德。三命曰：敬老慈幼，无忘宾旅。四命曰：士无世官，官事无摄，取士必得，无专杀大夫。五命曰：无曲防，无遏（è）籴（dí），无有封而不告。曰：凡我同盟之人，既盟之后，言归于好。"（《孟子·告子下》）

这五条誓言简言之就是：诛杀那些不尊敬父母的，不要废黜太子，不要以妾为妻，要尊重贤人，要培养有才干的人；要敬老人，爱护小孩，不忘来宾和旅客；不能世世为官，官吏的事情让他们自己办，选拔人才一定要得到能人，不要擅杀大臣；凡同盟诸侯都要友好互助，不要乱筑堤坝壅（yōng）塞水流，遇到灾年要互相救济。

誓言不长，却涉及诸侯国之间经济合作、商贸流通、政治秩序、人权保护等，称得上是中国最早的外交关系准则。管仲要求齐桓公奉行的"尊王攘夷大一统"，不是说一定要找一个人来统一号令天下，而是希望齐桓公能够有力量来维护诸侯国之间的和平，避免内战。

葵丘之会，齐桓公端出了管仲理想中的大国风范，虽然在当时的历史环境下，这种风范真的也就是一个理想，但是这个理想成为了春秋乱世中最为亮丽的誓言。

李山说

管仲是一个深谋远虑、充满忧患感的思想家。他辅佐齐桓公，有他高远的政治理想。他的高远理想就体现在葵丘之会公布的这几条盟约上，总结起来就是整顿王朝秩序，恢复王朝活力。另外，北狄入侵是一个突发状况，但管仲坚定地建议齐桓公抗击北狄入侵，为中原文化的存续起了重要的作用，孔子说："微管仲，吾其被发左衽矣。"这是对管仲的充分肯定。

青铜器和祭祀活动

祭祀是原始的礼仪活动,《礼记》中说:"夫礼之初,始诸饮食。其燔（fán）黍捭（bǎi）豚,污尊而抔（póu）饮,蒉（kuì）桴（fú）而土鼓,犹若可以致其敬于鬼神。"这是"礼之初"时代人们祭祀神灵活动的记载,说的是煮熟米和肉,捧起地坎中的水当作酒用来祭祀神灵。随着历史的发展,祭祀日益隆重,从原来用水发展到用酒,从凿地盛水发展到用陶制酒器乃至青铜尊彝盛酒,从手捧发展到酌献仪式,从用土块、土鼓发展到用金石革木等敲击乐器作乐娱神。

在春秋时期,祭祀、宴饮的器具主要是青铜器,人们为了纪念祖先、记录赏赐、记述战功或王命等,还常在青铜器上铸刻铭文。这些铸刻在青铜器上的文字被称为金文。这些文字为后人留下了了解和研究那段历史的珍贵资料。

现存于陕西宝鸡青铜器博物馆的何尊上刻有一段铭文,其中发现了迄今为止最早的"中国"一词。这个"中国"还不是我们现在意义上国家的名称。在统一的国家形成之前,中原大地上有很多的国家,那时的"中国"指的是这些国家中处于中心地位的国家。

小知识

15

桓公晚年

毁在了小人手里

　　有句话说："君子易处，小人难防。"君子做事光明磊落，和他们打交道，无论是敌还是友，输赢都是明明白白。可是小人大都居心巨测，很多时候他们比朋友还像朋友，但在你最信任、最需要他的时候，他们往往会选择背叛。能够认清小人，需要有清醒的头脑。作为春秋霸主的齐桓公，要治理好齐国，还要号令大大小小的诸侯国，他的头脑自然反应不慢。那么当小人们在他身边的时候，他又做何反应了呢？

《韩非子·难三》中记载了发生在齐桓公晚年时期的一个故事,有人出了个隐语让齐桓公猜:"一难,二难,三难,是指什么?"齐桓公回答不出来,向管仲请教。管仲回答说:"一难也,近优而远士;二难也,去其国而数之海;三难也,君老而晚置太子。"意思是忧患临近却不知道疏远小人,常常离开都城去游玩,君主上了年纪却迟迟不立太子。"三难"的提出,不是在艰辛坎坷的称霸初期,也不是在困难曲折的称霸过程中,而是在功成名就称霸天下之后,管仲借对"三难"的解释告诫齐桓公。

一转眼,十几年过去了,齐桓公和管仲都老了。管仲比齐桓公去世早,他去世之前,还专门跟齐桓公说了应该远离和提防几个小人:易牙、堂巫、竖刁和公子开方。

易牙是个厨子。有一次,齐桓公开玩笑说已经尝遍了山珍海味,就是还没尝过人肉的味道。易牙听了,回到家就把自己的孩子杀了,做成菜肴献给齐桓公。齐桓公非常感动,觉得他真是忠心耿耿,因此非常信任他。可是管仲认为易牙非常危险,为了能接近君主,连自己的亲生儿子都杀掉,该是多可怕的人呢!

堂巫是齐桓公的医生,他的医术十分高明。身边有个好医生有什么不好呢?但是管仲说,留着这种人在身边,就会对自己的身体无所顾忌,会放纵享乐,做出许多超出自己身体负荷的事情。这种人,也该让他离得远远的。

竖刁是宫里的寺人,就是太监,而且是自己为自己"做手术"当的太监。他很会察言观色,齐桓公不高兴,他就想尽办法逗他开心,深得齐桓公的喜爱。管仲对竖刁的评价是,没有人不爱自己的身体,连自己身体都不爱的人,怎么会爱自己的君主呢?

第四个小人是公子开方,他原本会成为卫国国君,可是他放弃了国君的位置来听候齐桓公的差遣,而且在齐国一待就是十五年,为表示忠心,十五年来,他从未回国去看过亲人。管仲说,公子开方连自己的亲人都不认,这样的人功利心太重,如果重用他,必定乱国。

管仲把齐桓公平常最宠信的四个人一个个地拎出来说了一遍,听得齐桓公阵阵冒冷汗。这四个人果真这么可怕的话,把他们打发得远远的不就行了吗?

赶走了小人,管仲还有件事放不下心,那就是齐国的太子人选。齐桓公奋斗了几十年的霸业,如果找不到一个合适的人来继承,那齐国的霸主地位也就只能是昙花一现,说不定还会引起国家的内乱。

齐桓公前前后后娶了不少老婆,这些老婆给齐桓公生了六个儿子。照常理长子无亏应该继承王位，可是无亏行事不正，平日经常和易牙、竖刁这样的人混在一起，齐桓公担心让无亏继位会乱了朝政。论才德，公子昭在六位公子中最为突出，齐桓公和管仲决定让公子昭当太子。这么多儿子，个个都盯着太子的位置，公子昭日后当上国君，万一其他兄弟联合起来造反，公子昭未必会是对手。为了保护好公子昭，需要给他找一个后盾。齐桓公和管仲在身边的诸侯中挑选了一番，最后选中了宋国的君主宋襄公。在召开葵丘大会的时候，齐桓公找来宋襄公，亲自把公子昭托付给他。

公元前645年，被后人尊称为"春秋第一相"的管仲离开了人世。君臣相伴四十余年，他的去世对齐桓公无疑是巨大的打击，齐国和齐桓公的命运也在失去管仲之后急转直下。

管仲刚去世的时候，齐桓公还能够依着先前定下的规矩远离那四个小人。可渐渐地，没有了管仲的监督，齐桓公的警惕心开始慢慢放松，时不时地想念易牙烹制的饭菜，竖刁不在也没什么开心好玩的事情了，没有堂巫给自己把把脉、调理调理，身体老觉得不舒服，没有公子开方，朝堂上的事务永远也干不完！思前想后，齐桓公觉得这几个人也不像管仲说得那么可怕，一道命令，把这几个人又给叫了回来。但他万万没有想到，这道诏书就是给自己下的催命符。

齐桓公的长子无亏因为德行不够，没有被定为太子，自然是不甘心。现在，他的四个盟友又重回宫廷，没有了管仲的钳制，他们可以肆无忌惮地酝酿除掉齐桓公的阴谋了。

一天，齐桓公病倒了。堂巫看齐桓公病得不轻，断定他一时半会儿下不了床。几个人商量，假传旨意说齐桓公病重不见外人，还在齐桓公的寝宫外修了座高高的围墙把他软禁了起来。这样一来，外面的大臣不知道寝宫里面发生了什么，躺在床上的齐桓公也不知道外面怎么样了。没过多少天，齐桓公就被他们活活给饿死了。齐桓公的死讯只有公子无亏和四个小人知道。为了能够迅速篡夺王位，他们没有向天下昭告齐桓公的死讯，而是派人去抓太子昭。太子昭闻讯逃往了宋国。公子无亏杀掉拥护太子昭的群臣，登上了齐国君主的位置。由于朝堂大乱，齐桓公的尸体一直被搁置在高墙内："桓公尸在床上六十七日，尸虫出于户。"（《史记·齐世家》）去世六十多天，尸体腐烂后的蛆虫都爬到了门外，都还不能入土为安！

齐桓公作为春秋历史上的第一位霸主，后人对他的评价颇高。《春秋公羊传》说："南夷与北狄交，中国不绝若线，桓公救中国，而攘夷狄，卒怗（tiē）荆。"当时在夷狄的逼迫之下，中原各国遭到了极大的威胁，齐桓公打出了"尊王攘夷"的旗号，充当起中原各国的保护神，还和南方的楚国搞好了关系。作为霸主，齐桓公又是会盟诸侯，又是插手别国事务，又是安定王室，又是征伐夷狄，可谓风光一时。但这样一位驰骋疆场、退敌无数的英雄，晚年却惨死在亲手培植的小人手里。齐桓公的死，导致齐国的形势发生巨大的变化，整个中原再次陷入了群雄无主的状态。

李山说

齐桓公这个人事业做得很大，却难免"中等人"的评价。什么叫作"中等人"呢？跟好人学好，跟坏人学坏。有管仲在一天，他还能维持局面，没了管仲，就连自己的老命都保不住，身边全是坏人了，他也就没了辙。那样声势显赫的君主，总能落个寿终正寝的下场吧——没有，尸体烂了，蛆虫爬出来了才被人发现。多么悲哀啊！家里养一大群孩子，一个有出息的也没有，也难为他这个家长是怎么当的。不修身，也就不能治家，家就要自乱。不论是君主之家还是寻常百姓家，都是这样。不教育孩子，不治理家庭，就会出败家子，这是铁一般的规律。一个称霸天下的英雄豪杰，死得那样凄惨，难道不令人感慨吗？

16

宋襄公"拿大"

猫充老虎的称霸闹剧

　　春秋霸主中，宋襄公与其他几位相比，不仅称霸的时间短，而且行为荒唐。论功绩，宋襄公其实根本没有"霸业"可言，他的行为方式也让大家不屑。他就像猫照镜子，觉得自己是老虎，于是抖起老虎的威风，结果贻笑于天下，成为人们的笑柄。

齐桓公去世后，天下的局势发生了重大转变。中原内，原本跟随齐国的诸侯们开始寻找新的靠山。被称作墙头草的郑国，立刻倒向了楚国。郑国一带头，不少持中间态度的小国立刻跟了过去。为了扩张势力，诸侯们撕破脸开始了新一轮的争斗。中原外，一直被齐国震慑着不敢妄为的夷狄，对周边的侵扰又频繁起来。时代迫切需要一位新霸主来稳定局势。在这个时候，自以为可以成就霸业的宋襄公走到了历史前台。

公元前644年的春天，宋国的都城睢（suī）阳，风刮得呼啦啦响。

宋襄公在庭院里突然看到有六只鹢（yì）鸟倒着从天上飞过，觉得很是蹊跷。没过几天，宋襄公又听人汇报说，天上掉下来几块石头。宋襄公把这两件奇怪的事情联系到了一起，越想越觉得奇怪。正巧周王室的史官叔兴来宋国访问，宋襄公就问他，"陨石于宋，六鹢退飞"象征什么样的吉凶祸福？叔兴一听，觉得有些纳闷，这鸟倒着飞不就是因为风大吗？天上掉的石头，那是陨石，有什么好奇怪的！但是宋襄公这么问，他肯定是心里面有事情。于是叔兴就依着宋襄公的心思回答道："今年鲁国和齐国都要发生很重大的事情，你将会成为新的霸主。"

李山说

《左传·僖公十六年》中记载叔兴回答："鲁多大丧，齐有乱。"指的是鲁国的公子年纪轻轻的就去世了，齐国的大乱就是齐桓公去世，他的几个公子争夺王位的内乱。叔兴能够这么早预言这些事情，说他是瞎猫碰上死耗子吧，碰上一只还算凑巧，竟然两只都碰上了，事情都应验了，这是怎么回事？现代学者一般认为，这是史家在写这段历史的时候，"事后诸葛亮"加上去的。

叔兴的话说到了宋襄公的心坎上。不过霸主不是想当就能当的，需要很多的准备，宋襄公做了些什么样的努力呢？宋襄公的父亲是宋桓公，当年南宫长万一怒打死了宋国国君宋闵公之后，是齐国人帮助宋桓公当上国君。为了报答齐国，宋桓公对齐桓公称得上是忠心耿耿。从击退夷狄到九合诸侯的会盟，宋桓公一次都没有落下，深得齐桓公的信任，宋桓公因此在诸侯中的威望也颇高。接下来，他的儿子宋襄公做的几件事情也深得各国诸侯的好评。

第一是让位。据说，圣君尧舜就把王位让给比自己更加贤德的人。宋襄公肯定没少读古书，在这一点上便开始效仿古人的禅（shàn）让。虽然在岁数上他不是老大，但他是正室夫人所生，是嫡长子，可以顺理成章地继承君位。可是当他的父亲宋桓公要传位给他的时候，他却不肯，说："我的哥哥子鱼，比我有才干有德行，应该让他当国君。"子鱼也是个明白人，听了这话说道："说我仁义道德，可是还有比让出君主之位更加有德行的人吗？"子鱼坚决不领这个情，宋襄公不得已上台了。当时诸侯国的公子们为了争夺太子之位，手足之间经常大打出手，宋国太子的行为让世人心中一亮。所以宋襄公一上台，就赢得了大家的尊重。

第二是帮助齐国平定内乱。当年宋襄公参加葵丘大会时，齐桓公曾经把齐国的太子托付给他。齐桓公死后，他的几个儿子在国内闹得人仰马翻，太子昭逃到了宋国求助。宋襄公二话没说，率领诸侯的军队赶到齐国平定叛乱。照理说，齐国的实力远远高于宋国，但当政的公子无亏作恶多端，很不得民心。诸侯盟军很快在甗（yǎn）这个地方击败齐国的军队，顺顺利利地把公子昭送回齐国当了国君。

宋襄公摆平齐国的内政，诸侯们对他更是另眼相看了。听着不绝于耳的奉承，宋襄公"霸主"的梦想开始越来越真切。过去底气不足，觉得自己长得像老虎，好像只是脑袋小了一点。现在一照镜子，俨然一头猛虎了！

宋襄公"霸主"的名头来得实在是太容易，他和齐桓公通过治国强民、匡扶华夏才确立的霸主地位相比差得很远，但他自己却不这么认为。接下来，宋襄公的所作所为就开始让他的"小人气"暴露无遗。

宋襄公觉得，既然被大家尊为霸主，就应该有像齐桓公那样一呼百应的威风。他想学齐桓公召开盟会试试自己的威信，可心里有些不踏实，万一叫不来人，可怎么收场呢？想来想去，决定先喊几个小国过来试试。

宋襄公向曹国、鄫（zēng）国、邾国等几个小国发出邀请，在曹国之南会盟。这几个国家都是家小底薄，谁都不敢得罪，宋襄公一喊就赶紧来了。宋襄公一看，好多人如约而至，心里很是舒畅。站在台上数了数，发现鄫国没来，宋襄公脸色开始变得阴暗。一看宋襄公不高兴了，有大臣出主意："当年齐桓公南征北战，就是为了制服东夷，主公如果能把东夷制服了，那不就等于是把所有人都制服了吗？鄫国国君这次没有来，我们把他抓来，用东夷的方法，把他杀了祭神，说不定东夷会就此对我们放下戒备。"

杀活人祭祀，涉及中国远古的宗教文化。考古发现，新石器时代中晚期，如龙山文化时期出现了大量用人祭祀鬼神的现象。用活人殉葬、祭祀的恶习，被殷商人继承了下来。殷商人埋葬自己先人时，可以杀掉近四百人殉葬，放进墓坑，人头码得像西瓜堆一样，阴森可怖。周朝建国以后，开始革除这种恶习。

在宋国，这一习俗被保留了很久。同时，一些东夷人，因为没有接受西周礼乐文明，也还保留着这样的习俗。宋襄公的大臣想出用活人来祭祀鬼神，实际就是用宗教祭祀之事来讨好东夷，让他们服从宋襄公。

宋襄公的哥哥子鱼听说要处置鄫国国君，觉得不妥，现在几个大臣还要怂恿宋襄公杀人祭神，真是越来越不像话了！子鱼连忙阻止说："这么血腥的事情，只有蛮夷才会采用，诸侯看了会因为恐惧而害怕我们。这和齐桓公德施于天下，让诸侯们臣服是完全不一样的啊！"出馊主意的大臣们也准备好了理由："你说齐桓公是德服天下，没错。齐桓公干了二十年才收拢人心，太慢了，我们可等不起。你没听说么，'缓则用德，急则用威'，我们杀掉鄫国国君，先给大家来一个下马威，让他们知道谁是主谁是臣之后，再对他们用德也来得及！"快速称霸的想法说到宋襄公的心坎里去了，宋襄公最后还是决定把鄫国国君抓回来杀了祭神。

宋襄公血腥的举动让曹国国君看不下去了：我好心借地方给你开大会，你却在我的地盘上做出这么残暴的事情！曹国国君一气之下退出了会盟，也不再尽地主之谊给大会供吃供喝了。曹国国君的态度气坏了宋襄公，刚刚惩治了一个不听话的，又跳出来一个反对的，这不是给老虎上眼药吗？他立刻要出兵伐曹。子鱼赶紧又把齐桓公搬出来劝诫："当年齐桓公在会盟的时候也借过不少诸侯的地方，可他从来不会因为诸侯国招待不周而对他们动武，所以大家都认为他仁义宽厚。主公第一次召开会盟，就因为曹国的怠慢而出兵，大家会觉得我们不讲道理啊！"宋襄公还在思量，那群支持宋襄公杀掉鄫国国君的大臣们又跳了出来："我们已经杀了鄫国国君向大家示威，现在怎么能纵容曹国对我们无礼呢？"宋襄公一听，对呀，老虎不发威，既然发了就发到底！马上下令出兵。

曹国的实力比鄫国强很多，宋襄公打了三个多月，也没有攻下曹国。宋襄公开始犯难，耗着打吧，在人家地盘上打仗，费力又费钱，不知道要耗到什么时候，可是撤吧，面子上又过不去。

早就希望停战的子鱼给宋襄公找了个台阶："主公，过去周文王也有打仗打不赢的时候。要是打不下来，周文王就会撤兵回去重修文德。我们也应效仿周文王，先撤了吧。"宋襄公一听，原来撤兵也不丢脸。对曹国放出话说，念在周文王的分上，先饶过你们吧！这才悻悻然地撤了。

李山说

越老旧的东西宋襄公越是要遵循，迂腐可见一斑。

宋襄公几件事情做下来，诸侯们看清了他的面目，开始向楚国靠拢。刚开始还只是几个小国，渐渐地连鲁国、卫国这样的大国也站在楚国这一边。

宋襄公看局势对自己越来越不利，便找大臣们商议。有大臣给宋襄公出了个主意："楚国远在南方，中原有事情他是鞭长莫及，想管也管不好。我们应该再召开一次诸侯会盟，这次一定要把楚国请上，我们和他们私底下商量商量，多给楚国些钱财，只要得到楚国认可，别的国家哪有不从的呢？"真是有什么样的国君就会有什么样的大臣，这个听起来如同痴人说梦的想法很快被宋襄公采纳了。公元前639年的春天，宋襄公在河南的鹿上又召开了一次会盟。

与上次在曹国召开的会盟相比，鹿上会盟来的诸侯国还真不少。眼前热闹的场景让宋襄公心花怒放，尤其是见到楚成王，他更加抑制不住得意的神色。楚成王看到宋襄公沾沾自喜的样子，忍不住暗笑：传闻宋襄公自大成狂，一点没错！宋襄公压根没有想到，楚成王根本不是来捧场的。会盟一结束，楚成王回到楚国便开始准备兵马，等待时机征服宋国。

鹿上会盟之后，宋襄公的自信心达到了顶峰，他决定趁热打铁，再来一次会盟。这次会盟不再是装装样子试试人心，要真的像齐桓公那样，定下盟约才行。

于是，鹿上会盟几个月之后，宋襄公又向各诸侯国发下帖子，请大家到一个叫盂的地方再会盟一次。既然是效仿齐桓公，宋襄公打算效仿得彻彻底底。齐桓公召开衣裳大会，我也召开一个，让大家穿上礼服前来会盟，一团祥和之气才能彰显我的德行呀！

　　宋襄公的想法一说出来，吓得子鱼直摇头。宋襄公没有自知之明，子鱼可清楚宋襄公有几斤几两。他不带武装去参加会盟，不是明摆着送上门让人捉吗？

　　子鱼连忙说："主公，万万不可呀！别的国家还好说，多少打过些交道，但是楚国就不好说了。他们兵强马壮而且不讲信用，你这么毫无防备地去，恐遭不测啊！"

　　子鱼给宋襄公浇了盆冷水，惹得宋襄公老大不高兴："我还没去，就说些不吉利的话，要是这么害怕，你就不要跟来了！"说完，拂袖而去。

　　几天之后，宋襄公大模大样地来到了盂地。还没来得及和诸侯打个照面，就被楚成王揪出来推进了囚车。诸侯们看得目瞪口呆。楚成王当着诸侯们的面，把宋襄公这几年的荒唐行径一一数落了一番。大家早对宋襄公有意见，现在楚成王来整治他，没有一个站出来为他说好话的。

　　楚成王捉住宋襄公之后，连夜带着精兵赶往宋国。他们冲到城下，把灰头土

会盟完事了，楚国
和宋国有仗打喽。

脸的宋襄公从囚车里拉出来，对着城墙上的人大喊道："你们的主公在此，赶快投降吧！"

关键时刻，子鱼站了出来。子鱼料到宋襄公此行必是凶多吉少，在宋襄公走后便开始做守城的准备。果不其然，宋襄公被人押着回来了。只见子鱼不慌不忙地在城墙上对楚成王喊道："我们主公早就料到成王您会有二心，走的时候为了预防不测，已经立好新君了！你们请便吧。"楚成王策划了半天，没想到半路杀出一个子鱼，坏了他的好事。原本想杀宋国一个措手不及，现在宋国已经有了新主，自己的人马也不够跟人家打一仗，守着也没用，于是押着宋襄公撤了回去。

墙头上的子鱼长吁一口气，兵是退了，宋襄公还在人家手里当俘虏呢。接下来，子鱼只得带着重礼厚着脸皮四处求诸侯帮忙，终于把宋襄公给要了回来。

盂之盟的遭遇对宋襄公来说是奇耻大辱，他回来没几天便开始和大臣们商议如何去找楚国报仇。子鱼深知这种气头上的行为万万不可取，站出来劝阻："我们甲不如楚坚，刀不如楚利，将不如楚强，拿什么去和人家打呢？最好是修身养德为上，等时机成熟再报仇也来得及啊！"

子鱼的休战想法和宋襄公的打算不合拍。几个会察言观色的大臣见宋襄公一脸不快，赶紧说道："现在楚国兵甲有余，但是仁义不足。主公虽然兵甲不足，但是仁义之师，有道是仁义之师不可敌。"宋襄公最喜欢被赞为仁义，几句话又鼓起了他的自大之气。子鱼一看宋襄公的神情，知道一场大战在所难免，只得摇摇头黯然离去。

公元前638年，宋国和楚国在泓开战。这场战役其实对宋襄公还是有利的，泓就在离宋国不远的地方，等于是自家门口。楚兵则是长途跋涉，远道而来，兵疲马乏不说，还要渡过一条河，才能到达战场。宋襄公只要把握好进攻的时机，打胜的几率非常大。

宋兵早早摆好阵势，看到河对面楚兵开始渡河，宋襄公的大将公孙固说道：

楚国你不讲究啊！
宋襄公打仗仁义啊！

"敌人过河过了一半，现在是他们最软弱的时候，我们此时发动攻击必胜！"宋襄公摇摇头说："我乃仁义之师，怎么能干偷袭的事情呢？"没多久，楚兵已经过了河，衣服上淌着水，在那里吵吵嚷嚷地把衣服拧干。公孙固见此良机，再次请兵，宋襄公一瞪眼骂道："你就想贪这小便宜，毁了我万世的名声。等他们排好阵，我们再击鼓出击，我要叫楚国输得心服口服！"

宋襄公站在"仁义"大旗下耐心地等着楚国的士兵拧干衣服列队整齐，终于下令击鼓出击。可这个时候，宋兵哪里是楚兵的对手？宋军的阵队几下就被楚兵冲散了。宋兵丢盔弃甲，四处逃窜，大旗也被夺了去。宋襄公也被射了一箭，在大将公孙固的拼死保护下，才杀出重围保住性命。

一仗下来，宋国的精锐部队几乎全被歼灭。因为国君的愚昧，让这么多人白白丧命，宋国的老百姓对此议论纷纷。躺在床上哼哼唧唧养伤的宋襄公，听说老百姓骂他糊涂，心里觉得冤，向子鱼吐苦水说："古人作战都讲君子风度，不鼓不成列，打仗不能乘人之危，不能射杀年纪大的人，我做的都是仁义之事，我哪里做错了！"

这场战役之后不久，宋襄公就死了，死因是箭伤发作。宋襄公称霸的闹剧算是彻底收场了，但是这场闹剧给整个中原带来的灾难才刚刚开始。在内，诸侯国之间不断混战；在外，夷狄交相侵扰，对中原虎视眈眈。华夏诸侯又一次面临危难，华夏文明再次危在旦夕。

李山说

在春秋的霸主中，相比齐桓公、晋文公、秦穆公、楚庄王这几位响当当的霸主，宋襄公是最有争议的一位。因为他在历史上扬名靠的不是发展本国的经济和军事实力，而是仅靠一点"仁义"的政治资本，所以后人评价他的称霸是一场荒唐的闹剧。

可是这几位霸主中为什么单单是宋襄公这么不着调呢，这在一定程度上和宋国的文化有关系。

司马迁在《史记·货殖列传》中谈论各地风俗时说，宋国"其俗犹有先王遗风，重厚多君子"。这是称赞宋国人为人厚道，可是往往厚道的人做事容易一根筋，厚道过了头就是愚蠢了。

被打趣的宋人

有句古语说"郑昭宋聋"，形容的就是郑人聪明机灵，宋人愚蠢呆滞。古书上记载的宋人把厚道走歪了的笑话真是不少。

《左传·宣公二年》中记载，一次宋国和郑国打仗，宋国一个叫狂狡的大夫和一个郑国士兵在战场上相遇了。郑国士兵害怕得慌不择路，失足掉进井里。这个狂狡一看这情形，想着先把他救上来再说吧。于是，把他手里的武器大戟倒拿着伸进井里，把郑国的士兵救了上来。狂狡是好心，怕兵刃伤了郑国士兵的手，所以递过去的是戟柄。可没想到，这个郑国士兵手里握着戟柄，出井后立刻把狂狡给俘虏了。结果，狂狡做了好人却成为笑柄。

《战国策·魏策》也讲了一个关于宋国人的笑话。一个宋国人外出求学了三年才回家，他的母亲满心欢喜地迎接儿子。可是，儿子见了母亲，开口直呼其名，这可把母亲吓了一大跳。晚辈不能直呼长辈的名字，这种规矩哪怕是大字不识的人也懂得遵守，这个求学多年的人怎么犯糊涂了？母亲问他原因，这个宋人开始滔滔不绝地说理由："吾所贤者无过尧舜，尧舜名；吾所大者无大天地，天地名。今母贤不过尧舜，母大不过天地，是以名母也。"意思说，我所知道的贤人没有人能够超过尧和舜了，可是大家都直呼尧和舜的名字；我所知道的最大的也就是天和地了，但是人们也直呼天地的名字。母亲您没有尧和舜的贤德，没有天地的伟大，我不叫您的名字叫什么呢？

《战国策》中的这个故事是否真有其人其事，历史上没有明确的记载，但是古代人喜欢用宋国人打趣是常见的。我们熟悉的寓言"守株待兔""揠苗助长"等，这些故事中的主角都是宋国人。看来仁厚愚笨、做事一根筋的特点，绝非宋国人的个别现象，而是宋国文化的一种体现。所以宋襄公做出这么多可笑又可气的事情，也就不足为奇了。

17

唇亡齿寒

占小便宜吃大亏

　　齐桓公死后，宋襄公上演的闹剧没有持续多长时间就被楚国人给终结了。历史的舞台当然不会空着，接下来将要唱主角的是晋文公。要讲晋文公，得先从他的父亲晋献公讲起。

晋国的第一位国君叫叔虞（yú），是周成王的弟弟。相传周成王小的时候和叔虞一起玩过家家，成王顺手捡了个桐树叶子，撕成珪（guī）的形状，递给叔虞说："弟弟，现在封你做诸侯啦！"什么是珪呢？珪是一种上方带尖的长条形玉器，古代分封诸侯时就以此为凭证。周成王的话没成想被史官给记了下来。君无戏言，成王登基之后，为兑现当年的承诺，把一个叫作唐的地方分给了叔虞，叔虞就成为了唐叔虞，这就是"桐叶封唐"的传说。唐后来改名为晋国，唐叔虞就是晋国的开国国君。

李山说

关于"桐叶封唐"的说法，古代就有人表示怀疑，如唐代柳宗元就写有《桐叶封弟辨》。之所以有这样的传说，是因为古人认为帝王说话都是金口玉言，哪怕是错误的，也得执行。其实在西周时期，周王的权威还远不如后代的帝王。分封一个诸侯国是严肃的事情，不会因为小孩子游戏时说了一句什么话就实行。后人想象出来的故事很好玩，也可以帮助我们记住历史，但终究是不真实的。

唐叔虞去世之后，转眼两百多年过去了。到了公元前780年，晋国君主晋文侯即位的时候，晋国已是民不聊生。一首叫《鸨羽》的诗记录了当时老百姓的悲愤。

肃肃鸨（bǎo）羽，集于苞栩（bāo xǔ）。

王事靡盬（mí gǔ），不能蓺（yì）稷（jì）黍（shǔ）。

父母何怙（hù）？悠悠苍天，曷（hé）其有所！

——《诗经·唐风·鸨羽》

　　这是老百姓在控诉：王事无休无止，都没有时间来种庄稼了，我靠什么来养父母呢！老天啊老天，什么时候才是个头啊！

　　晋国乱七八糟的国政持续到了晋文侯的儿子晋昭侯时，国家管理不仅没有好转，晋昭侯还做了一件违背国家制度，给晋国带来严重混乱的事情。

　　公元前745年，晋昭侯把一个叫作曲沃的地方划分给了自己的叔叔成师，历史上称他为曲沃桓叔。晋昭侯这样做，犯了一个大忌讳。因为曲沃的城池比晋国都城翼还要大，按道理分封时要遵循本大而末小的原则，即君主的力量、地盘应大于臣下的，这样才能够巩固统治地位。但现在却反了过来，这就破坏了等级制度，肯定会危害自身的统治地位。

　　果然，桓叔被封到曲沃时已经是五十八岁了，比刚即位的晋昭侯老练沉稳多了。他在曲沃不断笼络民心、壮大实力，不久，曲沃就成为晋国第二个政治中心。公元前739年，晋国大臣潘父叛乱，杀死了晋昭侯，曲沃桓叔趁机而入。

　　周朝的礼制中，王室血统的长子家族称为大宗，长子之外的家族就是小宗。大宗掌握政权，是受到保护的。而曲沃桓叔是小宗，现在来抢大宗的位置，有违礼制，周王肯定要管。

　　在周王的帮助下，晋人赶跑了桓叔，立孝侯为主。可叔侄间已撕破了脸，曲沃的小宗不再暗斗，开始明争。这一争，就争了六十多年，成为春秋时期持续时间最长的内斗。到了公元前678年，曲沃的继任者曲沃武公终于把晋国的国君姬缗（mín）灭掉了。为了让周王承认自己非法获取的权力，曲沃武公就用抢掠来的珍宝器物贿赂周釐（lí）王。周釐王贪图贿赂，也不管合不合周王朝的礼法，就承认了曲沃武公为晋国国君。曲沃桓叔这一脉从此正式取代了大宗，曲沃武公也就成为晋国的君主晋武公。历史上把这个事件称为"曲沃代翼"。

李 山 说

这件事发生在春秋较早时期。周王为什么不受诸侯尊重，从这件事可以找出一些原因。本来周天子的职责就是维护天下政治秩序，维护合法诸侯政权，阴谋夺权的事情，他应该是坚决反对的。然而，春秋时的周王却反其道而行。一开始，周王还能站出来帮助晋昭侯，可到了周釐王，就彻底忘掉自己天子的身份，贪图贿赂，与小宗同流合污，承认非法政权。金银珠宝是好东西，可是吃人嘴短，拿人手软，就是周王也得替人家办事，更严重的是周王的权威也因此再次跌落。周釐王完全是利令智昏，占了小便宜，却吃了大亏。

公元前676年，晋武公的儿子晋献公成为晋国国君。

晋献公即位的时候，齐国的齐桓公正称霸中原。当时晋国的形势是"晋国之方，偏侯也，其土又小"（《国语·晋语》），意思是说晋国是个又小又偏僻的地方，晋献公要想在列国中站稳脚跟，必须要扩大晋国的势力范围。晋献公是个骁勇善战的国君，在他即位的二十六年里，史料记载他是"并国十七，服国三十八，战十有二胜"（《韩非子·难二》）。在晋献公这么多场征战中，最让后人回味的，就是他利用"假道伐虢"的计策攻占了虢国和虞国。

虞国与虢国是晋国南面的两个诸侯国，是邻居。在春秋初期，两个国家的关系一直以来都不错。可是当晋国发生"曲沃代翼"事件之后，两个国家的关系因为晋国的挑拨，发生了变化。

虢国的国君虢公林父，以周室卿士的身份多次干涉晋国内政，并曾奉周王命令，带领诸侯联军讨伐曲沃。晋武公后来以小宗的身份获得了周王的认可，虢国却收容了大宗逃亡的晋国公子们。这下，虢国成了晋国的头号公敌。所以，晋献公上台后，确立了对付虢国的方针："弗诛，后遗子孙忧。"（《史记·晋世家》）意思是，为了不给子孙留下麻烦，一定要把虢国灭掉。

可要灭掉虢国没那么容易，最大的障碍来自地理上的不利。晋国和虢国之间隔着一个虞国，虞国和虢国一直以来关系都很好。如果向虢国宣战，这两个国家要是联手来对付晋国，那胜负就不好说了。

晋献公的大臣荀息出了一个主意："请以屈产之乘与垂棘（jí）之璧，假道于虞以伐虢"（《左传·僖公二年》）。意思是我知道你们两个国家关系好，我也不需要你虞国帮我去攻打虢国，只是从你这里经过一下。这样我去攻打虢国，能够少走一点冤枉路。当然，路不会白借，晋国会把屈地的宝马和垂棘的宝玉，送给虞国的国君作为答谢。

荀息要送给虞国的屈地之马，是晋国特有的珍稀之物，而且这还不是一般的屈地之马，是晋献公从屈地好马中千挑万选出来的，如同我们现在的极品跑车一样名贵。那块玉自然也是宝玉。晋献公一听这个主意好是好，但是心疼得直咬牙。荀息劝道："这些东西不过是暂时寄放在虞国而已！"言外之意是晋国不久就会连虞国也一起收拾掉，这样东西就可以拿回来了。他这样一说，晋献公痛痛快快地让使者牵走了宝马、带走了玉。

这些宝马和白玉摆到了虞公面前，也就把考验给了他。虞公能否克服贪心？更要紧的是，他能不能从眼前的利益中看到后面的祸患呢？真是既考验意志力，更考验判断力。可悲的是，虞公没有远见，两种考验，他都不及格。

一见"礼物"，虞公满眼放光。看着国君的表情，虞国大臣宫之奇急坏了。他赶忙上前劝阻道："虢，虞之表也；虢亡，虞必从之……谚所谓'辅车相依，唇亡齿寒'者，其虞、虢之谓也。"（《左传·僖公五年》）虢国是虞国的屏障，虢国灭亡了，虞国必定会跟着被灭掉。俗话说："车要有挡板才能装东西，失去了嘴唇，牙齿就会受冻。"这话说的正是虞国和虢国的关系啊。

虞公非但没有醒悟，还嘲笑宫之奇多疑："晋，吾宗也，岂害我哉？"（《左传·僖公五年》）晋国是虞国的同宗，怎么会谋害虞国呢？

然而晋国和虞国是同宗，但是和虢国也是同宗呀。虞公这么说，真让人替宫之奇惋惜，这么聪明的大臣怎么会碰上如此昏庸的君王呢？

宫之奇听了虞公这样说，估计心中喷血。可是他必须要让虞公明白利害关系："晋国大宗的后人有什么罪过，晋献公即

位后却把他们都杀掉了，不就是因为晋献公感到他们是一种威胁吗？对自己的亲人都如此，更何况对一个国家呢？"宫之奇把刚刚发生的晋献公灭掉自己兄弟家的事情搬出来举例子。这个例子虞公是听懂了，可是他太想要晋国的宝物了，便又想出来一个安慰自己的理由："我祭祀神灵的贡品很干净，神灵一定会保佑我的！"听了这话，宫之奇哭笑不得，只有搬出周家的宝典来劝说："《周书》上说，上天对人不分亲疏，只帮助有德行的人。如果晋献公夺取了虞国，他向神明进献祭品，神不会因为他灭了虞国而不帮他的。"

话都说到这个份上了，虞公听了吗？当然不听了！他这个时候哪有什么理智可言。

宫之奇只得黯然离去。虞公牵着马拿着玉，高高兴兴地为晋军敞开了大门。

公元前658年的夏天，晋国借道虞国讨伐虢国，攻占了虢国的下阳。

公元前655年的冬天，晋国再次借道虞国。宫之奇当然还是站出来制止，可结果依旧是老样子：虞公直盯着晋国送来的宝贝，听不见宫之奇说什么。这一次，宫之奇不再是伤心地走开，而是带着一家老小离开了虞国。走之前他留下话："今年冬天，虞国不能举行腊祭了，虞国要灭亡了！"

事情的结果和宫之奇预料的一样。这一年的十二月，晋国大军从虞国经过后，灭掉了虢国。返回虞国时，如同探囊取物般地把虞国也收入了晋国。

"顾小利，则大利之残也。"（《韩非子·十过》）占小便宜吃大亏，虞公因为贪图小利就失掉了整个国家。晋献公打了胜仗，和他的大臣们在虞国开庆功宴。荀息把当年晋献公忍痛割爱送给虞公的宝马和白璧带了上来，说道："主公，我当年说过，我们只不过是把宝贝暂时在虞国存放一下，现在它们又是您的了。"晋献公笑眯眯地仔细看了看白玉，又看了看宝马，说道："玉还是那块玉，就是马的牙齿长长了些呀！"虞公如果在场听见这番话，会作何感想呢？

　　虞国和虢国如同中原的门户，这扇大门现在被晋献公彻底打开，其剑锋可以直指中原了。

李山说

　　这个故事留下了两个成语：一个是"假道灭虢"，一个是"唇亡齿寒"。两个成语，像两块小小的集成电路，把一段春秋历史凝缩起来，流行在人们的日常语言中，千百年使用，千百年不忘。一段狡猾和愚蠢兼有的春秋故事，之所以流传千古，是因为故事中的成败得失，实在富有启发教训意义。虞公那样不顾死活地接受贿赂，说到底就是一点贪心作怪。人类很聪明，但是，聪明的人类却往往因为贪图一点小小的眼前利益就丢了亲友，丢了事业，甚至丢了性命，教训实在深刻。虞公丢失国家的故事发生之后，同样糊涂的人和事，还是多得数不清，看来人的贪心真是不容易克服！

大宗和小宗

　　西周宗法制以血缘关系为纽带，保持严格的等级关系，它的核心是嫡长子（正室夫人生的长子）继位。嫡长子被称为大宗，其他的儿子则被称为小宗。

18

骊姬之乱

最早的宫廷阴谋教科书

　　一说起很有心机的君王后妃，很容易就想到了我国历史上的第一位女皇武则天。其实早在她之前的春秋时期就出了一位居心巨测、诡计多端的女子，她是晋献公晚年时娶的妃子，叫骊（lí）姬。骊姬为自己的儿子谋求太子之位策划的阴谋，像是一场场没有硝烟的战争，让晋国闹腾了几十年。骊姬没有显赫的背景和贵族血统，完全凭借美貌和处心积虑，联合一切阴暗势力，去实现自己的贪欲，用自己邪恶的作为，完成了一部历史上最早的宫廷阴谋教科书。

故事发生在晋献公晚年。晋献公这个人，早年当君主时颇有作为，但是到了晚年，却做出了使晋国不得安宁的荒唐事。

公元前672年，晋献公准备讨伐周边的骊戎。按照古代习惯，出兵之前要卜卦。掌管占卜的大臣史苏用龟甲卜卦，烧出来的龟甲形状像嘴唇，嘴唇上还有一条像竖着的骨头一样的纹路。史苏对晋献公说："这个卦形状是嘴巴里面含了一块骨头，这场战争打胜了也不吉利，是会给晋国带来口舌的是非之战。"晋献公一听，只要能打赢，其他都是小事，于是果断出征。

很快，晋献公占领了骊戎，杀掉旧国君，重新立了新君。旧国君的女儿骊姬是骊国最美丽的女子，新国君为了向晋献公示好，把骊姬献给了晋献公。晋献公打了胜仗又娶了一个漂亮的妻子，高兴得不得了，回到晋国便大摆宴席庆贺。

晋献公没忘当时不叫他出兵的史苏，吃饭的时候专门吩咐只给史苏酒喝，不给他菜吃。晋献公对史苏说："这是罚你不会占卦，说什么'胜而不吉'，打了胜仗哪还会不吉利？要不是打仗，哪会娶到这么漂亮的妃子呢？"

受了罚的史苏还义正词严地说："大王罚我不许吃菜，我甘愿受罚，但是卦象上有什么我就要说什么，如果有所隐瞒，将来出了事情，就不是不给我吃菜这么简单了！"

骊姬很快就赢得了晋献公的宠爱，为了讨她喜欢，晋献公打算立骊姬为正夫人。不过晋献公很有意思，虽然自己早打定主意，还要装模作样问问神的意见。史苏又开始占卜。先用龟甲一占，不吉利。结果不合晋献公的心意，他吩咐再换个方法问问神。于是，史苏又用蓍（shī）草来算。这回神的旨意是勉勉强强。晋献公一看那就成了！可史苏不同意，说："一薰一莸（yóu），十年尚犹有臭。必不可。"（《左传·僖公四年》）所谓"一薰一莸"，就是一香一臭，这句话的意思是，一旦把臭的东西和香的东西放在一起，那香的东西就会受到严重污染，即使花很长时间臭味都难以除净。史苏"一薰一莸"的规劝非常形象，后来演变为成语，用来比喻善良未能抑制邪恶的事情。

固执的晋献公才不管什么香和臭呢，态度很坚决地立了骊姬为正夫人。从这两次晋献公对待占卜的态度上，可以看出他是一个随心所欲的人，只要能够达到目的，原则和底线可以放在一边。他这个特点后来被骊姬给摸透了，成了骊姬实施阴谋的润滑剂。

李山说

史官的设立，在我国古代很早就有了。他们记录国家大事，提供政治的借鉴，都是很有学问的人。史官的一个重要特点，是历史的兴衰看得很多，想问题能从长远处着眼，能以发展转变的眼光看问题，所以在事前能提出一些很有预见性的看法。只可惜晋献公被欲望冲昏了头，不听从史官的意见。尽管如此，史苏的见识，还是很有启发意义的，那就是多读一些历史，可以增强人看问题的眼光。

争取到正夫人的名分，只不过是骊姬权力欲望的开始，她最终的目标是让自己的孩子取代现在的太子，成为晋国的国君。这是一个要撼动晋国根基的大阴谋。晋国的太子申生在国内的地位非常稳固，晋国的重臣，像里克他们都是太子的支持者，加上太子本人性格仁厚，老百姓也喜欢他。要想把这样的人换下来，没有绝对充分的理由是不可能的。

骊姬的心思飞快地转动。首先要离间太子和晋献公的关系，让晋献公多听到太子申生的坏话。当然这些坏话骊姬不能自己去说，骊姬需要找帮手。可是晋国那些掌握着权势的皇亲国戚哪里会正眼看她，骊姬要找帮手，只有走平民路线。骊姬把宫里的人盘算了一遍，最后看上了一个给晋献公说笑取乐的人，名叫优施。

真不要小瞧那些供晋献公取乐的优人，晋献公平日里在朝堂上听大臣们说话，回来就听优人说话，听优人说话的时间不比听大臣们说话的时间少。优施是优人里面最得宠的一个，晋献公听他的话最是顺耳。优施很快就被骊姬收买了。接下来，优施除了逗晋献公开心之外，又多了个任务——搬弄太子的是非。说晋国的老百姓称赞太子申生比大王还多啊，说太子申生自恃功高不把别人放在眼里啊……尽是些围绕着权力顶峰最敏感的话题。虽然国君去世之后，太子是理所应当的王位继承人，但对于正在掌握大权的国君来说，谁都不愿意听见还有人比自己更有能力统治这个国家的话。闲话看似无足轻重，听多了，晋献公就觉得心里不是滋味了。

骊姬看离间起了作用，便把后宫中围在晋献公身边的人，从端茶送饭的到插科打诨的，能收买的都收买了过来。七七八八、许多嘴不断在晋献公的耳朵边说着太子的闲话。正所谓众口铄金，太子的品行再好，也禁不住这么多人喷口水。晋献公对太子的信任悄然发生了变化。

聪明的骊姬从晋献公的眼神中捕捉到了蛛丝马迹，她认为亲自出场的时机到了。

一天晚上，骊姬在晋献公身边一边哭一边说："你现在这么疼我们母子，宫里宫外早就在议论纷纷，说我是晋国的祸水。既然有人看不惯我们母子，不如现在把我们杀掉吧，省得以后死得不明不白。"晋献公不傻，一听就知道骊姬说的是谁，连忙安慰她："太子申生是个仁厚的人，不会做出这种事来的。"骊姬早就准备好了说辞："太子申生是仁厚，可仁厚就不能顾小情。他将来为了国家好，早晚要从我们身上下手，你不信，现在就把权力交给他试试。"骊姬在晋献公枕边的哭诉特别管用，史书都把这场哭诉记录了下来，叫"骊姬夜泣"，后来成了一个典故，用来比喻无中生有。

出于对骊姬母子的宠爱，当然也有着对自己掌控权力的危机感，晋献公开始认真考虑太子申生对骊姬母子的威胁，尤其是对自己权力的威胁。

接下来骊姬又想出一个阴谋，这次她不是发动宫里面的小人说太子的不是，而是动员晋国的老百姓称赞他。

怎么动员呢？让太子带兵去打仗。当时晋献公为了扩张势力，打仗是经常的事，太子带兵出征，如果胜利了，老百姓会称赞太子，晋献公心里会不舒服；如果打输了，太子会失去百姓们的信任。让太子出征这步棋，骊姬是稳赢了。

太子出征的消息一传出，支持太子的大臣坐不住了，对于太子的地位来说，这是非常危险的信号。于是，朝中重臣里克想说服晋献公收回成命："国君外出打仗，太子留守国都，是为了监国。国君外出打仗，太子也跟从，是为了安抚军队。但国君留在都城，却让太子外出打仗，这不合规矩，从来也没这事。"晋献公白了他一眼，回绝说："谁是太子我还不知道，不用你来瞎操心！"里克心里"咯噔"一下凉了半截。晋献公这句话，明摆着有废黜太子的打算了。从宫里回来，里克见到太子，太子焦急地询问对策。里克摇摇头对太子说道："尽你作为儿子的本分去吧！"太子深知此次出征的利害，可他本性忠厚，既然自己最信任的大臣劝他听话，于是不再想法拖延。他穿上父王专门赏赐的一套稀奇古怪的彩色盔甲，出征了。

几个月后，太子得胜归来。如骊姬所料，老百姓对太子的胜利是交口称赞，可晋献公看太子的眼神是越来越阴沉。申生被赶下太子之位，看来是早晚的事了。

骊姬的阴谋实施得很顺利，可是离成功还差一段距离。按照礼法，太子申生如果被废黜，骊姬的儿子也排不进候选太子的位置。太子申生的两个弟弟，重耳和夷吾将是名正言顺的候选人。骊姬不仅要除掉太子申生，还要除掉全部可能的候选人。

一天，骊姬故意使人向晋献公进言："若使大（tài）子主曲沃，而重耳、夷吾主蒲与屈，则可以威民而惧戎，且旌君伐。"（《左传·庄公二十八年》）意思是，曲沃是我们的宗庙所在地，蒲和屈是我们晋国的门户，需要最可靠的人驻守才行，只有把国君最信任的人派出去镇守才能保证晋国的强大和平安。这个听起来堂而皇之的理由很快被晋献公采纳了。没几天，太子申生、夷吾和重耳都被调离都城，太子去守祖坟，重耳和夷吾去了边疆。晋献公身边就剩下骊姬和一群听命于骊姬的宠臣。

晋献公的决定，明摆着就是对太子、重耳和夷吾的不信任，晋国的大臣们怎么会感觉不出来？原本支持三位公子的大臣们，胆小的很快站到了骊姬的队伍中，聪明的开始袖手旁观。原本孤军奋战的骊姬，仅仅用了几年的时间就成为了晋国强悍的人物。

可是太子申生和晋献公毕竟有几十年的父子亲情，要让父子相残，只可暗取，不可明夺。一天，晋献公和骊姬商量废掉太子申生，立骊姬的儿子为太子，骊姬还假情假意哭着说："君必行之，妾自杀也。"（《史记·晋世家》）她说，太子是一个大臣和百姓都拥戴的人，国君要是废了太子，我就自杀！骊姬这样说是因为时机尚未成熟，太子申生在晋国的威望很高，没有一个绝对致命的把柄，是不可能让太子申生退下太子之位的。

骊姬不仅会设计阴谋，还耐得住性子等待时机。这话说过之后，过了两年，骊姬终于等到了一个除掉太子申生的机会。

一天夜里，晋献公做了一个奇怪的梦，梦见太子申生去世的母亲齐姜。醒来之后，晋献公把梦告诉了骊姬。骊姬一听，心中狂喜："真是天也助我啊！"古人有个习惯，晚上梦见死去的人，白天就要去给他上香以保平安。晋献公梦见去世的夫人齐姜，当然要去给齐姜上香的。骊姬"好心"劝晋献公说："您年纪大了，叫太子申生代替您去就可以了。"晋献公听了，觉得骊姬真是体贴入微，没想到这又是骊姬裹着糖浆的阴谋。

太子申生按照父亲的吩咐，去给母亲齐姜上香。那时的习俗，祭拜要供奉猪肉，仪式结束后，要把这些肉分着吃掉。太子申生祭拜完母亲之后，便把肉带回来献给晋献公，不巧的是献公出去打猎了，太子便把肉留在宫里。骊姬等的就是这块肉。过了两天，晋献公回来了，想起来要吃肉，骊姬的戏就开场了，她非常好心地说："胙（zuò）所从来远，宜试之。"（《史记·晋世家》）这肉大老远地带来，要看看安不安全才能吃。她把肉汤洒在地上，地上冒起泡泡；把肉扔给狗吃，狗吃了口吐白沫；叫下人吃，下人吃了立刻死翘翘。估计骊姬在肉里下的毒，能够杀死一头大象了！事情如此蹊跷，照理应该把太子叫来询问一下。骊姬当然不会给晋献公思考的机会，她立刻在晋献公面前放声大哭，把矛头直接指向太子申生："太子也太狠心了，现在就要害死父亲自己称王。开始您想要废太子，臣妾还觉得遗憾，现在臣妾才知道是自己错了啊。"几年来，晋献公在骊姬的挑唆下，早有废掉太子申生的心思，这件事就像是拉开了对太子怨恨的闸门，晋献公决定要严惩太子申生。

太子知道给父亲的肉出了事情，十分害怕，逃到了曲沃。有人对太子说："下毒的是骊姬，你为何不申辩呢？"太子却回答道："我父王老了，没有骊姬是吃不好，也睡不好，我怎么忍心呢！"又有人劝太子出逃他国，太子以为自己现在已经落了个弑父的恶名，还会有谁接纳？于是，这个糊涂的大孝子申生就上吊自杀了。

李 山 说

太子申生这样不明不白地死掉，后人是不以为然的。他没有把事情的真相对父亲说清楚，甚至没有想要去说。这貌似是孝道，其实是不顾国家大业。他死后，人们给他的谥号叫作"恭太子"，"恭"有"过分恭敬"的意思。

晋国太子申生的遭遇和卫国太子伋非常相似，两个人都很厚道，都是被自己至亲的人所杀害，又都义无反顾地选择了殉道。在权力面前是没有什么亲情和道义可讲的，中国几千年的历史中王权不断更替，而这个魔咒始终都没有变过。

骊姬成功除掉了太子申生，接下来她要趁热打铁，把夷吾和重耳全部清除干净。骊姬对晋献公说，申生要杀你这件事情肯定有帮凶，他的弟兄重耳、夷吾一定脱不了干系。晋献公听后，二话没说就派人去抓亲生儿子。两个儿子看老爸如此昏头昏脑，哪有不逃的道理，他们赶紧逃往自己的封地。

不说夷吾，说说后来成为霸主的晋文公重耳吧。他朝着自己封地蒲的方向逃。他父亲派了一个狠毒的寺人来捉拿他。重耳被他追到了一个院子里面，无路可逃，只有翻墙。这个叫披的寺人拿着大刀，眼看重耳要翻过去了，寺人披情急之下，拿起大刀一挥，砍下了重耳的半截衣袖。重耳没有受伤，可吓了个半死！他再也不敢留在晋国，远远地逃到舅舅的家中，开始长达十九年的流亡生活。

公元前656年，史苏最初的占卜成为了现实。晋献公从戎狄带回了战利品骊姬，然而她给晋国带来的祸害，使得晋国在晋献公去世之后，陷入长达二十多年混乱的王位之争中。

19

大臣里克

欲加之罪，何患无辞

　　公元前651年，晋国的国君晋献公去世了，骊姬的儿子奚齐顺理成章地成为新国君。可接下来权力之争就像越来越大的漩涡，被吞噬的不仅是公子王孙们，朝廷的重臣也不能幸免。我们所熟知的成语"欲加之罪，何患无辞"说的就是晋国颇具悲剧色彩的大臣里克。要讲里克的故事，得把时光稍微向后倒一下，退回到重耳父亲晋献公刚去世的时候。

骊姬费尽心机为儿子奚齐夺得了王位，可一个十来岁的孩子和一个只善于玩弄阴谋的母亲，要想把晋国的权杖拿稳，那可比他们得到权力还要难。

晋献公临死前，特地找来奚齐的老师荀息，把奚齐托付给他。荀息是晋献公非常器重的老臣，在晋国的地位很高。晋献公的托付，荀息不得不接受，可他清楚接过的山芋很烫手，有些话要说在前面："臣竭其股肱（gōng）之力，加之以忠、贞。其济，君之灵也；不济，则以死继之。"（《左传·僖公九年》）意思说，我一定会竭尽忠贞辅佐幼主，如果不行就以死相报了。荀息虽是晋国的忠臣，但用忠贞来看护阴谋的果实，会是怎样的结局，他似乎已经看到了。

晋献公担心的事情比预想中来得快。他的遗体还停在灵堂里，晋国另外几位德高望重的臣子如里克、丕郑就开始谋划迎立公子重耳回国为君的事了。

里克原本是太子申生的主要支持者，为什么太子申生被骊姬陷害致死，他却得以保全呢？

当初，晋献公在骊姬的指使下让太子申生带兵攻打东山皋（gāo）落氏。本来，太子的名分一旦被确定，就主要负责祭祀宗庙、社稷和照顾国君起居饮食，不能单独率军作战。如果太子独自发号军令，其行为就是不孝，是不合礼法的。里克听到消息，便去劝谏晋献公不要把太子单独派出去带兵打仗，可他的提议被晋献公断然回绝了："寡人有子，未知其谁立焉！"（《左传·闵公二年》）意思是说，我有好几个儿子，我还没想好立谁当太子呢！晋献公此话一出，里克感受到太子申生的位置岌岌可危。作为太子的拥护者，他必须对太子有所交代，可当太子焦急地询问他和父亲交谈的情况时，里克没有把内心的真实感受告诉太子，甚至没有提出如何防备的建议，只是不痛不痒地说了几句宽慰太子的话："子惧不孝，毋惧不得立。"（《史记·晋世家》）意思说，你应该担心能否完成父亲交代的事情，而不要担心太子之位是否是你的。

几天之后，太子准备出发了，应该随行的里克却突然说自己得了重病不能前往。此中玄机，史书一语道破："善处父子之间矣。"（《国语·晋语》）所谓的"善处"就是谁也不得罪，晋献公和太子的权力在交锋，里克作为太子最信任的人却选择了回避和观望。里克精明中带着软弱的性格，很快就被骊姬和她的宠臣们利用上了。

一天，优施来到里克府上做客。酒过三巡，优施说给大家唱首歌助助兴吧："暇豫（xiá yù）之吾吾，不如鸟乌。人皆集于苑，己独集于枯。"（《国语·晋语》）歌

唱完，里克有些不解，问优施什么是"苑"（花园），什么是"枯"（枯枝桠）。优施回答说："母亲是国君的夫人，儿子将要做国君，就叫'苑'；相反，母亲已经死了，儿子又被国君厌弃，就叫'枯'，这枯枝还随时都有可能被折断呢！"优施像是开玩笑地回答着。优施走后，里克越想越不对劲，骊姬的宠臣绝不会无来由地开这种玩笑。里克饭也吃不下，觉也睡不着，干脆把优施叫来问个明白。

半夜里，优施又来到了里克的家里。这时没有必要再打哑谜，优施敞开门说亮话："国君已经答应骊姬杀掉太子，改立她的儿子奚齐。"里克思量了一会儿回答说："如果要我顺从国君杀死申生，我不忍心。如果站在申生那一边，我也不敢。"优施要的就是这句话。里克中立的立场使得太子申生失去了最重要的后援。太子马上要成为砧板上的鱼肉，任人宰割了。

打第二天起，里克就开始称病，不再上朝。

接下来，晋国发生了一连串大事：太子申生上吊自尽，两位公子夷吾和重耳被赶出晋国，晋献公去世……里克一直称病在家，躲过了晋国权力交替时的政治风暴，世人也仿佛忘记了他的存在。

号称"生病"的人总有好起来的时候，只要有合适的机会。当骊姬的儿子奚齐被送上国君位置的时候，里克选择了重新回到权力斗争的中心，他很快成为反对骊姬势力的首领。公元前651年十月，晋献公出丧。里克他们收买了一个大力士，大力士换上晋军卫队的服装，混在卫队里，将幼主奚齐刺死在灵堂上。骊姬和优施万万没有想到，当初用一首歌就轻易搞定的里克会在这个时候跳出来，把他们多年处心积虑收获的阴谋果实一下子踩碎在脚下，他们甚至没有来得及品尝一下胜利的味道。同样无比失望的还有荀息，因为他对晋献公的承诺变成了一纸空文。无奈之下，荀息又把另外一个和奚齐年龄相仿的公子——卓子立为国君。卓子不是骊姬所生，是随骊姬一起陪嫁来的妹妹的孩子，这多少也算对晋献公有个交代。可是，这个小国君即位不到一个月，又被里克杀死在朝堂之上。

短短一个月的时间，和骊姬有亲的两位公子都被杀掉，荀息再也找不出后继人选。在一片声讨骊姬的呐喊声中，荀息选择了"以死继之"，自杀身亡了。骊姬的最后一把保护伞没有了，她的下场可想而知。

骊姬掀起的权力斗争风暴持续了十几年，裹挟了多少无辜者的性命，但最后她把至亲的人也送上了不归路。

李 山 说

荀息守的是老贵族的旧道德：言必信，行必果。他的讲信用，虽不通大道，却是用性命作抵押，也有其闪亮的地方，与见风使舵的势利眼不可同日而语，所以也不可完全轻视。

与权力的周旋注定是一场危险的游戏，下一个出局的又会是谁呢？

小国君们死了，荀息死了，晋国处在了权力真空和动乱的边缘，这时唯一能够扭转局面的人就是里克了。把两位逃亡的公子请回来成为顺理成章的事情。请哪一位回来呢？里克和大臣们商量决定请重耳回来，重耳回绝了。里克他们再去请夷吾。夷吾很想接过里克递过来的权杖，却不敢贸然地伸出手。夷吾怕什么呢？当然是里克了。里克能够连续杀掉两个小国君，他手中的权力可想而知，贸然回去，等于是把命运完全交给里克，风险太大。夷吾和他的谋士们商量，请求晋国西边的秦国作为后盾。

夷吾给秦国国君秦穆公传信，信中许诺，只要秦能够出兵，帮助他回国当上国君，就把晋国河西的五座城池都送给秦国。秦穆公收到信，觉得这买卖不错。他原本就打算联合晋国图谋中原，现在人家主动找上来了，哪有不同意的。秦穆公的

支持对夷吾来说就是定心丸，接着他又传信给里克，夸赞里克如何有功，将会受到大大的褒奖，给里克吃一颗定心丸。一切准备停当，公元前650年，夷吾在秦国大将公孙枝的护送下回到晋国，继承君位，史称晋惠公。

晋惠公上台之后的头等大事就是论功行赏。可是满心欢喜等着受封的里克并没有等到封赏，等来的却是杀身之祸。世人皆知，没有里克扫清骊姬在晋国的势力，夷吾就不可能成为晋惠公，里克是那块让夷吾爬上最高宝座的基石。但当夷吾成为晋惠公之后，里克还是一块石头，不过这块石头被垫在了宝座的凳子腿上。晋惠公感觉国君的座椅老是不稳当，弄不好自己还会摔下来。所以一定要把这块石头拿走，里克必须要死！

夷吾早就准备好了堂而皇之的理由："子杀二君与一大夫，为子君者不亦难乎？"（《左传·僖公十年》）意思是，你杀掉了两个国君、逼死了一个大臣，当你的国君太难了！里克经历了这么多场腥风血雨，自认为能够在权力斗争的漩涡中周旋，没想到最后还是被漩涡吞噬。公元前650年的一个炎热的夏日，里克留下最后一句话——"欲加之罪，其无辞乎"，而后引剑自刎。

李山说

晋献公在时，里克见申生不可救助，就躲起来；晋献公死后，他见骊姬母子大势已去，就冒出来大手大脚做事。他所做的事，要说也不错，可就是让人觉得他为人太阴险。所以，新君主就容不下他了。夷吾说得很明白：做里克这种人的君主，太危险。其实指的就是他的为人令人害怕。荀息的死，让人觉得是"迂"，里克则让人觉得"滑"。"迂"也许还有令人佩服的一面，"滑"就只剩下一个"咎由自取"了。

20

重耳流亡

十九年的社会大学

有这么一个说法:"社会是所大学。"现实中的困难和挫折会让人学到很多课本中学不到的知识。春秋时,晋国公子重耳也去上了"社会大学",并且一口气上了十九年。

夷吾当上了晋国的国君，总觉得只要自己的兄弟重耳活着，就有可能回晋国把自己赶下台。这种提心吊胆的日子多不好过呀，所以夷吾当上国君后，又派刺客去刺杀重耳。

重耳原本在狄国躲了十二年，躲得好好的刺客又找上门了。没办法，赶紧逃吧！公元前644年，重耳再次走上了长达七年的流亡之路。古时交通不便利，能够去很多国家的人并不多，重耳一路上都在逃亡，在人家的屋檐下求生存，日子很不好过。但是，磨难可以造就人。正是这种经历，让大少爷脾气颇重的公子哥重耳成长为一代霸主。那么，流亡的过程具体如何呢？我们从头说起。

重耳刚从晋国逃出来的时候到了狄国，为什么选择狄国呢？重耳的舅舅叫狐偃（yǎn），又叫子犯，也是他手下重要的谋士，他认为狄国离晋国最近，交通方便，信息灵通，并且重耳的母亲是狄国人，狄国算是重耳的姥姥家了。投奔狄国，这些都是优势。

狄国的国君非常热情地收留了重耳，好吃好住地款待不说，还把一个叫季隗（wěi）的漂亮女子嫁给重耳当老婆。重耳觉得自己是因祸得福，逃出晋国非但远离了政治纷争，还重新过起了锦衣玉食的日子，所以在狄国一待就是十二年。重耳身边的谋士却不愿意过这样的日子，他们追随重耳，不是为了跟着他到狄国来吃吃喝喝，而是为了能够早日返回故国。他们时不时提醒重耳，应该离开狄国寻找复国的机会。可惜重耳的想法和他们不太一样，晋国国君的位置对他没有太大的吸引力。直到夷吾派来刺客刺杀重耳，扰乱了他的好日子，重耳才遵从了手下的建议，决定离开狄国。

重耳收拾行装准备上路。要离开狄国，最舍不得的当然是自己的老婆季隗。重耳对她说："你等我二十五年，如果二十五年后我没回来，你就再嫁人吧！"狄国是边地小国家，婚姻约束不像中原那么严格，非得从一而终，所以重耳希望季隗能等着他，如果实在不行再改嫁。粗看，好慷慨啊，可细想想，全不是那么回事！聪明的季隗看着面前"慷慨"的丈夫，笑了笑说："我已经二十五了，再过二十五年，我就是老太婆了！谁还会要啊？不过我还是等你吧！"季隗快人快语，把重耳那点心计挑破了。

李 山 说

重耳流亡的过程中，出现过几位女子，虽然出场时间不长，一闪就过去了，可都是些性格突出的人物，三言两语就能给人留下深刻的印象。

接下来，重耳他们选中了齐国。要想重新回到晋国，没有强大的后援是不行的。当时齐桓公还在，齐国就成了重耳的希望。可是，从狄国到齐国，路途遥远，要途经别的国家。

离开狄国后，重耳一行人一路向东，首先来到卫国。可是，卫国国君不愿接纳他们，把大门一关，城都不让进。没有办法，重耳他们只好继续赶路。当时是冬春之际，路上满眼黄土，人烟稀少。他们走在卫国的荒郊野外，越走越饿，好不容易在田边看到了一个农夫，顾不上自己的身份，围着农夫讨东西吃。农夫原本也是吃不饱的人，看着一大群穿着比他齐整的人还问他要饭吃，气不打一处来，随手从地上捡起一个土块递给了重耳。重耳一看，气得鼻子喷火，卫国的国君不待见我，连卫国的一个农夫也敢取笑我！重耳拿起鞭子就要打过去，站在他身边的狐偃赶紧拦下，说："这是上天所赐啊！土块不就代表着国土吗？"狐偃的劝说听着很有道理，重耳只好收下土块，饿着肚子继续赶路。

一路上看着别人的脸色，重耳和他的随从饥一顿饱一顿，总算来到了齐国。齐桓公对重耳没有丝毫的嫌弃，以礼相待，还送了他一个美女老婆——齐姜。重耳的生活又滋润起来。他每天逛逛齐国繁华的街市，回家陪陪漂亮的老婆，生活质量比在狄国不知提高了多少倍。重耳原本是个公子哥，过惯了舒服日子，但凡安定下来，就不想再挪窝，复国大事又抛在脑后了。他的安逸之态让他的谋士们着急了：当初商定到齐国可不是来安家落户的，而是寻求返回晋国的帮助的呀。他们忍不住

提醒重耳找齐桓公商量，可惜还没等到齐桓公拿出办法，齐桓公就不明不白地被一群小人给害死了。齐国的几位公子为了储位之争把齐国搅得是昏天黑地，乱成一团。明摆着，齐国再住下去也没什么意义了。可是重耳一点不急，照旧过他的小日子。

　　狐偃、赵衰（cuī）他们坐不住了，得想办法把重耳带走。这样待下去，复国的大计只有泡汤！为了避人耳目，他们来到野外的一片桑林里，坐在一棵大桑树下商量计策。没料到，桑树上却"长了耳朵"。原来，重耳夫人齐姜的一个侍女当时正巧在树上采桑叶，把他们的计划听了个一句不落。侍女立刻回家告诉齐姜："您快点想办法，姑老爷想要抛下您逃走了！"齐姜是个深明大义的女子，她非但没阻止，反而主动找到重耳对他说："行也！怀与安，实败名。"（《左传·僖公二十三年》）意思是，快走吧，贪图安逸只会败坏了名声。齐姜能够主动牺牲夫妻的恩爱成就重耳的事业，非常不容易。但是重耳此时并没有这样的人生觉悟，以为齐姜是在试探自己，把头摇得跟拨浪鼓似的："没这回事，我在这待得好好的，走什么走啊！"看着无动于衷的丈夫，齐姜干脆找到重耳的谋士们商量计策。

　　一天，齐姜为重耳准备了好酒好菜，重耳不知是计，小酒喝得畅快，不一会儿就醉倒了。谋士们赶紧把重耳架到车上，齐姜含着泪水目送他们上了路，这一别，不知何日才能再相见啊！没过多久，重耳醒了，发现自己不是躺在家里，而是在硬邦邦的马车上颠簸。他立刻明白了，怒火冲天，顺手抓起戈就要打狐偃。狐偃不仅是重耳的谋士，也是重耳的舅舅，是长辈。可这会儿重耳气急了，顾不上许多，一定要拿狐偃出气。狐偃是上了岁数的人，跑又跑不快，只有绕着马车和重耳兜圈子。他一边跑一边还不忘规劝："你是要成大事的人，不能意气用事啊！"他在前面跑，重耳在后面追。重耳一边追，嘴里也不闲着，大骂："天天说我要成大事，逼着我到处跑，要是成不了大事，非吃了你的肉不可！"狐偃喘着粗气回答："要是不成事，我的肉还不定扔在哪儿呢，难道还有谁要跟豺狼争食？将来成了大事，有人就该嫌我的肉腥臭了！"舅舅和外甥一边跑一边斗嘴，场面很是热闹。重耳知道再回齐国已是不可能的事了，发了一通脾气，哭丧着脸朝楚国奔去。为什么是楚国呢？

因为除了齐国，就属楚国实力最强大了，要想回晋国，楚国是最后可以依靠的一棵大树了。

李 山 说

重耳操戈打舅舅的场景，很热闹，也很有看头：一是重耳的公子脾气上来后，六亲不认；二是他的没出息，在流亡了十几年之后，还没有什么根本的改善。这倒应了"江山易改，本性难移"这句话。好在他身边有一心成就大事业的人物，否则，以重耳的品行，早就烂在历史的尘土中了。

从齐国到楚国，途中同样要经过不少诸侯国，重耳作为流亡者只能求助于他人。有的国家会热情招待，这个时候重耳就感觉如沐春风，可更多的时候，重耳受到的是冷眼甚至是侮辱。

离开齐国后，重耳一行人来到了曹国。曹国国君倒是十分热情，不仅备下好酒好菜，还准备了一大桶热水让重耳泡澡。主人如此周到，重耳一路风尘，也没多想，就开始洗澡。可他万万没想到，他的洗澡成了现场直播——曹国国君带着一班人在偷看呢！曹国国君曹共公不知从哪里听说重耳是"骈（pián）胁"，就是肋骨全部连在一起长着，低级趣味的曹共公很想看看。他殷勤接待重耳，不过是想满足好奇心。可是他偷窥的动静太大，被重耳发现了。古人礼法很严，身体是不能让人随便看的，更何况重耳是公子。他虽颠沛流离，但从未受过如此侮辱。重耳怒火烧遍全身，脸上却不敢有任何表现，他知道此刻不能得罪曹国国君。十几年来重耳从未如此痛恨自己是个落魄公子。一定要回到晋国称霸！重耳终于下定了决心。

曹国国君趣味低级，可他的大臣僖（xī）负羁（jī）的妻子却慧眼识英雄。她断定重耳绝非等闲之人，在她的提醒下，僖负羁给重耳送去食物，并在食物下面藏了美玉，向重耳示好。数年后，重耳返国称霸，讨伐曹国，为报答当年一餐饭，重耳

特地下令让部下不得进入僖负羁的官邸。

重耳带着愤怒离开了曹国，又到了宋国，之后辗转到了楚国。楚成王用很隆重的仪式迎接他们，重耳受到如此热情的接待，对楚成王非常感激。有一次，楚成王宴请重耳。酒过三巡，楚成王问重耳："你对楚国的招待是否满意？"重耳一听不知何意，连忙点头致谢。楚成王接着问："那你回到晋国之后，怎么报答我呢？"重耳一听，哦，原来在这里等着我呢，天底下哪有白吃的饭！重耳向楚成王行礼，回答道："若以君之灵，得反晋国。晋、楚治兵，遇于中原，其辟君三舍。若不获命，其左执鞭弭（mǐ），右属櫜（gāo）鞬（jiàn），以与君周旋。"（《左传·僖公二十三年》）意思是，如果有一天托大王的福，使我能回到晋国当上国君，要是我们两国在战场上相遇，为了报答大王的盛情款待，我一定指挥晋国军队退避三舍（舍是当时的计量单位，一舍三十里，三舍相当于九十里地）。如果这样还不行的话，那么我也只好左手拿着马鞭硬弓，右边佩带着箭袋弓囊，来陪您较量一番了。重耳并没有因为落魄和寄人篱下而向楚成王献媚，这番话说得掷地有声，十几年的流亡生活终于让重耳在精神上练就了钢筋铁骨。

重耳的回答非但没有激怒楚成王，反而让楚成王觉得重耳是可以成就一番大业的人，坚定了要帮助重耳的决心。不过，重耳在楚国也不是没有危险，楚成王的大臣子玉就把重耳视为眼中钉，一直想办法除掉重耳。重耳在惴惴不安中期待着回国的机会。

老天帮忙，重耳的机会来了。一天，突然从秦国来了一位使者，专程请重耳去秦国，说秦国国君愿意帮助他回国。这消息让重耳觉得奇怪，他的兄弟夷吾就是在秦国的帮助下才成为晋国国君的，为何秦国又要来帮助自己呢？

说起来，这中间还有不少的故事。

当年，夷吾在接受秦国帮助回到晋国时，向秦穆公许下很多诺言。可当他回国之后，立刻把对秦国的承诺抛诸脑后，就当什么事情都没有发生过一样。秦穆公比较大度，对于夷吾的过河拆桥，并没有兴师问罪，这笔账不了了之。公元前647年，也就是夷吾回国第四年，晋国发生了饥荒，这次非常严重，饿死了很多人。想来想去，还是自己的邻居秦国能帮上忙，晋惠公竟然又厚着脸皮向秦穆公求助。秦国的大臣们纷纷表示，不能再帮这个忘恩负义的小人了！但秦穆公不这样想，他说晋惠公虽然不义，可晋国的老百姓是无辜的，不能眼睁睁看着他们饿死。于是，秦国把大量的粮食通过黄河运给晋国，一船船的救命粮在黄河上来回穿梭，史称"泛舟之役"。渡过难关的晋惠公对秦穆公是千恩万谢。

无巧不成书，第二年，秦国也遭遇了天灾。秦穆公很自然地想到了向晋惠公借粮食，没想到晋惠公以自己还吃不饱为由，把借粮的秦国使者打发回去了。这下秦穆公真的火了，做小人居然能"小"到这个份上，是时候教训晋国人了！秦国向晋国宣战了，这一仗，晋惠公输得一点悬念都没有，晋国的士兵都觉得吃秦国的粮食还打秦国，实在是使不出力气，和秦军一交锋，很快就被冲得七零八落。在军中督战的晋惠公一看情况不妙，赶紧撤退。他跑着跑着，马车陷进泥坑中，怎么也出不来。晋惠公四处张望，看见大臣庆郑驾车经过，赶紧大声呼救。庆郑非但不救他，还说道："主公是人的劝告不听，神的话也不听，现在没有谁能救得了你了！"说完，扬长而去。庆郑宁愿冒着杀头的罪过也要表明自己的立场，古人的是非观念由此可见。

晋惠公灰头土脸地被抓到秦国，最后把自己的儿子押在秦国做人质才被放回来。公元前637年，晋惠公去世了，他的儿子得到消息，赶紧偷偷逃回晋国，成为晋怀公。晋怀公在秦国当了多年人质，现在自由了，再不愿和秦穆公合作。秦穆公为了控制晋国，只有重新扶植自己的力量，在这种形势下，秦穆公想到了重耳。

不论秦穆公打着怎样的算盘，对于重耳来说，如同乌云中突然裂开了一条缝，照亮了他回到晋国的希望。

重耳赶紧收拾行李来到了秦国。

秦穆公用大礼来款待重耳，礼节考究又烦琐。单单是主人向宾客敬酒的"一献之礼"，从主人拿杯、洗杯、倒酒、敬献的过程就要跪下起身行礼八九次之多。接下来是饮酒唱和，喝的是美酒，唱的是春秋时最流行的曲目《诗经》。我们今天两个国家谈判，两方的人坐在一个长长的桌子前，你一句我一句地通过翻译传着大白话。可是在春秋时代不是这样，他们是一唱一和地对诗歌，所用的歌词全出自《诗经》。要表达的话全在诗里面藏着，邦交成功与否还要看你懂不懂《诗经》，有没有文化。说白了，秦穆公的宴请就是想试试重耳的深浅。

面对决定命运的文化礼仪考试课，重耳可不敢大意。好在身边能人多，最有文采的赵衰陪着他一同应对。美妙的乐声响起，秦国的乐工唱起了《诗经》中的《采菽（shū）》："采菽采菽，筐之筥（jǔ）之。君子来朝，何锡（cì）予之？虽无予之，路车乘马。又何予之？玄衮（gǔn）及黼（fǔ）……"歌词大意是这样的：君子来我们这儿了，我们要送点礼物给他们表示敬意。我们实在没有什么东西好赠给他，赠什么？赠一辆四匹马拉的车。我们还要赠他一点东西，赠他一身贵族的服装，带有花纹的服装。

乐工唱完了，重耳听着好听，一边鼓掌，一边悄悄看着旁边的赵衰，赵衰轻声示意道："公子，赶快去拜谢秦穆公。"怎么唱首歌就要去行大礼呢？重耳没听懂，当然一般人都听不懂，要不怎么说赵衰有文化呢！这首歌意思是秦穆公要送东西给重耳，拿人家东西当然要拜谢了。不过这种唱歌打哑谜的仪式，光领情是不够的，重耳还需要从《诗经》中找一首唱回去，这才显得有文化。赵衰立刻给重耳准备了首《诗经》中的《黍（shǔ）苗》："芃芃（péng péng）黍苗，阴雨膏之。悠悠南行，召伯劳之……"说长得很茂盛的黍子苗，需要雨来润泽它，我们这些人向南行走，向南去服劳役，是召伯来慰劳我们！重耳一方唱完，这样才算是一个回合结束。重耳回到座位上，刚刚想端起酒杯润润嗓子，接着秦穆公继续命乐工唱开了："……猃狁（xiǎn yǔn）孔炽（chì），我是用急。王于出征，以匡王国……"这首诗很长，出自《诗经·小雅·六月》，讲的是周宣王时期派大臣去征讨猃狁，建立功勋的事情。乐工一唱完，赵衰是满脸的激动："公子，我们回国指日可待了，秦穆公答应帮助我们回国了，赶快下到堂前行跪拜大礼吧！"一场宴请的礼仪结束，重耳回国大事敲定，流亡十九年之久的重耳终于翻开了他称霸中原的第一页。

李 山 说

用《诗经》里的句子来交流，这就叫作"赋诗言志"，就是任意从《诗经》中选取一篇、一段或者几句，或者交给演奏者演唱（一般是成篇的），或者自己有音律地吟诵，如此来传情达意。有话不直说，而是引用现成的诗篇，这就是两千多年前古人的文雅。

《诗经》

《诗经》是中国第一部诗歌总集，它没有具体的创作者，相传是由周代的采诗官在每年春天，摇着木铎深入民间收集的民间歌谣，把能够反映人民欢乐疾苦的作品整理后交给太师（周代负责音乐的官员）谱曲，演唱给周天子听，作为周天子施政的参考。

《诗经》现存305篇，分风、雅、颂三部分。描写的内容从国家的祭祀、征战，到百姓的农耕、婚恋，涉及社会的各个方面。《诗经》不仅仅是一部文学巨作，也是周王朝几百年历史的生动写照。《诗经》的创作时代是我们民族文化蓬勃发展的时期，因此《诗经》也被誉为中华文化的"圣经"。

小知识

21

重耳用人

让有廉耻的人寒心

　　有句话叫"会哭的孩子有奶吃"，比喻做人不仅要会做事，也要会表功，否则辛辛苦苦做出的成绩很可能就会被埋没。可有些人做事不愿张扬，宁愿放弃利禄，也不愿放弃自己做人的原则。春秋时期晋国的大臣介子推对功名利禄的态度，成为一段历史佳话。

公元前636年，流亡十九年的重耳终于再次踏上了晋国的土地，成了晋文公。

这块土地对重耳来说既熟悉又陌生。熟悉的是家乡的一草一木看上去是那么的亲切，陌生的是经过一场场权力的角斗和更迭，晋国宫廷已面目全非。重耳必须要尽快适应下来，这关系到他的生死，更关乎晋国的命运。

在秦国的帮助下，晋惠公夷吾的儿子晋怀公被赶出晋国，但是他们的余党还在晋国盘踞着，并且时时刻刻等待着除掉重耳的时机。

一天，宫廷里起了大火，仆人们正忙着救火时，一队人马杀气腾腾地冲了进来，领头的是晋怀公的旧部下吕甥和郤芮（xì ruì）。他们冲进来之后就开始到处找重耳，可怎么也找不到。两人琢磨着，重耳要是听到风声逃跑，只能往秦国跑。吕甥他们赶紧带着人马往秦国的方向追。眼看到了秦国的地界，前方突然冲过来一支部队将他们团团围住，领军的正是重耳。吕甥和郤芮惊讶极了，重耳怎么会这么快请到援兵，杀了他们一个回马枪？这时，重耳身边走出了一个人冲着他们冷笑——寺人披！吕甥和郤芮一下全明白了。

寺人披是个心狠手辣的太监。当年晋献公和晋惠公都曾派他去追杀重耳，寺人披特别卖命，为了追杀重耳，不吃不喝，昼夜兼程，重耳差一点就成为他的刀下冤魂。重耳对他是恨之入骨，他们两个怎么会走到一起呢？

原来重耳回国没多久，寺人披就登门求见。重耳一听寺人披来了，觉得很是奇怪：此人当年拼命追杀我，现在不逃得远远的，反而送上门来，我倒是要看看他葫芦里面卖的什么药。于是，寺人披被传了进来。重耳阴沉着脸看着这位时不时出现在自己噩梦中的主角，眼中恨不得生出两把剑在寺人披身上戳几个窟窿。寺人披见到重耳的架势，倒没有吓得哆嗦，依旧端着那张面无表情的脸。他对重耳行过大礼，说道："我永远是国君的仆人，君主让我杀谁，我便杀谁。"重耳是个明白人，一听这话，眼中的杀气慢慢地收了回来。寺人披就是一把利剑，自己的父兄能够使唤他，为什么自己不好好用呢？这就是重耳十九年流亡生涯学到的高明之处，不再意气用事，盲目地给自己树立敌人，而是从敌人的阵营中争取盟友。

寺人披本是吕甥和郤芮他们一伙的，重耳不计前嫌收拢过来，吕甥和郤芮的阴谋，重耳自然了解得一清二楚。吕甥和郤芮本想一把火除掉重耳，没想到被重耳一网打尽。经过这次事变，晋国的局势才算稳定下来。

一朝天子一朝臣，重耳怎么用人，大家都在观望，看到连寺人披这样的人重耳都能收下，一时间三教九流的人都冒出来求见了。没几天，一个叫竖头须的国家仓库保管员，扬言曾经偷偷盗用仓库里的财物资助过重耳，重耳对他也大大地犒赏了一番。

重耳的行为让一些投机的人很满意，也让一些人不解，跟随重耳流亡十九年的介子推在这个时候选择了离开。

与重耳一起流亡的人称得上个个都经历过生死的考验。据说有一次，重耳实在是没有饭吃，快要饿晕的时候，介子推把自己大腿上的肉割下来给重耳烧着吃。估计编这个故事的古人是为介子推的遭遇抱不平，所以把介子推描述得很伟大。介子推有没有割肉给重耳吃我们无处考证，但介子推忠心耿耿跟随了重耳十九年是史实。按道理介子推应该首先被封赏，可是重耳却把他给忘了，介子推"不言禄，禄亦弗及"（《左传·僖公二十四年》）。意思是说介子推从来不向重耳邀功，封赏自然就落不到他头上。古人中有很多性情高远的人，做事情并不是奔着名利而去，而是为了成就一番理想。介子推就是位情志高远的厚道人，他看到重耳身边一群小人得志，评价道："下义其罪，上赏其奸；上下相蒙，难与处矣！"（《左传·僖公二十四年》）意思是，下面的人把不属于自己的功绩揽到自己身上就是罪过，在上的人封赏不该封赏的人就是奸邪，上下互相蒙骗，怎么能和这些人相处呢？

介子推并不在意封赏没有落到他头上，也不愿意和无功献媚的人为伍。相传，他带着老母亲隐居到现在山西省一座叫绵山的山林中。介子推走了，重耳才想起他，重耳不是个没良心的人，他只是事情一多，忙起来就把介子推给忘了。重耳赶紧带着人马来请介子推出山，但是介子推不肯露面。不知道谁出了个馊主意，说放把火烧山，介子推肯定会跑出来。没想到介子推还是不肯出来，最后竟然和他的老母亲一起被烧死在了绵山上。重耳非常难过，可人都死了，难过也没有用。为了纪念介子推，重耳下令这一天全国不许动火，渐渐地对介子推的纪念固定为习俗，成为"寒食节"。

关于介子推的遭遇，史书和民间的记载相差很大。《左传》记载介子推没这么惨，他躲进绵山，重耳也去找了，然而没找到。最后，重耳便把绵山一带作为封地赏给了介子推。但是老百姓喜欢民间的版本，因为更有味道啊！就像是我们的另一个传统节日端午节，屈原其实不是那天去世的，端午节在屈原之前就有了，但我们的传说把它跟屈原拉在一起。一个节日跟一位伟大诗人连在一起，这个节日当然更有意味！

无论介子推结局怎样，重耳在民间是背上了白眼狼的骂名。但是作为一代霸主，重耳在治国上有着成熟的政治策略。重耳非常明白现在晋国的头等大事是稳定，所以在用人方面并不仅仅只是重用几个跟随自己多年的亲信，而是"昭旧族，爱亲戚"（《国语·晋语》）。因为这些旧族和亲戚在晋国的时间很长，势力大，对这些势力的合理安排能够保证晋国的安定，很快就稳定了国家的政局。

接下来，重耳开始着手发展经济、壮大军事力量。重耳在军事上的重大改革是，第一次打破了由国君及其子弟统率军队的旧制，开放了以大蒐（sōu）礼的形式选拔将帅之先河。按照古代的规矩，打仗只有贵族才能参战，所以能参军打仗在当时是一种荣誉，因为有荣誉感，贵族人人自爱。春秋时期的第一位霸主齐桓公，当年就是沿着这种思路打造齐国的军事精神，一支三万人的常备军就保证了齐国可以无敌于其他诸侯国。但是到了晋文公重耳这里，情况发生了变化，因为重耳的父亲晋献公对贵族势力的压制和清剿，贵族在晋国已是近乎消亡的弱势群体，这个时候必须要从晋国的大家族中选拔人才。重耳效仿周代大蒐礼，即通过以田猎之名举行的军事演习来选拔将领。重耳推行的一系列军事改革成效显著，晋国的正规军几年之后就从一支发展到了三支，称为三军。

重耳逃离晋国的时候年纪已不小，可胸无大志。经过十九年的颠沛流离，回来时虽然年纪一大把，仍雄心勃勃，晋国原本底子不差，加上重耳励精图治，几年后晋国就恢复了盎然生机。

大蒐礼

小知识

大蒐礼指的是以田猎之名举行的军事演习。根据史书记载，大蒐礼分为两部分，前半部分是检阅之礼，后半部分是田猎之礼。

大蒐礼前半部分的过程大致如下：

1.选好场地，树立标木，划清界限以便校正队伍行列和指挥行动。

2.司马在场地后方树起旗帜，官员率领属下在此集合，黎明时清点人员，排列阵势。

3.阵前杀牲誓师，威慑那些不服从命令的人。

4.军士进行详细的进退和作战练习。大抵是根据各种鼓声、铎声进行一定的操作，重在整齐划一。

大蒐礼后半部分的过程大致如下：

1.在猎场周围建造栅栏。

2.建造临时军舍，用旗杆作为门柱，设有左右两个军门。

3.依次出军门，排列成阵。车兵、步兵分列左右，用旗子隔开。地势平坦处以车兵为主，否则以步兵为主。

4.猎场周围摆设用来专门驱赶禽兽的车辆，防止野兽逃出栅栏外。

5.阵前祭祀并誓师。

6.下令进军，随后军士开始行动，追禽逐兽。

7.献禽，大的交给公家，小的自己留着。

8.庆赏和处罚。

战争是社会发展的产物。最开始的战争，所用的武器就是狩猎工具，作战方式也与集体围猎类似，因此采取田猎方式进行军事训练再合适不过。

22

晋文尊王

利用诚信树威

　　相比春秋时期其他几位霸主，晋文公重耳城府最深，这和他在外面飘荡了多年很有关系。晋文公既精明又讲信用，因为这一点，为他赢来了不少的城池。几千年后，这块土地上出了很多精明的商人，人们称他们为晋商，他们或许有些晋文公重耳的影子吧。

春秋时期礼乐崩坏，周天子形同虚设，但诸侯之间再怎么争斗，对天子的名分还是敬畏的。竖起尊王的大旗，打起仗来会显得理直气壮。齐桓公当年打着尊王的旗号东征西战，成就了一番霸业。晋文公也想效仿，可这杆大旗不是想扛就扛得上的，他需要等待时机。幸运的是，机会被他等到了。

当时的周天子是周襄王，他有个弟弟叫王子带。王子带仗着自己得宠，企图篡权。周襄王亏着齐桓公扶持，才当上了周王。不过周襄王比较仁义，放了王子带一条生路，但王子带并没因此悔改。不久，他又组织了一批人马去抢哥哥的王位，又没抢成功，落荒而逃，逃到中原老大齐桓公家里。那时候管仲还在世，齐桓公和管仲当起了和事佬，劝周襄王以大局为重，别让天下百姓看君王家的笑话，再饶王子带一次。齐桓公也算是周襄王的恩人，周襄王尽管不愿意，还是听从了齐桓公的劝告。

王子带在外呆了十来年后，周襄王大概是为了团结王室，就把王子带召回了京师。不久，旁边的郑国和王室闹上了别扭。周襄王一怒之下，竟然不顾大臣们的劝阻，向狄人借兵来打郑国。这种引狼入室的事情周襄王也做得出来，周王室衰败到何种地步，可想而知！周襄王把兵借来之后，神气地收拾了郑国，出了一口恶气。作为对狄人的回报，周襄王和狄人结亲，娶了狄国的公主回家。

这下待在阴暗处的王子带又上场了。怎么又绕到他身上了呢？原来，周襄王为了还人情，虽把狄国公主娶回家，却并不真心待她。备受冷落的狄国公主遇见了王子带，两个人凑在一起像是两个打火石一擦，火花就擦出来了。周襄王知道他们私通后就把狄国公主打入了冷宫，王子带一看，再不采取行动，遭殃的就是自己了。

于是，王子带又开始造反，这次竟然成功了。周襄王出逃到了郑国一个叫氾（fán）的地方。周襄王刚刚打了郑国一顿，现在又逃到了郑国，郑国虽不高兴，可天子来了也只能接驾啊！

周襄王在氾弄了个临时办公室，开始向诸侯国发通告，号召诸侯出兵平息王子带的叛乱。

晋文公等待的"尊王"时机终于出现了！

公元前635年，晋文公带着精兵强将以最快的速度赶往郑国的氾，接上周襄王后直奔周朝的都城洛邑。又派兵前往王子带所在的温地进行讨伐，王子带和他的叛军哪里会是晋文公的对手，很快就被拿下了。

周襄王又坐回王座，心头那根刺也被彻底拔掉，周襄王为表示感谢，设国宴款待晋文公。周王身份尊贵，宴席上的宾客是不能直接和他推杯换盏的，周王要挑选出一个人，由他来代替周王和宾客们应酬，这个人称作"宥（yòu）"。能被周王选作宥，是政治上的荣耀。这次国宴，晋文公毫无疑问地当选了，代替周襄王款待宾客。

大家喝着甜蜜蜜的酒，说着甜蜜蜜的奉承话。晋文公从公子重耳成为晋国国君用了十几年的时间，而在成为国君后第二年就能享受如此高的待遇，他做梦都没有想到过。晋文公喝着喝着就有些把持不住了，开始向周襄王讨赏，他想要"请隧（suì）"。原本喝得乐滋滋的周襄王听见这话，脸色一沉说："不可以！""请隧"到底是什么，让周襄王这么不高兴？

关于"请隧"，目前学术界还没有统一的结论。一种观点认为，"隧"是墓穴的通道，晋文公因为年纪大了，开始为自己的后事做打算，希望自己死后能以王的规格来安葬。另一种观点是，古代国都之外是乡，乡之外还有一片野外的土地，叫"隧"。诸侯国外的这种乡野土地按照周礼

都是周家的，晋文公希望把隧这样乡野的土地划给晋国，那么晋国就和周家一样能够享有城郭外的土地了。

看来不管晋文公要的"隧"是什么，都是要打破周家礼法的事情，周襄王当然不能答应。但是周襄王也不能得罪晋文公，于是把周家直属的阳樊（fán）、温、原等八个邑给了晋文公，晋文公破格"请隧"的要求被驳回了，但是得了这么多封地，也是相当风光了。

李山说

孔子曾用"谲而不正"评价晋文公，是说他争霸不是为了尊王，也不是为了诸侯之间的和平，而是为了晋国的私利。在"请隧"这件事上，晋文公那条谲诈的狐狸尾巴露头了。

得了八个邑，晋文公不敢耽误，乐颠颠地去接收，可到了第一个地方阳樊就吃了个闭门羹，被堵在了城门外头。发生了什么事？原来阳樊、温、原这几个地方是周家的直辖地，里面住了不少皇亲国戚、老贵族，他们认为自己是天子的人，不愿意听一个诸侯使令，关着大门不理睬晋文公。晋文公知道缘由后，脸上可挂不住了，周天子还对我客客气气的，你们凭什么无礼！黑下脸来下令要强攻。这时候城墙上站出来一个叫苍葛的老者冲着他们喊道："德以柔中国，刑以威四夷。宜吾不敢服也，此谁非王之亲姻，其俘之也？"（《左传·僖公二十五年》）意思是说，用仁德才会让人民柔顺，我们可都是周王的亲戚呀，你动刀动枪的算怎么回事呢？晋文公冷静下来一想，对呀，自己打着尊王的旗号来的，现在对周家的子民大开杀戒肯定不占理。于是，晋文公传话说："只要打开城门，里面的人愿意留的就留下来，不愿意的可以搬走。"阳樊的老贵族们一听，看来晋文公还讲点道理，便打开了城门，让晋文公和平地接收了阳樊。

接下来是原邑。晋文公做了些思想准备，但是准备得不够充分，原邑的老百姓更加强硬。原邑的首领也是个老贵族，他为了抗拒晋军，对老百姓编了个谎，说晋兵滥杀无辜，阳樊的百姓都让晋兵杀光了。当时信息传递不方便，老百姓很容易相信谣言，原邑的首领成功地激起了百姓的愤恨。百姓们非但不开门，还组织队伍站在城墙上和晋文公的队伍对抗。晋文公站在城墙下，只见城头上人影涌动，刀枪碰撞声、叫骂声此起彼伏，不是一般的"热闹"。看这架势，不动武是不行了。但就像对阳樊一样，大开杀戒和尊王的道义相矛盾，怎么办呢？赵衰出了个主意："原邑抵抗得这么厉害，是因为不了解主公的为人。我们不是只带了三天的粮食吗，不如放下话去，我们就围城三天，原邑如果投降最好，如果不愿降，我们不如先撤回去再做打算。"

晋文公依计围城，第三天很快就到了，城门还是关得紧紧的，晋文公却真的开始准备下令撤军。这时候从原邑城里回来的探子禀报说："原邑老百姓现在已经知道阳樊的事情是谣传，他们守城的决心已经开始动摇了，再等个一两天事情就会有转机。"听了这话，大家都赞同再等等看，可晋文公还是坚持撤兵："得原而失信，何以使人？夫信，民之所庇（bì）也，不可失也。"（《国语·晋语》）得到一个小城和失去将士、民众的信任，谁更重要呢？晋文公更看重的是诚信。他没有犹豫，带着军队撤离了原邑。原邑的老百姓本来就盘算着要开城门了，一看晋文公原来是很重信用的人，二话没说，哗啦啦地把城门给打开了。

晋文公通过这次尊王的行动，不仅扩大了晋国的领土，也很快获得了诸侯们的认可。晋文公用了短短两年的时间就能取得这样的成绩，他的称霸道路和齐桓公相比可是走得顺畅多了。但是晋文公要想成为像齐桓公那样统领诸侯的霸主，还需要面临更多的挑战。

李山说

晋文公装作很讲信义的样子，取得了很好的效果。这实际显示的是那个时代的人们盼望着讲信义的领导出现，晋文公就巧妙地利用了这一点。

青铜酒器

青铜酒器是青铜器中用来喝酒的器皿，容积比现在用的酒杯大很多。是古人的酒量很大吗？当然不是了。那时候的酒和现在还不太一样，尤其是正式场合下，喝的酒叫醴（lǐ），用麦芽酿成，味道甜滋滋的，几乎没有什么酒精成分。青铜酒器种类很多，常见的有爵（jué）、角（jiǎo）、觚（gū）、斝（jiǎ）、觯（zhì）等等。古时的酒器不仅容积大，而且形状也与我们现在使用的酒器有非常大的差别，那是因为当时喝酒是一种仪式，在设计上有着特殊的要求。

斝

比如说爵，通常有一个较长的流口，像一个凹槽。这样就便于往爵中注酒，饮用时酒也可以顺着注口缓缓流出，不至于轻易洒出。爵的杯口还有突出的乳钉设计，据说古时酒的纯度不高，又时常伴有杂质，在乳钉状双柱上固定滤网，可过滤酒中杂质。

　　能够用青铜爵饮酒是身份的象征，后人因此衍化出了成语"加官进爵"来比喻职位高升。

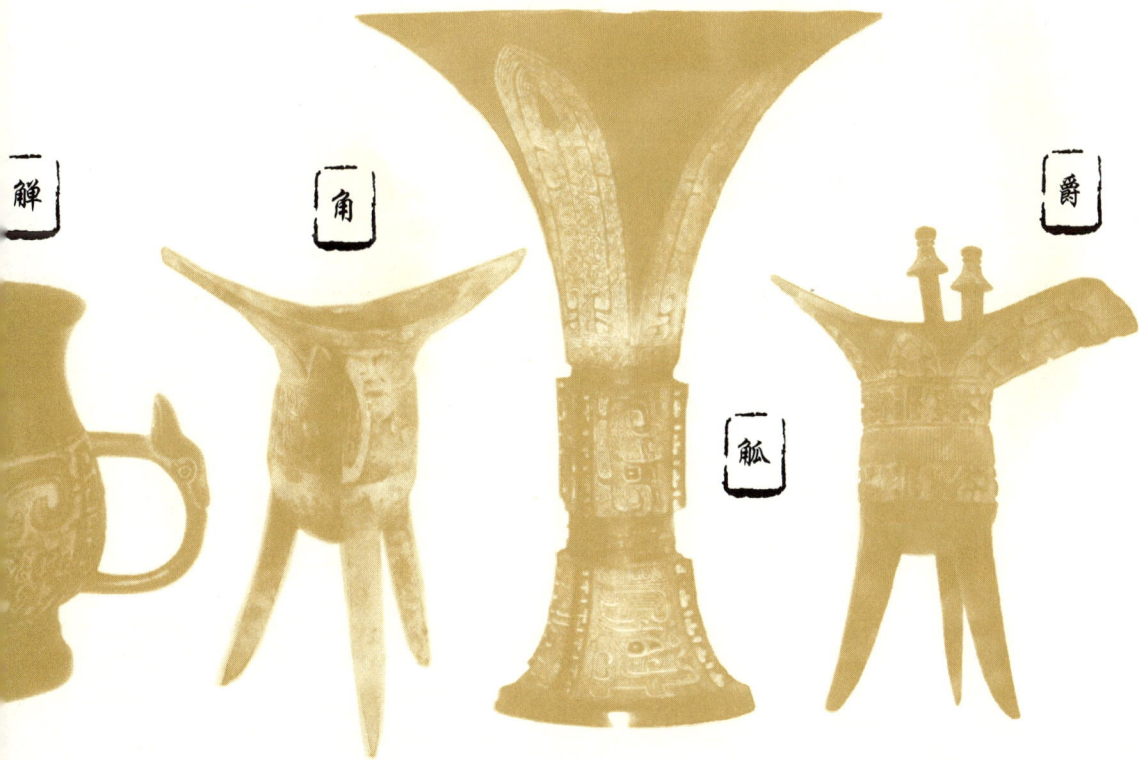

23

晋楚交锋

霸主的报恩与复仇

公元前632年，晋文公重耳率领大军杀进了当年偷看他洗澡的曹国国君曹共公的都城中，上演了一出报恩与复仇的戏剧。出兵曹国，重耳等了将近十年，正验证了"君子报仇，十年不晚"这句话。

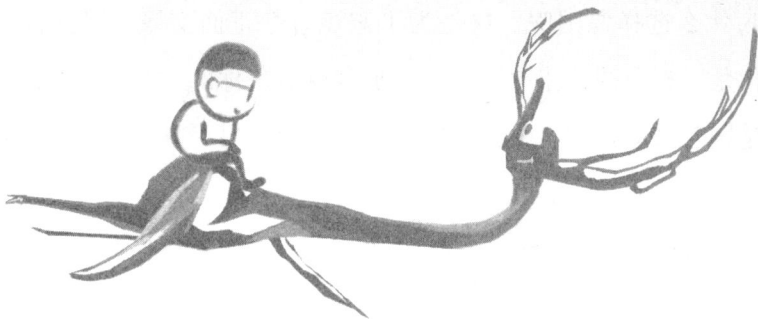

　　晋文公重耳争霸的时候，天下大势对晋国极为不利。地处江汉之间的楚国已非常强盛，控制了长江流域大半土地，势力进入中原地带。晋文公想要当霸主，得过楚国这一关，晋与楚之间总有一天要决一雌雄。

　　故事就从宋国开始了。见晋文公尊王，此前投靠楚国的宋国马上转到晋国一边。宋国的行为立刻惹恼了楚国。宋国是中原东部重要的诸侯国，宋国的态度势必带动其他诸侯弃楚投晋。楚国当然不能坐视宋国抛弃自己，一定得修理宋国。

　　公元前633年的冬天，楚国联合陈、蔡、郑、许四国，组成五国联军，浩浩荡荡地围攻宋国。滚滚的战车，黑压压的大军，这阵势，不仅是宋国看了胆寒，其他的小国也心惊肉跳。宋国现在唯一的希望是等待晋国的救援。

　　宋国是因为投靠晋国才要挨打，照理，晋国应该立刻出兵相救才对。可事情没那么简单。晋国和楚国现在相当于两大巨头，一旦正式交锋，无异于"世界大战"。当年齐桓公都不敢轻易和楚国正面交锋，是组织好联军才上路的，晋文公当然要考虑周全才行。

　　晋文公召集大臣商议。大将军先轸（zhěn）意见很明确——开战！他说："报施救患，取威定霸，于是乎在矣。"（《左传·僖公二十七年》）先轸的理由是：第一，当年国君流亡的时候宋国送了几十匹马，对我们有恩，我们必须报恩；第二，"取威定霸"，这次不打，就等于向中原诸侯宣告，我们也奈何不得楚国，要称霸就必须让楚国知道我们的厉害才行。先轸刚说完，晋文公的老臣狐偃也提出了自己的看法："宋国对我们有恩没错，可当年我们流亡到楚国的时候，楚成王也是以礼相待，说是为了报恩肯定说不过去。更何况直接打起来我们并没有十足的把握，宋国肯定要救，但我们要换个打法，应该先攻打曹国。"

狐偃为什么选择曹国呢？这是为了避免晋楚正面交锋。况且曹国是楚国的亲信，既然你楚国打我的"小弟"宋国，那我就欺负你的"马仔"曹国，看你楚国来不来救。楚国若来救曹国，一方面宋国之围可解，另一方面是楚国主动找晋国来打仗，晋国在道义上就占了上风。

狐偃的话说到了晋文公的心坎里。攻打曹国，晋文公是一百个愿意，不仅仅是战略上的考虑，还有些私人恩怨。当年晋文公流亡到曹国的时候，曹国国君偷看他洗澡，这笔账晋文公这些年从未放下过，看来秋后算账的时候到了。

打曹国肯定是越快越好。要想快，就需要向卫国借道。晋文公的大军开到卫国地界，可是卫国拒绝借道。对于像曹国、卫国这样的小国，在春秋时期不过是大国争霸的一颗棋子而已，在夹缝中不停地寻找靠山。当齐国强大的时候，就听命于齐国，当楚国厉害的时候，就跟着楚国。为了晋国借道的请求，卫国朝堂上早已炸开了锅。因为晋国和楚都不好惹，同意还是拒绝，持两种意见的大臣争执了半天，最后拒绝派占了上风，因为现在看起来楚国还是占了优势。

卫国的态度把晋文公的鼻子都气歪了。晋军兵临城下不害怕，反而害怕那么老远的楚国！既然这样，那就让卫国知道一下晋国的厉害。晋文公留下一支部队攻打卫国，另一支部队绕道去攻打曹国。

可曹国却是一块不好啃的骨头。曹国的国君曹共公人品一般，城墙却打造得又高又厚，士兵也很是凶悍。晋国的士兵爬上来一个砍下去一个，一时间城墙下都是尸体。曹国的士兵还想了个狠毒的招数，把城墙上晋国士兵的尸体一个个地堆起来，摞在城墙上展览，这招比刀枪更加管用。血淋淋的尸体一溜溜地排在那里，晋国的士兵看着心里发毛、腿发软。晋文公一看，这哪成啊，急得在营地里团团转。这时候，一个名不见经传的小兵出了个主意："你摆我们的尸体，我们就去挖卫国君主们的祖坟。"小兵以毒攻毒的计策立刻被采用，晋军开始往曹国郊外的坟地进发。曹国人一看，这可不行啊，祖宗和国家是一样重要的，立刻服了软，把晋国士兵的尸体装进棺木里面，乖乖地给送了回来。曹国士兵的气焰一下子就被灭掉了，曹国城门终于被攻破。

李山说

攻入曹国，与小兵的建议有关，这就是晋文公的不简单了。只要主意好，不管是谁提的都会听取。身边有子犯、先轸这样足智多谋的大臣，还能听从基层来的意见，这才是有作为的人应该效法的。

晋文公终于进了曹国，第一件事是找曹共公算账，第二件事是命令手下不得去当年曾经善待过他的僖负羁家中闹事。

花开两朵各表一枝，这边晋文公在曹国的朝堂上审曹共公，历数曹共公的几大罪状；另一边晋文公的手下却在僖负羁的家中把僖负羁倒着挂了起来，用烟熏着折腾。僖负羁可是国君下令保护的人，谁敢如此胡闹？

晋文公是个有恩必报、有仇也必报的人。但人性的弱点是对怨恨记得比恩惠更加深刻，这些年来晋文公对招惹过他的人，时不时要在脑海里面翻腾几回，但是对需要报答的人想得就没有这么勤快了。晋文公曾经疏漏了介子推，介子推清高，一走了之，没闹出什么乱子。但还忘掉了两个脾气火暴的大臣，事情就不一样了。他们就是魏犨（chōu）、颠颉（diān jié）。

魏犨、颠颉两人也曾跟着晋文公颠沛流离了十九年，论功行赏时却被落下了，他们没有介子推清高，忍着气在晋文公手下继续卖命。当他俩一听到晋文公下令保护僖负羁时，压了几年的怨气一下子冲了出来：天天卖命的人不管，对给过一顿饭吃的人记得这么牢，真是太不公平了！于是他们跑去找僖负羁的晦气。把僖负羁倒着吊起来，还点了火熏他。本来只是想撒撒气，但没想到僖负羁上了年纪，连吓带

熏竟然一命呜呼了。

两位武将在三军面前公开违抗国君的命令，后果可想而知。但是晋文公并没有立刻下令将他们推出去砍了以正军纪，而是把他们先关起来，接着又派人去看他们。使者先去看魏犨。魏犨虽是武夫，心眼可不少，他跟随晋文公多年，了解晋文公的脾性。一看来人不是杀人的士兵而是使者，心里马上明白了。魏犨在攻打曹国时胸前受伤不轻，但他用绷带缠好之后，当着使者的面，二话没说，在院子里边横着蹦、竖着蹦。他用这样的方式向使者示意：我身体没问题！君主是舍不得杀我的。使者看完魏犨"表演"，二话没说，转身又去了关颠颉的地方。颠颉就不然了，他不如魏犨有脑子，什么表现也没有。结果，使者向晋文公汇报，魏犨虽受伤，身体一点问题都没有。没几天，颠颉被推出去杀头以正军法，魏犨被留下了一条性命，继续在军中效命。

李 山 说

可怜的僖负羁，最后死在了晋文公的一时疏忽之上。有意思的是魏犨，他跟随了晋文公多年，知道君主什么德行，没用处的人，君主是会毫不留情消灭的。由此大家可以体味一下晋文公的人品了。

晋文公顺利地拿下了曹国和卫国，可是形势却依旧不乐观，为什么呢？因为宋国的围困并没有像他们所设想的那样被解决，楚国依旧围着宋国，没有离开的打算。这样，接下来的棋可更难下了，直接奔向宋国向楚国宣战，晋文公觉得没有这么大的胜算，但是按兵不动，等于是放弃了宋国，更加强了楚国在中原的势力。下一仗该如何打？晋文公在酝酿，历史也在准备，一场载入史册的大战即将上演。

24

城濮大战

打仗靠智谋

《孙子兵法》是闻名世界的一部军事著作，也是中国现存最早的兵书。孙武自己固然是有智谋的将军，但《孙子兵法》却不是他一个人经验的总结。那个时代还有许多战争智谋供他借鉴。看完下面的故事就明白了。

公元前632年，晋国和楚国在城濮（pú）正面交锋，开始了一场载入史册的大战——城濮大战。这场战役的闻名不仅是因为战场上两军交锋的激烈，还因为战争中使用的多种谋略开启了新的战争模式，对后世的战争产生了巨大的影响。

史书记载，晋文公当时的兵力不到楚国联军的一半。在力量如此悬殊的情况下，晋文公敢于向楚国宣战，绝不是脑门一热的行为，而是因为做足了大战前的准备。

晋文公为了帮助宋国从楚国的围困中解脱出来，攻打了楚国的盟国——曹国和卫国，但是楚国并没有按照晋文公设想的那样从宋国撤兵来救曹国和卫国，而是继续围攻宋国。接下来仗该怎么打？晋文公绝不能贸然动手。

更为关键的是中原另外两个重量级的诸侯国——齐国和秦国，始终都没有对这场战役表明态度。天平的一端本来就向着楚国倾斜，秦国和齐国这两个游离的砝码如果再站到楚国一端，这一仗将会使晋国争霸的梦想彻底破灭。只有争取齐国和秦国的结盟，晋国才有可能赢得这场战争。

如何扭转晋国不利的局势，擅长权谋的大臣先轸发挥了巨大的作用。

先轸的策略是，制造楚国和秦、齐两国的矛盾，从而争取到两个国家的支持。具体做法是，让宋国带着厚礼去求秦国和齐国出面，让楚国撤军，同时，将攻占的卫国和曹国的土地分给宋国作为补偿。这样一来，秦国和齐国得了厚礼肯定会为宋国向楚国求情，若是楚国不答应秦、齐两国，两国势必会站到晋国这边来。那么晋国就可以和楚国打一仗了。

宋国依计而行，事情果然按照先轸预料的那样，楚国拒绝了齐、秦两国的和平建议，想当和事佬的秦国和齐国碰了钉子。楚国强硬的回绝，激怒了秦国和齐国，这两个国家果然成了晋国的盟友。

秦、齐这两颗最重要的砝码终于被晋文公抓在手里，战争形势开始向有利于晋国的方向转变。

这时候，楚成王，就是当年问重耳将来怎么回报他的那个楚国国君，他重新分析局势，眼看着齐国、秦国转向晋国，战争胜算大不如从前。楚成王当机立断，命令围攻宋国的军队立刻撤回，但正在围攻宋国的主将子玉，却迟迟不肯听命。

子玉是位战功显赫的大将军，可史书对他的评价是"刚而无礼"（《左传·僖公二十七年》）。为什么这么说呢？因为子玉的家族在楚国很有威望，加上他本人能征善战，楚成王也对他另眼相看。但是子玉性格傲慢，傲慢的人做事情容易失去理智，这样的性格碰见小事情吃小亏，遇到大事就要吃大亏了。

楚成王命令撤军，子玉不撤，理由是："我这次打仗不仅是为楚国打，也要用战争的胜利来堵住那些说我坏话之人的嘴。"子玉的家族因为在楚国的势力太大，其他的贵族开始有意见，此次出征，子玉如果大胜而归，无疑会巩固子玉家族在楚国的地位。子玉这样的态度，实际是把家族的利益放在了国家利益之上，他的表现更加无理了。

子玉不肯撤兵，楚成王派人劝说子玉，让他"知难而退"（《左传·僖公二十八年》）。楚成王说："晋文公德才兼备，而且历经艰难险阻，现在又有上天的帮助，我们还是见好就收，知难而退吧！"

楚成王如此苦口婆心，子玉还是梗着脖子听不进去。臣子不听话也拿他没有办法，楚成王心里很不舒服，于是也打起了自己的算盘：子玉率领的部队大多数是他们家族的精锐，如果赢了，最好不过；如果输了，子玉家族在楚国的势力就会被大大削减，对自己来说也是件好事。楚成王最后给子玉留下话："你自己看着办吧！"

打仗要靠天时、地利、人和，大战在即，楚国君臣却意见不一，各自打各自的算盘，"人和"已经丧失，胜算就严重减少了。

楚成王于是留下子玉的军队，自己撤回楚地，子玉则留在宋国旁边准备迎战晋国。子玉虽然傲气，人还是很精明的，如果完全违背楚成王的意愿和晋国宣战，一旦输了，那可就是楚国的罪人了，聪明的子玉想出了个办法。

他派了一名叫宛春的使者来到晋国军营中。宛春提出，如果晋文公能够让被占领的曹国和卫国复国的话，楚国就从宋国撤兵。按理来说，子玉提出的要求完全符合晋国当初想通过攻打曹国和卫国从而解除宋国被困的策略，但这个条件由楚国提出来，晋文公就觉得很不爽了。如果晋国答应了这个条件，曹、卫复国和宋国解围的功劳，就全都落到了子玉身上，这三个国家将会对楚国感恩戴德。如果晋国不答应这个条件，就要单独承担三国的怨恨。晋文公无论是答应还是不答应都不好，子玉这步棋又把晋文公推向被动。

然而子玉的智谋还是被先轸击碎了。先轸给晋文公的对策是：决不能在道义上输给楚国。楚国的联军欺负宋国在先，是他们不讲理，但是现在楚国的姿态是要平息三个国家的战火，如果晋国不同意他的要求，那就变成晋国的不是。现在决不能按照子玉的指使出牌！

先轸想出了更高的计策，"离间计"和"激将法"。让晋文公先暗中答应曹、卫复国，曹、卫必将感激晋国而疏远楚国，同时再把楚国来使扣下，激怒子玉，诱使他率军来战。

晋文公依计而行，果然让晋国摆脱了进退两难的困境。

曹国和卫国吃了定心丸，开始倒向晋国。骄傲的子玉在听见自己的使者被扣留之后，感觉受到了奇耻大辱，不顾楚王的再三劝阻，率领大军向晋文公驻扎的营地压过来。大战一触即发。

楚成王虽然撤走了一些军队，子玉的军队依旧占据优势，楚国一直很强盛，子玉又能征善战，因此晋文公承受着巨大的压力，焦虑的心思甚至反映到了梦中。晋文公在战前做了一个非常可怕的梦，被楚成王压在地上吸他的脑浆！

紧张归紧张，但是晋文公依旧保持着沉稳的作风。面对子玉直指的剑锋，晋文公并没有拔剑而上，而是采取了"退避三舍"的策略。

当年，流亡时的公子重耳曾经对楚成王承诺：如果以后有一天两军拔刀相见，晋国的军队一定会先退避三舍。晋国不会先发动进攻，还往后退九十里，也就是退两三天的路程。现在，晋文公想来想去，决定兑现当年的承诺，让大军后撤三舍之地。

晋文公兑现当年承诺的这一行为，史书称赞他重信礼让。但这正是晋文公的精明所在，因为退避并不是退让。晋文公带着诺言后退，可是晋国的士兵却认为自己的国君以君避臣，子玉居然还这么不依不饶，真是太欺负人了！所以晋国的战士们每退一步，心中的愤懑就增加一层，最终达到了顶点，这也激发了战士们必胜的决心。

一个气势汹汹地追，一个满怀愤恨地退。从营地退到城濮，一共九十里地，晋文公驻扎了下来。

从公元前633年的冬天，晋文公准备救宋国开始，到今天直面楚国的大军，他这张弓可以说拉了有半年之久。晋文公把原本非常不利于晋国的战局，一步一步扭转过来，完全掌控了天时、地利、人和的战争先机。即便如此，晋文公依旧心怀忧虑。跟随了他几十年的狐偃宽慰说："战也！战而捷，必得诸侯。若其不捷，表里山河，必无害也！"（《左传·僖公二十八年》）意思是，主公你放心地打吧，打胜了，我们就赢得诸侯的支持，就算是输了，依仗我们晋国的地理优势，楚国也对我们奈何不得。

公元前632年4月，在一个不同寻常的春日，晋文公早早起身穿戴好了一身盔甲，走出帐篷。他要在这场决定晋国命运的战役开始之前，再看一下他的士兵们。他登上高地往下俯视，看到了士兵们"少长有礼"（《左传·僖公二十八年》），长幼有序，个个精神抖擞，晋文公感受到自己军队强大的力量。于是他踏上战车，向着战场驶去。

春秋时期短兵相接的打仗，战术并没有太多复杂的变化。一般格局是把士兵分成左、中、右三支部队排开阵势，最中间的队伍实力最强，士兵的数量往往是决定战争成败最关键的因素。

傲慢的子玉一看，晋国列阵人数明显比自己的联军部队少了很多，狂妄地发出大话："今日必无晋矣！"（《左传·僖公二十八年》）今天晋国要彻底完蛋了。如果说子玉现在是一头咆哮着的猛兽，那么晋文公可就是老谋深算的猎手。子玉这头张着利牙的猛兽，还不知道等待他的将是什么样的陷阱呢！

本来按照传统套路是，你出左军，我用左军迎战；你出右军，我也用右军来阻挡。但是这么打，晋国人一定不是楚国的对手。晋文公设计楚军的陷阱是这样的：他把自己的精锐部队直接瞄准了子玉的软肋——右军陈、蔡两国的部队。楚国率领的这些盟军都是中原的国家，他们虽然依附了楚国，但毕竟是迫不得已，这样的士兵打起仗来是不会卖命的。

为了确保这次进攻的胜利，晋文公的大将胥臣效仿当年鲁国的公子偃大破宋国南宫长万的那场战斗中采用的计策，让战马蒙上虎皮杀入楚国的右军阵中。马怕老虎，看见冲过来这么多老虎，哪有不逃的道理！陈、蔡军队的马要逃命，马车上的人更想逃命。当时的情景是"陈、蔡奔，楚右师溃"（《左传·僖公二十八年》）。从这个"奔"字上看，这两条腿的士兵逃得没准比四条腿的马还快呢！

晋文公没想到，子玉更没想到，楚国的右军会这么快就被击破。现在晋军还保有三支主力，而楚军只有两支了。看到胜利希望的晋文公一鼓作气，继续攻打楚军的另一处软肋——申国和息国部队组成的左军。

进攻开始了，这次楚军再不敢轻敌，严阵以待。然而，他们没想到由狐毛、狐偃率领的晋军竟然像团豆腐渣，一点都不经打，没几下就被冲散了往回跑。楚军将士有点不敢相信，刚才还这么厉害的晋军怎么突然像换了个人似的，这里面肯定有问题！楚军停止追击，站在高处观察，只看见远处黄尘滚滚，像是大军仓皇撤退的样子，楚军这才全速追击。《左传》用"楚师驰之"来形容楚军追得有多快。可是他们万万没有料到，还没"驰"多久，就发现身后杀出一支晋军拦住了退路。楚国人这才明白自己小心半天，还是中了圈套。

原来那些滚滚的黄尘，是晋军把树枝绑在马尾上来回跑动扬起来的。城濮战场的地质是黄河冲积的疏松黄土层，春季天气晴朗干燥，风一刮就会尘土飞扬，晋军正是利用了这种地理条件策划了这场佯败的计策。这一招被后人广泛应用,《三国演义》中，张飞在当阳桥就是使用这种方法骗住了狡猾的曹操。

楚军的左军很快就被这场尘土给解决掉了。左右两军全面溃败，傲慢的子玉脸上早已不见丝毫的张狂，而是一脸的惨淡！他的雄心像是被斩断了翅膀的雄鹰，还没有来得及高飞就已经开始坠落了！哪怕中军再强悍，此时发动进攻就等于是送死。子玉终于明白楚成王当初"知难而退"的劝告，带领中军开始撤退。晋文公并没有乘胜追击，而是让子玉带着中军全身而退，被孔子评为"谲而不正"的晋文公，这次估计是真心真意地在报答楚成王了吧！

春秋时代最大的战役城濮之战，以晋国的完胜告终。从此晋文公成为新的霸主。

李山说

这场战争有一个亮点，就是战役中狐偃说的一句话："师直为壮，曲为老。"（《左传·僖公二十八年》）晋国在这场战争中，处处抓住道义的制高点，绝对不让自己沾上一点挑起战事的责任。挑拨齐秦与楚的关系，退避三舍等都是如此。读这段故事，还有一点应该注意，许多高明的主意都不是晋文公出的，可是作为一个领导者，让自己部下出好主意，并加以采纳，就是好领导的做派。也说明晋文公手下贤人辈出，这也是他平时注意招揽人才所致。相比之下，楚国的子玉处处强横，看上去好像很硬，其实是落入了晋文公的圈套。两相对比，教训深刻。

25

穆公求贤

五张羊皮换大才

　　俗话说："一个好汉三个帮。"想成就一番事业，必须借助贤人帮助。古时信息不发达，君主和有志之士互相寻找，可不是件简单的事。相传姜太公为了找到能够赏识他的君主，天天在河边上钓鱼。终于在他快要八十岁的时候，钓到了一条"大鱼"，那就是周文王。后来，周文王在姜太公的辅佐下，推翻了殷商王朝。时隔几百年之后，秦国的秦穆公费尽周折，用五张羊皮换回了另外一位老人家——七十岁左右的百里奚。在这位老人的帮助下，秦穆公做出了一番争霸天下的大事业。

春秋时期的秦国，大家可能觉得陌生，可说到秦始皇，大家就知道，他是中国古代王朝第一位统一天下的君主。现在要说的秦穆公，就是秦始皇的远祖，也是一位有着赫赫功业的春秋霸主。

秦国在春秋时期是个地处西部边陲的国家。秦国人的祖先来自中原还是夷狄，现在还有争议。但有一点很清楚，秦建国很晚。较早的君主是秦襄公，他曾护送周平王把王室迁移到东方的洛邑，就是现在的洛阳。周平王为表达自己的感激之情，把今天陕西岐山以西一带赏赐给了他。岐山以西一带，虽说是周王室的地盘，实际却是被戎狄盘踞着的，周王的赏赐实际上是一张空头支票。可是即使是空头支票，也要看拿在谁手里。秦襄公拿了这张空头支票，二话没说，回去就带领着自己的人马开始征战。一百年过去了，秦国人靠着自己的征战，硬是把那张空头支票变成了真金白银，陕西渭水两岸肥沃的土地全部成了秦国领土。

数代君主过去了，秦国迎来了自己的新君主——秦穆公。秦国现在是西边最有实力的国家，可是东方的老牌诸侯国就是不买秦国的账，仍然把秦国看成戎狄之

邦，中原会盟时也不邀请秦国参加。这对秦穆公来说，无疑是莫大的耻辱，他原本就想称霸中原，现在更是急切了。

《论语》中有句话："工欲善其事，必先利其器"（《论语·卫灵公》），是说做大事必须要有充分的准备。秦穆公思考很久，认为自己不缺土地，不缺人马，最缺少的是会管理国家、有才干的人。努力方向明确后，秦穆公就开始到处网罗人才。于是，他用五张羊皮换回治国之才百里奚的故事，成为一段历史佳话。

百里奚原本是虞国的大夫。公元前658年，晋国国君晋献公为了讨伐虢国，向虞国借道，并且送来了厚礼。晋国送来礼物的时候，百里奚也在场，他和其他大夫一起规劝国君不能贪小失大，虞国国君没听进去。结果没多久，晋国灭掉了虢国，回来的途中又灭掉了虞国。虞国灭亡了，国君的所有物品都成了晋国的财产，大臣们成了晋国的奴隶，百里奚也未能幸免。当时，秦国与晋国联姻，晋献公把自己的女儿嫁到秦国。女儿嫁人，要陪送物品，还要陪送一些下人，七十岁左右的百里奚

被选中成为陪嫁。

百里奚一路向西，越走越不是个滋味。他青年时代就远离家人，到处游历，寻找机会。可是，流年不利，几十年过去了，自己由一个强壮青年变成了头发花白的老头子。眼看一事无成、穷困潦倒也就罢了，现在居然连人身自由也没了！越想越觉得窝囊，不行，自己不能就这样完蛋，还得想法子摆脱困境。于是，百里奚打定主意，三十六计——走为上。好在送亲的队伍看管得不是很严，他居然逃走了。

在当时，奴隶出逃被抓回去的话，肯定会受到严厉的惩罚，弄不好连命都会丢掉。所以，百里奚就朝着送亲队伍的反方向跑，最后跑到了一个叫作宛的地方。宛是楚国的地盘，当地人的口音和北方不同，百里奚是北方人，想不被发现实在是太难了。当地人一看他是奴隶，立刻又把他关了起来。百里奚有一个本事——养牛。楚国人知道了他这本事，觉得糟老头还有用，便把他送去养牛。百里奚命是保住了，可还是失去了自由。整天陪着牛过日子，百里奚万念俱灰，心想自己就悄无声息地死在养牛场吧！

幸运的是，历史没有忘记这位老人。当百里奚在牛棚中哀叹的时候，秦穆公正在四处寻找他。

秦穆公怎么会知道百里奚的呢？机缘巧合，秦穆公手下有个大夫叫公孙枝，也是他千辛万苦从晋国挖过来的。早在晋国的时候，公孙枝就听说过百里奚是个人才，所以当他看见晋国公主的陪嫁单上有百里奚的名字时，立刻向秦穆公推举这个人。秦穆公没想到娶个媳妇还能撞上这种好事，赶忙在陪嫁的奴隶中找百里奚。结果空欢喜一场，队伍中没有百里奚，他跑了。求贤若渴的秦穆公很不甘心，打定主意，花多少工夫都要找到百里奚。

秦穆公赶紧派人四处打听，终于有了百里奚的下落，他在楚国人手里。难题又来了，怎么把百里奚弄到秦国来呢？如果用重金去请，楚国人肯定会起疑心，事情就会变麻烦，弄不好连百里奚的性命都会搞丢。终于，秦穆公有了办法。

他派人到宛，找到百里奚的主人说："这个老奴是晋国送给我们的陪嫁，半路上他逃到你们这里，我们想把他带回去严惩。"楚国人一听，在理啊！看楚国人没有拒绝的意思，秦国人接着说："你们养这个老头这么多日子，也不能白养，我们带了五张公羊皮。若不嫌弃，就请收下吧！"楚国人一看这崭新的羊皮，再看看一边面色青黄的老头子，还有什么可犹豫的呢？于是，秦国人用了五张公羊皮换回了百里奚，后来百里奚也因此得了个外号——五羖（gǔ，就是公羊的意思，在这指代的是公羊皮）大夫。

百里奚被秦国人带着往秦国去，万念俱灰，不知怎样的惩治在等着自己。一路颠簸到了秦国都城，百里奚下了车，立刻愣住了，等待他的不是手执刑具或皮鞭的人，而是秦穆公！秦穆公也有点发愣，没想到自己盼来的竟是这样一位胡子花白、满脸褶子的老乞丐。但是，接下来的简短交谈，彻底打消了秦穆公的失落感，老头子一开口就不简单。

秦穆公与百里奚长谈三天后，马上任命他主持秦国大政。三天前，百里奚还是个落魄养牛老汉；三天之后，他成了秦国的上卿。

李山说

这正是秦穆公的优点——思贤若渴，用人不疑。看好了的人，就大胆用、破格用。秦穆公与百里奚谈了三天，具体谈的是什么已经不得而知了，但三天长谈的结果是清楚的：秦穆公看准了百里奚是贤才。百里奚的毕生经验和积累，终于有了施展的地方。

百里奚七十来岁时被委以重任，证明了那句话：是金子总会发光的。

见君主真有求贤之心，百里奚也不客气，马上推荐了另外一位治国高手，也是他的患难之交——蹇（jiǎn）叔。蹇叔本是与世无争的隐士。百里奚向秦穆公推荐蹇叔的理由是，蹇叔能够审时度势、预见未来。有那么神奇吗？秦穆公觉得有点不可思议。百里奚看着秦穆公怀疑的目光，就说："听完我的经历，您就知道了。"

说起来，百里奚祖上也是虞国贵族。世事变迁，家道渐渐败落。到了百里奚这一辈，就什么也没有了。有一天，他遇到了蹇叔。蹇叔与他攀谈，越聊越投机，蹇叔最后请他回家，奉为上宾。遇到真朋友，百里奚也不用客气，客气就对不住朋友的真诚，可这样住着总不是个长久之计。

机会来了。公元前686年，齐国发生政变，公孙无知杀了齐襄公后，发出告示广招天下贤士。百里奚觉得应该去试一试。蹇叔劝他不要去："公孙无知靠阴谋得来的权力，肯定不会长久。跟人一定要跟对啊！"百里奚觉得蹇叔说得有道理，打消了这个念头。果然，公孙无知上台没几个月，就被人杀掉了，追随他的臣子也都遭了殃。百里奚庆幸自己听了蹇叔的劝告。

过了一段时间，百里奚又得到了一个消息，说周王室有个公子叫王子颓，喜欢养牛。百里奚会养牛，他想如果能到王子颓的府上养牛的话，不就有机会接近王子颓了吗？这回蹇叔没拦着，去王子颓家里打工混口饭吃倒也没什么。于是，百里奚到王子颓的家中养牛。百里奚养牛真有一套，很快王子颓就注意到了他。一天，王子颓把百里奚招来一聊，发现这个人不仅会养牛，也很懂政治，就决定重用他。百里奚当然高兴，赶紧写信告诉蹇叔，没想到蹇叔非但不祝贺他，还劝阻他，说："王子颓这个人不厚道，跟着这样的人早晚会出事。"鉴于前面公孙无知的事情，百里奚又听从了蹇叔的意见。没过几年，王子颓发动政变，失败后被周王灭掉了。百里奚再次幸免于难。

蹇叔两次预见都灵验了，第三次会怎么样呢？

第三次，百里奚终于托到了关系，虞国的国君召见了他，并且封他为大夫。蹇叔还是劝他不要到虞国任职。蹇叔说："虞国的国君虽然看上去不错，到底不是个明君。跟人一定要跟对啊！"这一回，百里奚没有听蹇叔的劝告，因为大夫的位置，实在是太诱惑人了。百里奚已经是六十多岁的人了，没被人待见过，现在大夫的官职摆在那里，能不动心吗？不幸的是，蹇叔还是说中了，百里奚当大夫没有多久，虞国被晋国灭了，百里奚沦为阶下囚。

百里奚把自己富于传奇色彩的苦难史讲完，两眼泛出泪光。可是，听的人却两眼放红光。"天下还有这样的奇人，赶快去请！"秦穆公兴奋地说道。

李山说

孔子曾提醒自己参政的学生说，要注意举贤才。学生反问："我哪里知道谁是贤才呢？"孔子回答："举荐你知道的，你不知道的，他人还能不帮你举荐吗？"孔子的意思是，想做大事业的，关键要有重贤才的态度。有了这态度，就会招到贤才。百里奚荐蹇叔，就说明了这个道理。

就这样，蹇叔也成了辅佐秦穆公的大臣。秦穆公为了发展秦国，千方百计地寻访贤人。这种在用人上的气魄和胸怀，在春秋时期的国君中是很少见的。秦穆公为了求得贤人，甚至会使用计谋来达到目的。

当时秦国周围都是夷狄的部落，其中有个最大的部落叫绵诸。绵诸王也是一个有抱负的人。一天，他派大臣由余到秦国，说是拜见，其实就是学习经验。由余的祖先原为晋国人，因避乱逃到西戎，成了绵诸王的臣子。他懂当时的华夏语言，举手投足之间，尽显中原之风。秦穆公和他打了几次照面，便开始喜欢起这个人来。

有一次，秦穆公为了展示秦国的实力，带着由余参观秦国的宫殿和收藏的珍宝。参观过后，秦穆公等着由余说出些赞美的话。没想到由余却说："这些宫殿，让鬼神来建造，鬼神也得累坏了；让百姓来建造，那百姓就苦不堪言了！"秦穆公听了，不以为然，他说："这些东西可代表文明啊！"由余说："宫殿越奢华，老百姓就越受苦，这样下去，民间的积怨就会越深，结果会导致社会的动荡啊！"秦穆公原来很为自己在建筑方面取得的成就自豪，至于这些奢华之物的建造给老百姓带来的究竟是什么，他没有想过。由余的一番话，仿佛在秦穆公心中吹过一阵风，让他清醒了不少。秦穆公越发觉得由余不简单，很可贵。本来原先就有把由余招揽到自己手下的意思，现在更是铁了心，要把由余夺过来了。

问题是，由余在绵诸王手下干得好好的，强扭的瓜不甜，硬生生把他留下来，人家不一定愿意为你效力。于是，秦穆公和大臣们聚在一起想办法。最后决定采用"离间计"——挑拨绵诸王和由余的关系，让由余自己选择到秦国来。

怎么个离间法呢？秦穆公一边选了很多中原美女送给绵诸王，让他沉迷于女色，不务政事；一边拖住由余留在秦国，不时在众人面前向他询问绵诸的风土人情。其实这也不是什么机密，由余一般都一五一十地回答。他没有想到，这是秦穆公有意制造他效忠秦国的假象。

就这样，把由余在秦国拖了好几个月，实在拖不住了，秦穆公才把由余"放"了回去。由余见到绵诸王，开始汇报他在秦国的所见所闻，没想到，绵诸王对他爱答不理的。由余哪会想到，绵诸王听了不知多少关于他在秦国的风言风语。接下来的日子，由余被绵诸王不断疏远。看着原本雄心勃勃的国王沉迷女色，不问政事，

由余觉得自己在绵诸国已经做不了什么大事了，加上秦穆公私下里三天两头派使者来邀请，终于，由余决定投奔秦国。

百里奚曾为奴隶，蹇叔是位隐士，由余来自戎狄，现在这些人都被秦穆公恭恭敬敬地请来，成为秦国的重臣。秦穆公任人唯贤的名声开始不断被人们传扬，一些有志向的人纷纷来到秦国毛遂自荐。秦穆公只要发现他们有真才实学，就会不论贵贱委以重任。没有几年的时间，秦国的朝堂便人才济济，一片欣欣向荣的景象。

秦国的由来

小知识

秦的祖先是嬴姓，是个很古老的姓氏，相传秦族群的首领伯益曾帮助大禹治水，因有功被赐姓为嬴。到殷商时期，这个族群效力于商朝。周人灭殷商，嬴氏家族的一部分被投放到遥远的西部，大约是现在的甘肃、青海一带。此地在当时远离中原文明，大多数人群为游牧民族，秦人不得已，入乡随俗，开始了养马放牧的生活。这样的生活逐渐造就了秦人骁勇善战的性格。

到西周后期，北方的猃狁开始进犯周王朝，周王朝的军队难以应付。于是，周王想起西北也有自己的臣民，就是秦人。

周王命秦人帮助周王朝抗击猃狁。当时秦国的君主是秦庄公，他带着自己的五兄弟与七千名骑兵增援周朝，迅速扭转了战局。通过这一仗，秦人得到了周天子的认可，也由此开始走上了建国道路。

对于秦国的来历，也有学者认为，他们就是从西北的戎狄演进而来，与中原没有关系。不论秦的祖先是否来自中原，秦人骁勇善战是不争的事实。在陕西省宝鸡市的青铜器博物馆里面，展出了大量春秋时期秦国的青铜器，其中的青铜兵器，无论是种类，还是杀伤力，在当时都是领先的。

26

秦军远征

被商人搅黄了的偷袭

在大多数人眼中,商人把利益看得比什么都重要。可是也有一些商人,为了国家甘愿牺牲自己的利益,这些深明大义的商人古往今来从没有断绝过。春秋时期的"弦高犒师",讲述的就是一位机智而又勇敢的商人的故事。

随着秦国国力的不断增强，秦穆公称霸中原的心思越来越急切。可是秦国称霸有点先天不足，就是地理位置有局限。秦国地处西陲，远离中原，更要命的是，东边有强大的晋国挡在中间，这可不是容易跨越的门槛。多少年来，秦穆公试图克服这个巨大的障碍，但一直难以奏效。

强大的晋国难以用武力征服。所以一开始，秦穆公退而求其次，选择了结盟。

当时，晋国出了个大事，就是"骊姬之乱"。因为骊姬废长立幼的祸害，若干年内，晋国君主跟走马灯似的换来换去，搅得晋国上上下下乱哄哄一片。秦穆公抓住这个机会，帮助其中一位叫夷吾的公子回国成为国君，这位君主就是晋惠公。令秦穆公没想到的是，成为晋国君主的夷吾，竟然是只白眼狼。他求秦国帮忙的时候态度特别好，目的达到了，便开始忘恩负义，把先前对秦穆公许下的种种诺言忘在了脑后。这么不讲信用，秦国和晋国的结盟变得形同虚设。

晋惠公去世之后，他的儿子——公子圉（yǔ），也就是就是晋怀公继位。公子圉曾经被派到秦国当人质，秦穆公没有亏待他，为了讨好他，甚至还把女儿嫁给他。可晋怀公回国后，照样还是做白眼狼，不买秦国的账。

这让秦国好不失望！眼看着时间一年年过去，自己的势力就是绕不过晋国，就是无法向东方扩展，秦穆公和他的臣子都着急上火呀！于是，臣子就给秦穆公出主意：既然晋怀公靠不上，那就干脆让他下台，再找一个听话的晋国公子当国君。

秦穆公找到了在外流亡的晋国公子重耳，把晋怀公赶下台，让重耳坐上了国君的位置。在外漂泊了多年的重耳，成了晋文公。重耳可不像惠公、怀公那样，在得罪秦国一事上只顾一时利益，不计后果。他知道，自己必须与秦国走得很近，因为要建设好内政外交甚至更远大的晋国大业，必须有秦国的支持。秦穆公呢也十分看好重耳，很热心地为重耳出力。甚至在一段时期里，他还追随着晋文公东征西战。

公元前630年，晋文公拉着秦国帮他攻打郑国。郑国在现在的河南新郑一带，当时诸侯东西来往要经过这个国家，南北交通也要经过这个国家，地理位置十分重要。郑国在当时是个不大的诸侯国，对付一个晋国都难，现在又加上一个秦国，就更岌岌可危了！郑国如同面临一场巨大的龙卷风，随时有被吞没的危险。

郑国在绝望和恐惧中颤抖着。危急时刻，郑国一位年老而不受重用的官员烛之武，站到了风暴的前沿，在一个漆黑的夜晚，他只身走进了秦穆公的军帐中。

见到秦穆公，烛之武开门见山地说道："郑国灭亡，对秦国一点好处都没有。"

两军交战时派来的使者，大都是来讲和，秦穆公本想立刻把这个老头子打发走，听他这样一说，倒是很想往下听了。

烛之武赶紧抓住机会，说："郑国在东边，秦国在西边，中间隔一个晋国，郑国灭了，土地一寸都不会到秦国手里，只会让晋国更加强大。邻国的强大对于您来说不就是威胁吗？秦国一直都在帮助晋国，现在晋国越来越强大，对秦国的回报在哪里呢？"

烛之武的话一下子戳到了秦穆公的痛处。秦穆公帮助晋国，无非是想把晋国当成进军中原的踏板，现在看来，自己倒成了晋国称霸的垫脚石。看着晋国势力一天天强大，秦穆公心里能不着急上火吗？秦穆公忍不住问道："那你说我该怎么办？"

烛之武大喜过望，没想到秦穆公态度转变这么快，郑国有救了！当然烛之武可不能把这种喜悦表现出来，他故作沉吟了一会儿说："大王要到东边发展，中原这么多国家，可以选择的盟友很多，如果郑国能够侥幸躲过这场战争，我们是非常乐于帮助您的。"

烛之武的话让秦穆公心中豁然开朗，为什么非求着晋国，看他们脸色呢？秦穆公当即就做出决定——撤军！

秦国不再帮忙，晋国要想很快攻下郑国就没那么容易了。如果花很长的时间打郑国，晋文公觉得不合算，也悻悻地撤了回去，这就是历史上著名的"烛之武退秦师"。烛之武没有因为郑国的弱小而示弱，他凭借机智的言辞、过人的智慧，战胜了敌人的千军万马。

秦穆公听从烛之武的建议从郑国撤回后，不再盲目跟从晋国作战，而是耐心等待机会。

李山说

秦晋的联盟，本来就是同床异梦。晋文公是想借秦的帮助来做自己的事业，而秦则是想利用晋向东发展自己的势力，成就争霸中原的梦想。在这样的大前提下，老先生烛之武一番简短的话，就把秦晋联盟离间了。此后，两国关系渐行渐远，一直到春秋历史结束，两国再也没有联合起来。

公元前628年，晋文公重耳去世，晋国人忙着办丧事，秦穆公认为东征的机会到了，他选定了东征的第一个国家——郑国。

郑国不是当初说好了当秦国的盟国吗？怎么秦穆公还是不肯放过郑国呢？这件事还是和烛之武有关。

几年前秦国和晋国一起围攻郑国的时候，烛之武的一番话让秦穆公打消了攻打郑国的念头，烛之武还带回去三位秦国大将帮助郑国守城。秦国这三员大将带兵很有一套，没多久就赢得了郑国国君的信任。后来，郑国国君干脆连郑国北边城门的钥匙都给了他们。他们一拿到钥匙，就立刻写信给秦穆公，让秦国出兵郑国，他们从城里接应，郑国唾手可得。

秦穆公得到消息大喜过望，去找百里奚和蹇叔商量。可蹇叔却皱着个眉头说："不可以呀！行军一千多里叫偷袭？太冒险了！"

其中的风险秦穆公很清楚，可这会儿没有晋国打扰，郑国又有内应，机会太难得，秦穆公不想轻易放弃。

很快，秦国的东征军就准备出发了。主帅是百里奚的儿子孟明视，蹇叔的儿子也在其中。兴高采烈的老百姓站在街边上欢送着队伍。突然间，百里奚和蹇叔挤到前面来，开始放声大哭，这场景太奇怪了，欢呼声停了下来，大家都想知道是什么事情让国家的两位重臣如此反常。

只见蹇叔对自己的儿子说："我是看得见你们离开，看不见你们回来了。"接下来的话更加让人摸不着头脑："晋国人必定在崤山抗击我军。崤有两座山头，南面的山头是夏王皋的坟墓，北面的山头是周文王避过风雨的地方。你们一定会战死在这两座山之间，我到那里收拾你的尸骨吧！"

史料记载，蹇叔的儿子后来就是死在了这个地方。

蹇叔不是神仙，他依靠对形势的分析和对地理的了解预见未来，判断是有根据的。但此时的秦穆公利令智昏，他现在满脑子想的都是郑国的唾手可得，都是东进争霸马上成功，无论蹇叔怎么"哭师"，秦穆公都不会听进去了。

蹇叔的良苦用心失败了。秦穆公还派人当众斥责蹇叔："中寿，尔墓之木拱矣。"（《左传·僖公三十二年》）意思是，一般人像你这样，活个五六十岁的，现在坟上的树都长得很粗了。言外之意，你实在老了，应该去地底下休息了。这话一个脏字都没有，可听着是阴损极了。

李山说

老话说："利令智昏。"英明的秦穆公都不能免俗。尊贤重贤，是秦穆公的特点。可是，大利益在前，大诱惑在前，还能听从贤人的告诫吗？一代枭雄秦穆公在这一点上失败了。这样的教训，耐人寻味。

孟明视带着大军赶快逃离了两个老人的哭声。一路上急行，途经晋国的崤山，来到周王室所在东都洛邑，准备经过王城北门后前往郑国。

按照古代的规矩，为了表示对周王的尊重，诸侯国的军队路过周王的城门时，必须要把铠甲脱下来，把兵器装到袋子里。秦国人当然知道这个规矩。可是，他们觉得不值当的。好几千人把盔甲脱了再穿、把兵器收了再取出，只为路过王的城门口，有必要吗？叮叮当当的都是重家伙，折腾起来太花费时间了。现在自己是去偷袭啊，就得动作快、处处节省时间。于是，秦军的主帅孟明视决定，只要意思一下就行了。怎么个意思法呢？他们"免胄（zhòu）而下"（《左传·僖公三十三年》），没脱盔甲、没收兵器，只是把帽子摘下来，就从王室门前走了过去，而且过去了没几步，将士们就噌噌噌跳上战车，一溜烟儿跑了。

秦军的骁勇善战早已名声在外，周王很想见识一下秦国的军队，带着臣子们在城墙上观师，却看到这样不敬的场面，沉不住气的臣子忍不住责备起秦军来。这时，人群中传来一个年轻的声音："秦师轻而无礼，必败。"（《左传·僖公三十三年》）大家循声一看，是王孙满，一个未成年的孩子。他说出这样的话，让周王和在场的人大吃一惊。周王问道："你凭什么这么说呢？"王孙满回答道："轻则寡谋，无礼则脱。入险而脱，又不能谋，能无败乎？"（《左传·僖公三十三年》）意思是说秦军骄傲无礼，不仅没有谋略，也不够细心，这样的军队，在远离自己国家的地方打仗能不失败吗？这就是历史上著名的"王孙满观师"。

秦军当然没有听见城墙上这段"晦气"的评价，继续快速向郑国进发。

一天清晨，秦国的部队到了滑国。一路疾行，马上要到郑国了，孟明视传令让大家休息一下，准备最后的进攻。突然，有郑国使者前来求见。孟明视一听，吓了一跳，难道自己的行踪被郑国发现了吗？赶紧把人叫了进来。

　　使者自称弦高，带着四张熟牛皮走进帐中。弦高对孟明视说："我们国君得知秦国的部队要路过郑国，特地叫我来犒劳大军，这是一点薄礼，还有十二头牛，马上就送过来。"

　　按照过去的礼法，诸侯国之间，其他国家的部队通过本国的时候，大家都有义务送点吃的、穿的等等，相当于慰问，古时称作"犒师"。

　　孟明视看着弦高送上的礼物，心里面直翻腾。辛辛苦苦带着队伍昼夜兼程，为的就是神不知鬼不觉地赶到郑国，现在可好，人家都找上门来了。接下来该怎么办呢，孟明视脑子一片空白。

　　其实，弦高压根不是什么郑国的使者，只是郑国一个普通的商人。要是孟明视能够多了解一些中原的文化，很快就能够发现弦高身上的破绽，那个时候商人和使者身上穿着的衣服颜色是有区别的。

　　可是一个商人怎么会做出这样冒险的举动呢？

　　原来，弦高赶早和他的同伴们从郑国出发，去周都城洛邑做买卖。在路上看见这支秦国的部队，神秘兮兮地朝着郑国方向赶路。这个阵势，让弦高意识到问题的严重性。可自己是手无寸铁的商人，上前抵挡是不可能的事情，赶回去报信也来不及，急中生智，想出犒师的办法来争取时间。

　　弦高一边赶紧派人去向国君报信，一边借着犒师和秦军演戏，暗示他们，郑国已经察觉到他们的行动，不用再这么遮遮掩掩了。

　　弦高没有想到，他的戏还演得挺成功。

　　孟明视还真把他当作郑国使者，撑着笑脸对他说："我们不会经过郑国，劳你们费心了！"

　　事情变化突然，孟明视只有先停下来，悄悄派人去向留在郑国城里的那三位将军打探消息。但是，弦高派回去通知郑国国君的人先到了。

　　郑国国君郑穆公立刻派人去北门，看到三位秦国将军，杞子、逢孙、杨孙正在"束载、厉兵、秣马"（《左传·僖公三十三年》），就是收拾家伙准备打仗呢。郑穆公大怒，还有什么好客气的，立即把几个将军赶出了城门。三个将军被轰出来，也不敢回国，只有作鸟兽散。杞子逃往齐国，逢（páng）孙和杨孙逃往宋国。

孟明视听完探子的消息，直感到透心凉。郑国虽不大，但也不是可以随随便便就能灭掉的弱国，一旦有所准备，强攻肯定不行。正所谓"攻之不克，围之不继"（《左传·僖公三十三年》），打也打不下来，围城也没有后援，只能撤兵。

辛辛苦苦大老远跑来，空着手回去太难看了。孟明视一看，来的时候不是经过滑国吗？是个不起眼的小国家。于是，顺手就把滑国给灭了。

秦穆公第一次东征以灰头土脸告终，可留下来的"蹇叔哭师""王孙满观师""弦高犒师"这一段段传奇，却永远被后人记住了。

李山说

"弦高犒师"是商人的爱国行为。郑国商人在国家有急难后肯出力做事，还不止这一件。郑国的商人能这样做，是有原因的，那就是郑国尊重商人。郑国的一位大政治家子产说过，郑国当年建国时，是与商人一起披荆斩棘的，而且政府、贵族与商人阶层还有如下盟约："尔无我叛，我无强贾（gǔ），毋或匄（gài，求）夺。尔有利市宝贿，我勿与知。"（《左传·昭公十六年》）大意是，你们商人只要不做背叛的事，我们贵族也不强迫与你们做不公平买卖；你们在商场挣钱，你们有宝贝，我们也绝不巧取豪夺。这样与商人阶层明确责权关系的政府，在古代历史上还真少见。国家尊重商人，商人在国家需要时才肯仗义疏财。

27

崤之战

亲家反目成仇家

　　童话故事中王子和公主结婚，便幸福快乐地生活在一起，现实生活中可没这么简单。春秋时期的典故"秦晋之好"，说的就是真实历史中王子公主们的婚姻。秦穆公为了和晋国结盟，娶了晋献公的女儿穆姬，后来秦穆公又把女儿文嬴嫁给晋献公的儿子——晋文公重耳，两个国家可谓是亲上加亲。但是建立在政治利益上的婚姻关系，即使再好，终究是不牢靠的。公元前627年，秦国为扩张领土发兵袭击郑国，晋国容不下秦国这种扩张行为，伏兵崤（xiáo）山，两国交锋，就是春秋时期著名的战役——崤之战。这场战役，晋国把秦国的部队杀得是"匹马只轮无返"（《春秋公羊传·僖公三十三年》），一个不剩。从此之后，两个亲家变成了大仇家。

崤之战的起因，要从秦穆公秘密偷袭郑国的远征说起。

秦国的军队去郑国必须要经过崤山，这一带是晋国的地盘。秦穆公事先没有向晋国借道，就让大将孟明视带着部队，悄悄地通过了晋国，哪怕两国关系再好，这么做也不合适。当时晋文公重耳刚刚去世，晋国人忙着办丧事。明明知道秦国人带着刀、扛着戟在自己国土上偷偷溜过去，也只能睁一只眼闭一只眼，暂时忍下这口气。

过了一段时间，晋国人办完了丧事，孟明视的部队也回来了。他们要再次经过崤山的消息很快传到了晋国的朝堂之上，大臣们紧张地在商量对策。有人主张狠狠地教训他们，也有人觉得不必小题大做。

晋国的两位重臣，栾枝和先轸争论得最厉害。栾枝认为维持两国关系比开战更重要，他说："秦国一直都有恩于我们，和他们宣战，对不起我们刚刚去世的君主，而且会失去一个很好的盟友。"

先轸则是非常强硬地要求开战。孟明视带军队第一次经过的时候，先轸就主张消灭他们。现在，先轸的意见更加坚决："一日纵敌，数世之患也。谋及子孙，可谓死君乎？"（《左传·僖公三十三年》）。意思是，一天放走敌人，就会造成几辈子的祸患，为子孙后代打算，这可以对死去的君主有个交代了吧？这话分量很重，还有什么比给子孙后代造福更重要的事情呢，要是不开战，就是晋国的罪人。

刚刚即位的晋襄公年轻气盛，听了先轸的意见，说打就打，还有什么好犹豫的！

自古以来，崤山与函谷关并称为"崤函"要塞，以险峻闻名。这里山峰险陡，深谷如函，甚至有些隘口窄到只能过一辆马车。有文献记载说，只要站在险要的地方咳嗽一声，就会引来一阵疾风骤雨。按照现在科学的解释，在一个相对封闭的地理空间，如果空气的平衡被打破就会形成阵雨。那时的人还不能认识到这一点，所以崤山一带在他们眼中神秘又可怕。

然而，就打仗来说，这种地形如同上天赐给晋国的大口袋。先轸只需把战士们布置在山的两侧，等秦军钻进去，把口袋收紧就可以了。很快，一切准备妥当。

公元前627年初夏的一天，秦国的元帅孟明视，还有另外两位将军——西乞术、白乙丙带领着秦国部队走进了崤山。来的时候，他们一心想着摘郑国这个大果子，没顾得上仔细看地形，回来倒是有工夫看了，可是不看不要紧，看着看着，心里直发毛。山路越走越窄，两边的高山如同巨大的夹板竖在面前。孟明视心想，要是这会儿出来一支部队伏击的话，那就必死无疑了。想到这儿，孟明视后背都湿透了，赶紧问这是什么地方。"这里是崤山，前面是当年文王曾经避雨的地方。"随从抬起手，指着旁边的山岭回答道。

随从话音刚落，几位将军的脸孔"唰"地变青了。他们不约而同地想起了蹇叔送他们出征时说的话，这里正是蹇叔哭着说要来给他们收尸的地方！孟明视立刻传令，加快行军。可是没跑几步，就看见前方烟尘滚滚，巨石檑木从山上倾泻下来。木石撞击声在山谷里来回激荡，发出可怕的回响。士兵们大声惊呼，被眼前山崩地裂般的场景吓得不知所措。

过了好一会儿，烟尘和巨响才渐渐散去。士兵们定下神四处一看，两头的山谷已经全部被乱石堵住。孟明视和其他几个将军赶紧命令士兵们寻找出路。可这时，乱箭如同疾雨，从天而降。原来不知何时，两侧山上站满了拈弓搭箭的晋国士兵。孟明视呆呆地看着士兵们一个个在眼前倒下，脑海里只剩两个字——完了！

《春秋公羊传》中这么描述秦军的惨状："匹马只轮无返。"晋国人把秦国的部队杀得连一匹马、一个车轮都没有逃出山谷。晋国的士兵们最后活捉了三个秦国将军，押着他们大胜而归，城里的老百姓兴奋地追随着队伍一路欢呼。

全城都在庆祝，可晋文公的夫人文嬴却紧锁眉头。文嬴是已故的晋文公在秦国时娶回的公主，虽说嫁到了晋国，但看到自己母邦的人受难，哪有袖手旁观的道理！

文嬴立刻找到了儿子晋襄公。她对晋襄公说："彼实构吾二君，寡君若得而食之，不厌。君何辱讨焉？使归就戮于秦，以逞寡君之志，若何？"（《左传·僖公三十三年》）这几个将军是在挑拨我们两国国君，秦国国君如果能抓到他们，吃他们的肉还不解恨，何必劳烦君主你去惩罚呢？不如把他们送回去，让秦国国君亲手把他们杀掉，岂不是更好？

文嬴的话说得漂亮。她先巧妙地把战争的责任从秦穆公身上摘出来，放到了几个将军身上，让两国之间的战争转化成为个人行为，而且说秦穆公对三人痛恨无比，"食之不厌"，很想亲手杀掉这三人。这番说辞让晋襄公动心了，把三个秦国将军放回去，一来省得亲自动手杀人；再者，也给秦穆公一个好大的人情，何乐而不为呢？晋襄公听后很快决定——放人！

关键时刻，"秦晋之好"起作用了。文嬴在嫁给晋文公重耳之前，已经嫁过人了。虽然贵为公主，也不过是政治上的一颗棋子，可她并没有因为命运的捉弄而变得顺从。史书记载，新婚不久，文嬴端着水盆侍奉重耳。没想到重耳嫌弃她，给她难堪，用手一挥，把水盆打翻在地。文嬴当即厉声斥责："秦晋匹也，何以卑我？"（《左传·僖公二十三年》）秦国和晋国一样，我们是门当户对，你凭什么轻视我！说得重耳立刻"降服而囚"，低头认错。这样性情刚烈的女子，当然会站出来挽救自己母邦的人。

李山说

　　春秋时期，异姓诸侯之间，还是很讲究用缔结婚姻的办法来强化国与国之间的关系的。嫁出的公主，若再给夫家生儿育女，就有地位，更可以起到凝结两国关系的作用，文嬴在崤之战的作用就是例子。有趣的是，同样的事情还发生在秦国，与文嬴救孟明视等将军的故事还很像。事情发生在崤之战以前，就是公元前645年，秦国和晋国韩原之战，晋国大败，倒霉的晋国君主晋惠公成为秦军的俘虏。按当时习惯，战俘是要押到城里游街示众的。当时秦国也有一位君夫人，叫穆姬，是晋国嫁到秦国的女子。她听到消息后，扯散了发髻，穿上麻衣草鞋，手牵两儿一女，踩在一大堆柴火上，对着秦国的士兵高喊："快去报告你们的国君，他前脚把晋国君主带入城，我后脚就点火自焚！"秦穆公一看自己的老婆以死相要挟，还捎带上自己的儿女，就真的没敢押着晋国君主进城，而是送到另一个地方看管。穆姬的故事，与崤之战后文嬴的做法相映成趣，正所谓"秦晋之好"！

　　三个将军被放了出来，赶紧往黄河边上跑，登上文嬴早就给他们备好的船，悬在嗓子眼儿里的心才算慢慢放下来。船刚撑离河岸，就见远处一辆战车疾驰而来，为首的是晋国的大臣阳处父。"咯噔"一声，三个将军吓得心又蹦回到嗓子眼儿。原来，文嬴前脚从晋襄公那里离开，先轸也去找晋襄公询问处置秦国将军的事情，没

想到，晋襄公轻描淡写地说已经给放了。先轸一听，很愤怒，大声地斥责了君主。

先轸的态度立刻让晋襄公醒悟过来，连忙派自己的老师阳处父去追。阳处父追到黄河岸边，三个秦国将军已经上船了。阳处父一看，船已经开出弓箭手的射程范围，射箭肯定不行。阳处父急中生智，从马车上解下一匹马，冲着船上的人喊道："等一等，我们国君特地叫我赶来，给你们送上一匹宝马带回去。"孟明视才不会上当，一边叫人加紧划船，一边跪在甲板上，把头磕得咚咚响，冲着阳处父喊道："多谢晋国国君的不杀之恩！回国后，我们的君主不论怎么处置我，我都离死不远了，至于这匹马，咱们将来再说吧！"孟明视客套完，还不忘加上一句："若从君惠而免之，三年将拜君赐。"（《左传·僖公三十三年》）如果依从晋君的恩惠而赦免我们，三年之后将要拜谢君王恩赐。这是在放话说三年后要复仇，不知先轸听了做何感想。

崤之战，先轸指挥晋军获得了完胜。这场胜利对于晋国，却如同夏日浓郁的朝霞，虽然很绚丽，但却喻示着接下来的大雷雨天气。事实果然如此，秦晋结盟从此彻底断裂，两国关系一直到春秋结束，都是渐行渐远。失去了秦国的后援，晋国的身旁就永久性地站立了对自己怀有仇恨的大国，这对晋国的霸业非常不利。

李 山 说

有一句老话说："战争太重要了，反而不能交给将军来决策。"崤之战就是一个很好的事例。就战争层面看，晋国是取得了很大的胜利，可从政治上看，这一仗让晋国人吃了大亏，秦晋两国的关系从此变得很坏，难以挽回。不过，也正是因为这场战争的失败让秦穆公明白，向东发展不是上策，从此他开始把目光转向西边，展开了"霸西戎"的大业。

28

先轸之死

英雄也不能朝人吐口水

历史上有不少能够让对手"闻风丧胆"的将军，春秋时期的晋国主帅先轸就算得上一位。先轸为晋国称霸立下了汗马功劳，可是这位功名显赫的晋国大功臣，却选择了以自杀的方式了结自己的生命。

崤之战后，晋襄公因为听了文嬴的几句话，轻易地把秦国几位大将放走了。知道这件事后，脾气火暴的先轸，忍不住当着晋襄公的面发脾气，说狠话。他说："武夫力而拘诸原，妇人暂而免诸国。堕军实而长寇仇，亡无日矣！"（《左传·僖公三十三年》）战士们花了很大的力气，才把他们从战场上抓回来，妇人几句谎话就把他们放走，毁了自己的战果而助长了敌人的气焰，离亡国没有几天了！气头上说话，先轸已完全不顾君臣之礼了。就算是这样，先轸还是难平心中的愤懑，竟然当着晋襄公的面"呸"地吐了一口唾沫。这种极其失礼的行为哪怕发生在寻常百姓之间，也很难被原谅。可是，晋襄公不仅没有责怪先轸，还立刻承认错误，派人去追秦国的三个将军。

　　先轸的急性子和他带兵果敢一样出名，发脾气是经常的事，大家已司空见惯。可是先轸冷静下来之后，开始后悔自己太失礼。国君虽然不追究，先轸却觉得应该为自己的无礼付出代价。

　　同年八月，狄国君主白狄子出兵攻打晋国，先轸带着部队来到了箕（jī）地迎敌。这是一场没有太多悬念的战争，狄国的军队无论在数量还是战术上，都不是晋国的对手。

　　箕地一带沟壑纵横，林木茂密，先轸一看地形，决定还是采用口袋阵法。

　　先轸命令大将先且居第一个出阵挑战，然后装作不敌往回跑。狄国的首领白狄子一看对手逃跑，哪有不追的道理。他在前面追，狄国的部队哗啦啦地也跟在后面追，没几下就跑进了林谷深处。这时候，先轸一声令下，晋国的士兵从两边的山林中俯冲下来，把狄国的士兵杀得大败。正当狄军要被全部消灭的时候，山谷外又冲进来一支狄人的部队，是白狄子的弟弟赶来接应。看着冲进谷口的狄军，先轸留下在人世的最后一句话，冲了出去："匹夫逞志于君而无讨，敢不自讨乎?"(《左传·僖公三十三年》) 一个普通人在君主面前放肆，没有受到惩罚，怎能不自己责罚自己呢? 看着主帅连头盔都不戴就杀进了敌方的队伍中，晋国的士兵吓呆了，等他们反应过来赶去营救的时候，先轸已经浑身是箭，倒在血泊中，先轸选择了对于一个战士来说最壮烈的死法，完成了对自己的责罚。

这一仗，晋国再次赢得了胜利，但他们永远失去了守卫晋国的战神。

先轸的离去，晋国举国上下都在悲痛哀泣。晋襄公身着丧服，率领大臣和都城的百姓为先轸举行了隆重的葬礼，并在箕地给他建立了祠堂。

现在，山西晋中市左权县南庄子村，还保存着晋大夫先轸祠。每年农历五月，这里都要举办盛大的庙会，纪念这位晋国的英雄。

李山说

《诗经》中有句诗："人而无仪，不死何为。""仪"就是礼。这是春秋时的格言，也是春秋时贵族的人格底线。先轸对君主失礼，就以战死的方式自行惩处，做法极为刚烈。没有收住火气，导致失礼，就用死的办法抵偿，一方面令人钦佩，可另一方面，是不是太脆弱了点?

29

秦穆公悔过

君主做错也道歉

　　做错了事情写检讨，提醒自己下次不要再犯同样的错误，这可不是小朋友的"专利"。两千多年前的春秋霸主——秦穆公，他做错了事情也写检讨书呢！

公元前627年，崤之战被晋国俘虏的三个将军，孟明视、西乞术、白乙丙侥幸躲过一死，狼狈地往秦国逃。他们逃跑的时候，还不忘记对晋国的大臣们放下狠话："若从君惠而免之，三年将拜君赐。"（《左传·僖公三十三年》）三个将军喊着，三年之后还会回来报仇。可是一场仗打成了光杆司令，脑袋还能在脖子上待几天，几个将军是一点谱都没有。

他们忐忑不安地回了国。一上岸，眼前的情景让他们大吃一惊。等待他们的不是冰冷的镣铐，而是身穿大丧素服的秦穆公。几个将军又是激动又是自责，跪在秦穆公的面前。秦穆公不等他们开口认罪，抢先开始检讨："孤违蹇叔以辱二三子，孤之罪也。……大夫何罪？且吾不以一眚（shěng）掩大德。"（《左传·僖公三十三年》）是我违背了蹇叔的话，让你们受到侮辱，这是我的罪过，我不会降罪于你们，也不会因为这场战争的失败而看不到你们以前的功绩。

秦穆公的话，让在场的人很是震惊。按理，将军们带兵打仗，全军覆灭，就算是国君的决策失误，将领们也要承担罪责。秦穆公可好，认为崤之战的失败，就是因为自己不听蹇叔的劝告，把责任全部揽在了自己的身上。

他还用《诗经》中的话来形容自己："大风有隧，贪人败类。"（《诗经·大雅·桑柔》）"隧"是山谷的意思，这里用山谷来形容人的欲望，把大风比作外界的引诱，说大风从来都是从空旷的山谷里面走，贪心的人才会败坏事情。秦穆公认为是自己的贪心才让这么多战士丧失性命。

帝王檢討書

主动写检讨不是件容易的事情，秦穆公作为一国之君却做到了，而且没有任何推诿，这种气度为后人推崇。秦穆公说"不以一眚掩大德"，意思是不要因为一个人一时的错误而抹杀他平时的大功绩。这句话流传甚广，后来成为一句成语。

秦穆公主动检讨，并不只是为了总结教训，还有另一个目的：保护三位将军。春秋时期，国家用人崇尚的是"亲亲"，即一种以血缘关系为主的制度。秦穆公可好，放着自家的亲戚贵族们不重用，一会儿用几张羊皮换回来位脏兮兮的老头做相国；一会儿又从狄国请回来一个人当大夫。就连秦国的军队也是由外姓人——主帅孟明视，据说是百里奚之子——统领着。被晒在一边的宗亲贵族对此早就心存不满。崤之战，三位将军败得一塌糊涂，宗亲们可算有了排除异己的好借口。

秦穆公很清楚亲戚们的打算，把所有的过错揽到了自己身上，不给他们开口的机会。都是国君的错，你们能把国君怎么样呢？

宗亲贵族们很不甘心，继续在国内煽风点火，希望让老百姓也加进来，反对秦穆公不处罚几位将军的决定。秦穆公一看，这可不行，干脆发布一道正式的检讨书，把自己对于这场战争的反省和治国的理念告诉秦国的老百姓，这道布告就是著名的《秦誓》。

打了败仗，本来是件坏事，可是通过秦穆公的检讨、反省，转化成了激发秦国人的斗志。国君的检讨书《秦誓》，被后来的儒家学者们收录在了《尚书》中，成为一面明鉴世人之心的镜子。

李山说

做领导，干大事业，就得有所担当。做点事，一出错就把责任推诿给下级，虽然一时可以维护自己的面子，但以后再想让下级真心卖力气干事，就难了。在这一点上，秦穆公树立了好榜样。

30

狼瞫之勇

什么是真正的勇敢

公元前625年，崤之战过去了一年多时间，秦国和晋国在彭衙宣战。晋国人一看统帅秦国三军的不是别人，正是上次打了败仗被晋军俘虏，又侥幸从晋国逃回去的三个将军。嘲笑道："拜赐之人又回来了！"于是，这场战役有了两个名字，晋国称它为"拜赐之役"，秦国人当然不会拿自己开涮，取名"彭衙之役"。

晋国能征善战的主帅先轸，这时候已经离开了人世，秦国是兵强马壮，攒了一年的劲，要报仇雪恨。战场彭衙是秦国的地盘，看上去天时地利都倒向了秦国。令人难以置信的是，晋国凭借一位勇士——狼瞫（shěn），再一次把秦国打得落花流水。

说到狼瞫，我们先要把时间倒回到崤之战时。

古时国君带兵打仗是家常便饭。崤之战时，晋襄公也在战场上。晋襄公打起仗来非常勇猛，在和敌方厮杀的时候把对方战车上的一个士兵给打了下来。晋襄公让车右莱驹赶紧下车杀掉敌人，自己则带领着战士继续向前冲。莱驹跳下车，举起大戈，对准秦兵的脑袋刚要往下砍，倒在地上的秦国士兵吓得杀猪一样嚎叫起来。这个莱驹，长了个大块头，可胆子是一两都不到，秦兵的惨叫声吓得他手一哆嗦，戈掉在了地上，被俘虏的秦国士兵见状立马爬起来要逃。这时候，旁边冲上来一个士兵，抄起莱驹掉在地上的戈，干净利落地杀掉了俘虏。接着，拽起还在发懵的莱驹追上了晋襄公的战车。这个人就是狼瞫。

莱驹作为一名贵族勇士，战场上这样的表现，实在是太不应该。晋襄公当场让狼瞫替代了莱驹，成为自己的车右。

成为国君的车右是件非常光荣的事情，可是狼瞫的光荣感没有持续几天。接下来晋国和戎狄开战，先轸就免去了狼瞫的车右一职。先轸的理由很充分，国君的车右在战场上是国君的保镖，他不光要武艺高强、力大无比，还要能够机敏地应对复杂的状况。如此重要的职务，一般要在贵族的勇士当中精挑细选之后才能确定。狼瞫只是战场上冲出来杀了一个俘虏，就成为国君的车右，先轸认为这还称不上"勇士"。

狼瞫得知消息之后，觉得受到了极大的侮辱，异常愤怒。他的朋友也替他打抱不平，并给他出了个主意——你不仁我不义，找机会向先轸报仇。狼瞫一听，摇头说："勇则害上，不登于明堂。"（《左传·文公二年》）一个人拼勇敢，无端地杀害上级，这种人死了以后灵魂不能进明堂。明堂是古代帝王祭祀先人的地方，有大功的人可以配列其中。狼瞫说这句话的意思是，他要当一名光明磊落的勇士，要成为一个进得了明堂的人。朋友说："那怎么办呢？"狼瞫非常坚定地回答："他们罢免我是因为不知道我的勇敢，我会证明给大家看！"

公元前625年，彭衙之战开始了，秦国的大将孟明视想在这里雪耻，但是历史却选择让彭衙成为狼瞫的战场和舞台。

两军相遇勇者胜，如果勇士视死如归，谁能抵挡！

秦国和晋国的部队刚刚摆好阵势，狼瞫就带领着一队兵马冲了进去，彪悍的秦国士兵还没有来得及全力进攻，狼瞫已在秦国阵营中杀出了一条血路。狼瞫无所畏惧的勇猛顷刻间把巨大的力量注入到晋国将士身上，他们踏着这条血路扑向了秦国的部队，在秦国的土地上，把秦国人狠狠地揍了一顿。

狼瞫虽然最终战死于战场，但他用生命让世人看到了什么是真正的勇士。就像狼瞫自己所说的那样："死而不义，非勇也。共用之谓勇！"（《左传·文公二年》）为了不义的事而死，那不叫勇敢，为了国家而豁出性命，那才是真正的勇士！

31

秦国雪耻

最早的破釜沉舟

　　平日里小孩子们接连犯了错误，大人们说"事不过三"，表示可以再原谅小朋友一次。但如果犯错误的是一个国家的主帅，每一次错误都是以牺牲无数战士的生命为代价，这样接二连三的错误，作为一国之主的国君又该如何对待呢？现在，如此棘手的问题就摆在了秦穆公面前。

公元前 625 年，秦国和晋国在彭衙开战，秦国人想借此为崤之战雪耻。气势汹汹地出发，却又灰溜溜地回来了。崤之战，是因为不敌晋国的天险，还可以辩解一下。彭衙是秦国自己的地盘，照样打不过晋国。理由是什么呢？大家都等着看秦穆公怎么处置孟明视这个一败再败的三军统帅。

秦穆公的做法，照样让大家大跌眼镜。史书上记载说秦穆公"犹用孟明"（《左传·文公二年》）。他就像事情没有发生过一样，继续对孟明视委以重任，孟明视该干啥干啥！

李山说

疑人不用，用人不疑。真正考验秦穆公到底是不是能成大业之人的时刻，不在于孟明视第一次失败时，而是在他再三失败之后。秦穆公经住了考验，很不简单！

秦穆公做出这样的决定，朝野又是一番喧腾。

孟明视的心中何尝不是翻江倒海。第一次得到君主的原谅，感觉是上天给了自己一次报仇的机会，一门心思想着如何报仇。经历了两次失败，孟明视开始真正地反思，应该怎么做，才能不辜负国君和国家的信任。一番深思之后，孟明视向秦穆公提出建议："重施于民。"（《左传·文公二年》）通过大大地施舍民众，让老百姓得到实实在在的利益，打造家国一体的国家精神。建议很快被采用，孟明视沉下心，开始踏踏实实地为秦国的霸业打基础。

晋国在秦国的地盘上狠狠地收拾了一下秦国，大胜而归，但心里并不踏实。好战的秦国人没那么容易就认输吧！晋国人一边喝着庆功酒，一边仔细观察，发现秦国一点动静都没有。"难道是被我们彻底给打怕了？"不少大臣开始沾沾自喜。追随晋文公重耳多年的老臣赵衰却向国君提出如下建议："秦师又至，将必辟之。惧而增德，不可当也。"（《左传·文公二年》）如果秦国的部队再来的话，我们不要和他打了，要躲开他们，因为畏惧而进一步修养德行，那是不可抵挡的。

赵衰是位深谋远虑的政治家，看问题自然不会只看表面。秦国现在的沉寂不是惧怕而是为了积攒力量。秦晋倘若再次交兵，晋国就没那么幸运了。更让他忧虑的是，秦晋毕竟是邻居，邻里之间这么恶战下去，不会有好结果！

赵衰的话，让晋国的大臣们觉得刺耳。他的声音很快被压了下去。孟明视在秦国怎么表现，晋国以后应该怎么处理和秦国的关系，晋国的大臣们没有往下思考，反而在这一年的冬天，晋国领着宋国、陈国和郑国又去打了一次秦国。仗着人多势众，夺下了秦国的汪和彭衙两个地方。

秦国输了，连地盘都被抢了去，依旧没有什么动作。

是秦国彻底被打垮了吗？当然不是，秦国现在是举国上下同仇敌忾，埋着头使劲。就像是一座暗藏着的火山，下面熔岩滚滚地流动，在沉默中等待着喷发。公元前624年夏末，这一刻终于来临，秦国和晋国第三次交锋——"王官之役"开始了。

秦穆公亲自率军渡过黄河，进入晋国境内，一上岸便将船只全部焚烧捣毁。顷刻间，黄河边上浓烟滚滚。秦穆公用这样的方式向晋国宣告：我们来了，决不后退！《史记》中记录项羽打仗，曾经用"破釜沉舟"来激励士气，看来四百多年前的秦穆公，是他的老师了。

秦军登岸之后，一路向东拿下了晋国的王官和郊两个地方。此时，黄河边上的这把大火早已把晋国人烧得心里发慌，终于想起赵衰说过的话。于是"晋人不出"（《左传·文公三年》），乖乖地在城里待着，不出来和秦国交战。秦国人一看，你不敢出来，我也不会客气，秦军紧接着转向南，从茅津渡黄河，直入崤函之地，目的非常明确——埋尸。

从崤之战到现在已经时隔三年多，战死的将士们早已尘归尘、土归土。秦穆公进到山谷里把残存的尸骨收起来，埋葬到一起，穿上丧服，放声痛哭。《史记·秦本纪》中说秦穆公是痛哭了三天才返回，哭三天的情景可能有些夸张，但是可以想见秦穆公内心的沉痛和自责。

至此，王官之战，秦国大获全胜。但是这场仗像是秦穆公一个人宣泄愤怒和悲伤的战场。秦穆公憋足了力气，想要和晋国痛痛快快地打一场，没想到是一拳打在了稀泥里，有劲没处使！秦穆公很清楚，晋国真要是豁出力气来打，王官之战不会那么容易见分晓，所以见好就收吧！把战士们的尸骨埋葬之后，秦穆公也暂时停止了越过晋国向东发展的念头，转而向西边扩充势力。

秦国的西面，是今天的陕西、甘肃这一带，那时候居住着很多少数民族，有着大大小小上百个部落，他们因为和周家的文明信仰不同，统称为西戎。这些部落在秦穆公一门心思和晋国联手，想要图霸中原的时候，抓紧时间发展，有几支部落已是十分壮大，其中最大的一支叫绵诸。

秦穆公向西扩张，首先瞄准的就是绵诸。绵诸当年有个非常贤能的谋臣叫由余，被秦穆公想尽办法给挖了来。通过由余，秦穆公早就把绵诸的情况了解得一清二楚。秦国大军压境，没几下就把绵诸王给赶跑了。最厉害的老大被干掉了，剩下的部落只好逃的逃，降的降。没几年，秦穆公把西部的大片地区，就是今天的天水、临洮等这些地方都纳入了秦国的势力范围。在秦穆公六十多岁的时候，他图霸西戎的事业也达到了顶峰，秦穆公终于成为春秋时期一位响当当的霸主。

32

霸主的葬礼

把好朋友也埋掉

公元前621年，秦穆公走到了人生的尽头。秦穆公在秦国的历史上是一位非常能干、对百姓也非常仁爱的国君。遗憾的是，这么一位开明的国君，在要死的时候，英雄变狗熊，不但要带走生前最喜欢的宝贝，还要带上三个生死好友和上百名奴仆，一起走进黑暗的墓穴。

《史记·秦本纪》中记载了这样一个故事。有一天，秦穆公丢失了一匹好马，这匹马碰巧被岐山的一群乡下人抓去吃掉了。吃了国君的宝马，那还了得！官府闻讯，立刻把这几百个人统统抓起来，准备严加惩处。秦穆公知道了，却说："一匹马的性命哪有几百个人的性命重要呢？马肉吃就吃了吧。不过我听说，吃了马肉，如果不喝酒，会伤身。"这群人不仅被无罪释放，秦穆公还赐酒给他们喝。

几年之后，秦穆公要攻打晋国，这些人都主动跟着去打仗。战场上，当他们发现秦穆公被敌军包围，不顾自己的生死，把秦穆公给救了出来。现在陕西凤翔县城东一个叫义坞堡的地方，还保存了"野人食马肉"的遗址，就是这位国君仁爱亲民的见证。

可惜秦穆公没有将他对百姓的仁爱坚持到最后。

秦国有三位很了不起的勇士，奄息、仲行（xíng）、鍼（zhēn）虎。他们在战场上能够以一敌百，是秦国最好的战士，秦穆公非常器重他们。一天，秦穆公把三个人请到宫中喝酒，他们都是性情豪爽之人，酒喝得十分畅快。秦穆公一高兴，说道："咱们活着的时候，一起这么痛快，但愿我们死了以后，在阴间也能痛快畅饮。"借着酒兴，三位勇士慨然应允。

可怕的是，三位勇士答应了的事情就要兑现了。

公元前621年，秦穆公去世了。死之前，他要求奄息、仲行、鍼虎三位勇士陪葬！三位勇士抛开对家人的不舍和对世间的留恋，伴着秦穆公的灵柩，走进了黑洞洞的墓穴。国君走了，秦国人哭得很伤心；三位以一敌百的勇士也走了，老百姓哭得更伤心。为什么呀，秦穆公的死是自然规律，人总要老死的，可这三位勇士正值壮年，就这么死去，太可惜了！

百姓们对着天地哭喊："彼苍者天，歼我良人！如可赎兮，人百其身！"（《诗经·秦风·黄鸟》）苍天啊，为什么把我们的勇士带走呢，我们愿意死上一百次把他们换回来呀！百姓们不仅是悲痛，心中也充满了愤恨。原本是多么让人崇敬的君主，可是一想

到他的墓穴中陪葬着年轻鲜活的生命，靠近这样的墓穴，就会让人忍不住"惴惴其栗"，不停地颤抖啊！史料记载，当时秦穆公的墓穴里殉葬的不止是三位勇士，总共有一百七十多人。这么多不该结束的生命躺在那里，秦穆公的墓穴是多么的阴森可怕。

李 山 说

用活人殉葬非常残忍，但是这种风俗由来已久。在距今五千年前的仰韶文化时期的墓穴中，考古学家们就发现过用活人殉葬的尸骨。这样的风俗到了殷商时期，达到可怕的地步。西周建立后，开始对人殉加以制止。在一些遵循周礼的国家，大多渐渐远离了人殉的恶习，在秦国则不然。考古发现，秦国在文化上与殷商多有相似之处。所以，秦穆公用人为自己殉葬，是在遵循殷商的风俗。可是，秦穆公一生向往中原文明。在他生命强盛时，领导国家向当时的中原文明学习，引导国家进步。到了要死的时候，却成了一种恶习的俘虏，这不能不说是一代霸主为人的最大失败。而且，他的所作所为还让恶习的种子得以存活，一直到后来统一中国的秦始皇，几百年间一直被延续，甚至是扩大！

结草衔环

小知识

"结草衔环"，用来比喻感恩报德，至死不忘，是一个源自春秋时期和殉葬有关的典故。

晋国有位叫魏犫（chōu）的将军，他的小妾比他小很多岁。魏犫生病时嘱咐他的儿子魏颗说："我若死了，你一定要选个好人家把她嫁出去。"这话说完没多久，魏犫的病越来越严重，眼看就要不行了。临终前，魏犫改了主意，吩咐魏颗，等他死后让小妾给他殉葬。

魏颗是个明白人，父亲死了，他并没有按照父亲的要求去做，而是让小妾重新嫁人。有人就说："你怎么不听你父亲的话？"魏颗说："我听他哪句话呢？他明白的时候，说的话是正常话。病得严重时，他怕死后孤单，想要有个殉葬的，这个时候他已经完全糊涂了。所以我只能遵从他明白时候说的话，不能遵从他糊涂时候说的话。"

事情到这并没有结束。公元前594年七月，秦桓公征伐晋国，在辅氏（今陕西大荔县）与魏颗带领的晋国军队作战，魏颗和秦国大力士杜回厮杀得难解难分。突然间，杜回一不小心被青草绊倒在地，魏颗抓住这个机会将他俘获，并打败了秦军。当晚，魏颗梦见一个老人，说他是魏犨小妾的父亲，特来报答魏颗救他女儿的活命之恩。

"结草衔环"，听起来挺美好，其实是老百姓对人殉的抗争啊！

33

楚王的隐忍

不鸣则已，一鸣惊人

西边，秦穆公称霸历史的剧幕渐渐落下，春秋时期南方的霸主楚庄王登场了。成语"一鸣惊人"就是用来形容楚庄王的表现的。这位历史的主角，站在舞台中央三年，一句话也不说，可是一发"声"，就给国家带来巨大变化。这到底是怎么回事呢？

楚国在城濮之战中失败后，国内的问题也随之出现。楚国人治国采取的方法是"任人唯亲"，楚国历代的令尹（相当于后来的宰相）几乎都是国君的亲戚。时间一长，这些家族势力不断膨胀，掌控了国家大权。到后来，国君也要看他们的脸色行事。楚庄王即位的时候，若敖氏是楚国势力最强的家族，更是没把年轻的国君放在眼里。

楚庄王即位第一年，楚国和它东边的舒国打仗。带兵的是两位若敖氏家族的人，令尹子孔和将军潘崇。留在国内帮助国君执政的是斗克和公子燮（xiè），他们是楚庄王的老师，也是若敖氏家族的人。外出打仗和留在国内的虽是一个族姓的人，但早就因为争夺势力成了敌人。子孔、潘崇前脚出门，斗克和公子燮就带人把子孔、潘崇的家洗劫一空，还派刺客到前线去行刺他们。结果刺客没有行刺成功，逃了回来。

斗克和公子燮知道大事不妙。心想，等子孔他们回来，自己肯定没有活路，还是赶紧逃吧！为了保险，他们带上了楚庄王。按现在的话说就是劫持人质。还有什么比国君更大的人质呢？刚刚即位的楚庄王，既没有兵权，也没有防范，正打算听两位老师教诲呢，却被老师们给挟持跑了。他们离开都城，半路上经过大臣庐戢（jí）梨驻守的地方。庐戢梨看斗克和公子燮带着国君，神色慌张，心中奇怪，就拦住了他们。一问之下，发现不对，就把斗克和公子燮拿下了。这样，楚庄王才算是逃过一劫。

楚庄王完好无损地回到都城继续当国君。被若敖氏家族如此羞辱，接下来一定狠狠报复回去了吧？然而楚庄王却"不出号令，日夜为乐"（《史记·楚世家》）。楚庄王就当什么都没有发生过一样，照样不问政事，寻欢作乐。他还颁布了一条法令："有敢谏者死无赦！"（《史记·楚世家》）谁敢反对我玩乐，我就杀了谁。历史上傀儡帝王沉迷酒色的很多，有些是自甘消沉，有些是迫于无奈，但是为保证娱乐"合法化"而颁布政令的，估计楚庄王是头一个。

他这样极端，是不是有什么目的呢？有些臣子暗自猜测。

终于有一天，一个叫伍举的大臣忍不住了。他不敢直接问楚庄王，国君颁布了法令，直接问，是要被杀头的。他说道："我是来陪您玩的，我想让大王猜个谜语解

解闷。有这么一个谜语：一只鸟，个头很大，蹲在一个大土堆上，三年不鸣，三年不飞。请问，这是什么鸟？"

楚庄王听完，哈哈一笑："什么鸟我不管，但是我知道，这只鸟，'三年不飞，飞将冲天；三年不鸣，鸣将惊人！'"（《史记·楚世家》）

伍举一听，内心十分激动，原来君主心里果然有计划啊！于是高兴地回去了。伍举想试探楚庄王到底想不想有所作为，但楚庄王身边到处都是若敖氏家族的耳目，不好明说。于是伍举就打哑谜，楚庄王也就借着哑谜表明心迹。楚庄王想有所作为，可是朝堂上下，几乎没有可以依靠的力量，如果一飞冲天，立刻就会被射下来。所以现在唯一能做的就是等待自己羽翼丰满，培植自己的力量和若敖氏家族抗衡。

到底什么时候才能"鸣"呢？楚庄王心里也没有底。从即位到现在，楚庄王一直声色犬马，丝毫没有飞天的意思。若敖氏家族也依旧把持着楚国大权。唯一有些变化的是，他们渐渐对这个国君失去了戒备——看来国君的确是个酒色之徒啊！

若敖氏家族一打盹儿，楚庄王立刻开始行动了。他看中了一位叫作芳（wěi）贾的贤人。芳贾也是楚国先王的后代，他的家族一直被若敖氏家族压着，楚庄王找他帮忙，他当然愿意了。接下来，楚庄王不断地在被若敖氏家族压制的人群中寻找新的力量。这些贤人们如同羽毛，使楚庄王的羽翼渐渐丰满起来。现在，只要再来一股劲风，楚庄王就可以一飞冲天了。

公元前611年，机会终于来了。楚国大旱导致全国大饥荒，饿死的人越来越多。眼看楚国动荡，一些周边的附庸小国感到自己有了挣脱楚国控制的大好机会。其中一个叫作庸的小邦国，率先跳出来造反。叛军很快到达了离都城不远的阜山。紧接着，濮（pú）族、麇（jūn）人等部落，也加入了叛军。

眼看叛军们就要打到都城大门口了，楚庄王赶紧和臣子们商量对策。若敖氏家族是老大，率先发言："我们先赶紧撤离都城，等他们打进来就完了。"大臣们一片附和。这时，突然响起一个清亮的声音："我们不能离开都城，我们要宣战！"这个刺耳的声音，来自站在角落里的芳贾。芳贾几步走到朝堂中间，对群臣说："逃出城，只能避得了一时，敌人早晚会追过来，我们始终都很被动。只有彻底消灭他们，我们才能脱离困境。"芳贾话音刚落，就有大臣反对："现在饭都吃不饱，怎么打仗！"

芳贾接着说："庸国今天敢来攻打楚国，就是觉得我们在闹饥荒，认为我们打不起仗。如果这个时候能够出兵讨伐庸国，那些犹豫不决的濮人、麇人，必定会投降。这些人心底里其实很害怕楚国，现在不过是壮着胆来试探。我们只有强硬地回击他们，才能灭掉这些人的贼心。如果示弱，就等于把剑柄递给了敌人，我们只有死路一条。"

芴贾一番话，让楚庄王眼睛发亮，让若敖氏的大臣们背上流汗。大家觉得有道理，可谁都不敢发话，只好看着若敖氏家族大臣们的脸色。若敖氏家族平日里飞扬跋扈，可事关社稷存亡时，没人肯站出来挑这副担子。楚庄王一看这些人满眼的惶恐，心中一下子充满了力量。振翅高飞的时刻终于来了！于是，楚庄王在座位上挺直胸膛，朗声宣布："开战！"

宣布开战不容易，打仗更不容易，战士们不能饿着肚子上战场啊。史书用四个字出神入化地刻画出楚庄王备战的决心——"振廪（lǐn）同食"（《左传·文公十六年》）。"振廪"是个形象说法，意思是把夹在粮仓缝里面的粮食都敲打出来，一粒也不剩，拿去分给战士食用。这一回，楚庄王真是下了决心：不是说战士没饭吃吗，我把国家的存粮全部拿出来给战士们一起食用。

楚庄王亲自带着部队出兵讨伐庸国。和芴贾预料的一样，那些临时凑在一起的造反部队，一看楚王的军队来了，立刻老实了。闹腾最厉害的庸国军队，也开始回撤。楚国的危机很快解除了。可是，楚庄王并没有见好就收，既然已经勒紧裤腰带出兵了，一不做，二不休，楚庄王决定拿下庸国。

庸国的国君原本想趁火打劫，结果不仅没有带回战利品，反而把战火给带了回来。没办法，硬着头皮迎战吧。不知是楚国人没吃饱，还是长途跋涉没缓过劲，不管是什么原因，这次交锋，庸国人意外地胜利了。历史把难题又交到楚庄王手里。一个叫潘尪（wāng）的大臣给楚庄王出主意说："我们被打败了一次就撤退，庸国立刻会明白我们的虚实，等他们卷土重来，再来攻城的话，我们会很被动，所以一定不能撤兵。"楚庄王听了，很赞同。可是怎么打呢？楚军远道而来，本来就没有后援补给，如果庸国关紧城门，楚军是耗不起的。潘尪接着说："我们的先王蚡冒（fén mào）当年创业的时候，也碰到过这样的问题。他假装打不过敌人，让他们大意，然后趁机将他们一网打尽。我们何不用这个方法试试？"

楚庄王采用了潘尪的建议，和庸国军队玩起了游戏。楚军不断去叫战，可是一打就逃跑，这么来来回回六七趟。一开始，庸国人还打足了精神准备，可是几次折腾下来，觉得楚国人压根不是打仗的料，就松懈下来了。当楚国人第八次叫阵的时候，庸国国君干脆把平日里不太上战场的士兵们凑拢，组成个杂牌军，让他们去"操练操练"。

楚庄王等的就是这个机会。楚军兵分两路，一路上也没遇到什么阻碍，直接杀进了庸国的都城，把庸国给灭了。

李山说

楚庄王与若敖氏家族势力的斗争，很有智慧。第一，能忍耐。乱动会招致灭亡，一个强大的家族，害死国君，是很有可能的。第二，麻痹对手。让若敖氏家族放松警惕，所以才有他上台初期的放荡，那是做样子给若敖氏家族看的。第三，大胆采用正确的策略。楚国闹饥荒，周围的小国造反，这时候若敖氏家族拿不出一个好主意，意味着这个家族没有人才了。所以楚庄王采用苏贾的计策，实际也就是不显山不露水地将军政大权交给苏贾。如此一来，若敖氏家族的败落就开始了。

小知识

荆 州

位于湖北省中南部的荆州，曾是楚国的都城，是辉煌的楚文化的发祥地，故而荆地成了楚国的代称。荆州古城地处连东西贯南北的交通要塞，历来都是兵家必争之地，历史上"刘备借荆州""关羽大意失荆州"等脍炙人口的故事都发生在这里。

34

锋芒初现

大鼎的重量

　　鼎是中国古代的青铜器，最初是一种炊具，后来因为在祭祀中用来烹饪敬神用的肉食，鼎由炊具逐渐地演变为礼器，成为国家权力的象征。代表周家王权的青铜九鼎，据说是夏传商、商传周这样一代代传下来的。如此神圣的器物，当然不是谁都能看到。一次，楚庄王带兵来到洛邑附近，忍不住向周朝大臣打听鼎的轻重。看上去事不大，可这表示楚庄王想把大鼎弄到自己朝堂里去，是政治野心的流露，"问鼎中原"这个成语就由此出现了。

楚国的灾荒给国家带来了巨大的损失，对楚庄王来说却是个一飞冲天的机会。楚庄王在国家非常困难的情况下领兵打败了庸国，一下子提升了他在军队中的威信。但是靠一两次胜仗，还不足以和国内的若敖氏家族势力抗衡。楚庄王必须要证明自己有力量飞得更高。

孙满兄，楚庄王势单力孤，最后却能反败为胜，战胜强大的对手。这样的人来上门挑衅，也只有你能应对他了。

公元前606年，楚庄王决定通过北伐来进一步扩张自己的势力。他带领部队指向陆浑，清扫周边的戎狄。陆浑的戎狄打不过楚国，仓皇向北逃亡。楚军乘胜追击，追着追着发现自己已经来到了洛水边。周王的都城洛邑已是遥遥在望了。

史书是这样描述当时的情景的：楚庄王"观兵于周疆"（《左传·宣公三年》）。意思是楚庄王在周王朝首都附近耀武扬威。住在洛邑城里的周王，见楚庄王带着军队冲进自己的领地，不知他是有意还是无意。周王当然很谨慎。周代礼法规定，诸侯国君在王城周围活动，周王得派人带着礼物去慰劳。周王就以慰问为名，派人去探探虚实。

周王派去慰问的使者叫王孙满，就是那位当年站在王城的城墙上，看秦国大将孟明视带领部队经过王城，预言他们将会战败的少年。现在，他已长大成人，做了周家的大夫。

王孙满见到楚庄王，寒暄过后，楚庄王抛出了个问题："请问周王的九鼎有多大多重呢？"楚庄王开始"问鼎"了！

"九鼎"如同象征王权的王冠和龙袍。楚庄王这么问，等于臣子打听王冠上有几颗宝珠、龙袍上绣着几条龙一样，是想自己当天下的老大啊！

听了这话，王孙满很是惊讶、愤怒，可他不能表现出来。以周王朝现在的实力，就算是拂袖而去，也不过是成为一段笑话而已。但是王孙满也不能表现出迟疑和胆怯，因为他代表着周王。这名智慧过人的大夫，再一次展现了自己的才华。王孙满严肃地回答道："在德，不在鼎。"（《左传·宣公三年》）楚庄王"问鼎"，是拐着弯向王权挑衅，王孙满则非常干脆地挑破了这层窗户纸，你不是问王权吗，直接这个可是后母戊鼎哦!

告诉你:"我们周家号令天下,靠的不是鼎,而是德行。"这话是四两拨千斤,不仅展示了周家的威仪,还立刻把楚庄王的嘴给堵上了,就算你把九鼎打听得再清楚,没有周家的德行,你什么都不是!

机智的王孙满两句话回敬了楚庄王,楚庄王不甘示弱,说:"子无阻九鼎!楚国折钩之喙(huì),足以为九鼎。"(《史记·楚世家》)意思是你不要自恃有九鼎,楚国折下载钩的锋刃,足以铸成九鼎了。言外之意是我楚国也可以自立王权。

看来要彻底打消楚庄王问鼎的念头,王孙满还需要继续出招。楚庄王觉得铜多就可以铸鼎,那真是对鼎了解太少。还是让他知道知道这鼎是怎么来的吧!接下来,王孙满给楚王上了一课。

王孙满说,中国人造鼎是从夏代开始的。夏王朝的时候,"贡金九牧,铸鼎象物,百物而为之备,使民知神、奸"(《左传·宣公三年》)。当年夏禹他们铸鼎,九州(指豫州、冀州、兖州、青州、徐州、扬州、荆州、雍州、梁州)的首领贡献了大量的金银财物一起来铸造。鼎上铸有各种图像,是为了让老百姓看到这个鼎，就能够知道什么是神、什么是奸，什么是神同意的、什么是神反对的。有了辨别能力，出门的时候，百姓就能够远离魑魅魍魉（chī mèi wǎng liǎng，指古代传说中的各种鬼怪）。所以"鼎"代表德，对百姓的生活有指导意义。

鼎在夏代经历数百年，夏代无德了，迁到商代，商代无德了，迁给我们周。当年周成王占卜时，卦辞说，周家要传三十代王，共七百年。现在"天命未改，鼎之轻重，未可问也！"（《左传·宣公三年》）到现在为止，我们还有几百年的历程没走完呢，天命如此，哪能随便谈论鼎的轻重！

楚庄王"问鼎"是试探，王孙满的一番话，让他看到周王室朝堂上依旧人才济济，从此不敢再小看。这段历史被后人津津乐道，"问鼎中原"也成为志在图霸的代名词。

李山说

知识就是力量。王孙满对鼎的历史和它所代表的政治意义的一番言说，力量足可以代表一个强大的军团。古代人讲究学问，强调学以致用，说的就是像王孙满那样啊！

青铜器上的饕餮纹

小知识

鼎是华夏民族在青铜时代的立国重器。在周朝，鼎是象征至高无上王权的神器和礼器，也是祭天祭祖的祭器。商、周鼎的主要纹饰称作"饕餮（tāo tiè）纹"。饕餮是传说中龙的第五子，是一种神秘怪兽。古书《山海经》介绍其特点是羊身，眼睛在腋下，虎齿人爪，有一个大头和一张大嘴，十分贪吃。目前发现的最早的饕餮纹饰是在良渚玉器上。那时的饕餮纹并没有显现出狰狞的面孔。到了商代，殷商为了王权的统一，不断地征战。从甲骨文的研究中发现，殷商经常对十几个方国采取武力讨伐，并且以残忍的方式来对待俘虏，这种暴力的征讨渐渐反映在殷商文化上。一个最明显的特征是，饕餮在商代演变成了一种凶残的猛兽。

35

若敖家族的灭亡

可怕的"狼子野心"

　　有句老话叫"三岁看大，七岁看老"，是说人的品性在小的时候就已经定下来了。春秋时期的楚国，势力庞大的若敖氏家族中新添了个男孩，这个男孩一出生就被断定是"狼子野心"，会给家族带来灭顶之灾。

楚庄王带领着将士，吃着从粮仓夹缝里面抠出来的粮食，不仅打败了庸国，还到王城脚下问鼎。这一个个举动的确是"惊人"。楚庄王展示出的实力，让当时掌握楚国重权的若敖氏家族如坐针毡。他们决定在楚庄王羽翼未丰之前，把他彻底打翻在地。

公元前605年，若敖氏家族公然向楚庄王宣战。事发突然，楚庄王一下陷入被动之中。为了缓和局势，楚庄王提出，用楚家三代先王——楚文王、楚成王、楚穆王的子孙当人质，希望若敖氏撤兵。

通过交换人质来解决冲突，在春秋时期并不少见。公元前720年，周王室和郑国交战。为了缓和关系，周王和郑国也采用了交换人质的方式，史称"周郑交质"。郑国作为一个诸侯国，和周王等级相差悬殊，但也是一对一地交换。现在，楚庄王一下子用这么多人当人质，算得上当时级别最高的人质交换了。可若敖氏家族压根没有打算和解的意思，既然身体里都流着王族的血液，为什么若敖氏不能统治楚国呢？若敖氏家族的猖狂和楚庄王的隐忍，激起了拥护楚庄王将士们的愤怒，他们发誓要和楚庄王一起背水一战。

这一年的秋天，楚庄王和若敖氏家族在一个叫作皋浒（gāo hǔ）的地方开战。

若敖氏家族领兵的人叫斗椒。传说斗椒生下来的时候长得像熊虎，哭声像豺狼。若敖氏家族中的长辈，当时在楚国德高望重的令尹子文，认为这个孩子太不吉祥，会给整个家族带来灾难："谚曰：'狼子野心。'是乃狼也，其可畜乎？"（《左传·宣公四年》）子文形容这个小孩虽小，却像狼一样可怕，不能留着他。子文说不能要这个孩子，可他的亲生父母舍不得，让他活了下来。

斗椒一天天长大，令尹子文始终坚持斗椒是个祸害。一直到他临终前，还流着泪叮嘱族人："要是将来斗椒掌握了大权，你们一定要赶快逃走呀。""鬼犹求食，若敖氏之鬼不其馁（něi）而！"（《左传·宣公四年》）"馁"是挨饥受饿，每年的祭祀就是为了让祖先灵魂不挨饿，是很重大的仪式。子文认为斗椒会让族人遭受灭顶之灾，到时候连给先人祭祀的后代都不会剩下，若敖家的鬼都会被饿死啊！就这样，子文带着担心和自责离开了人世。

斗椒长大后成为楚国的令尹，子文的担心很快变成了现实：斗椒与楚庄王宣战，让整个家族成为楚国的公敌。

斗椒不仅长相如熊虎，力气更是非常人可比。两军对垒，战鼓刚刚敲响，斗椒就搭箭朝着楚庄王的战车射来。这支箭"嗖"的一声打到楚庄王战车的车辕上，速度竟然不减，又穿过了战车上的鼓架子，"当"的一声打在战车上的铙镈（náo bó，激励军士的铜制响器）上，铙镈被这支箭震得嗡嗡直响。楚庄王一看，箭竟然射到了脚跟前，不由得倒吸了口冷气。楚庄王刚看清第一支箭，第二支箭又来了。只听耳边又是"嗖"的一声，第二支箭牢牢地钉在了楚庄王身边的伞柱子上。刚刚开战，楚庄王还没来得及发号施令，就接连两次差点被射中，而且是从那么老远的地方射过来的箭，真是太邪门了！楚庄王惊出一身冷汗，四周的军士们更是吓得脸色发青。楚庄王看士兵们满脸惧色，顾不得下一支箭什么时候射过来，从车上站起身，大声向战士们说："当年祖上楚文王讨伐息国的时候，缴获了三支神箭，不幸被乱臣贼子偷走了两支。刚才乱臣贼子已经把他最有威力的箭射完了！诸位将士们，奋勇向前，该看我们的了！"

士兵们军心动摇的时候，主帅一定要有临危不惧的气概，才能让士兵们无所畏惧，这就像俗语所说"泰山崩于前而色不变"。看见楚庄王身处险境依旧气定神闲，将士们很快稳定下来。楚庄王趁势发令，带着队伍向敌军猛扑过去，将若敖氏家族的军队全部剿灭，斗椒被楚军当场砍杀。

这场战役之后，若敖氏家族盘根错节几十年的势力被楚庄王彻底拔除，楚庄王终于一飞冲天，可以在自己的国土上自由翱翔了。

36

令尹子文

被虎妈妈抚养过的人

　　动物"领养"孩子不是现在才有的新闻,《左传·宣公四年》记载了两千六百多年前发生在楚国境内的神奇故事:一个被虎妈妈抚养过的孩子,不仅重返人类社会,还成了楚国的栋梁,他就是若敖氏家族中的第一位楚国令尹——斗子文。

若敖家族是楚国的贵族，他们的祖先是楚国开国国君熊仪，若敖氏就是以他的谥（shì）号若敖为族称。若敖氏家族称得上是楚国的"令尹家族"，从楚武王到楚庄王的五代君王之中，有史可查的十一位令尹，八位来自若敖氏家族。若敖氏家族在楚国的地位如此显赫，要归功于家族中出现的第一位令尹——斗子文。

传说中，斗子文是个被老虎养大的孩子。

楚国的第一位国君熊仪有很多儿子，其中一个叫斗伯比。斗伯比年轻的时候和表妹相爱，偷偷生下了一个男孩。两个人很是害怕，把孩子扔到了一个叫云梦泽的沼泽边上。没想到，这个小家伙非但没有死，还被一头刚刚生完幼崽的虎妈妈给"领养"了。在虎妈妈的照料下，小男孩和虎宝宝们一起喝着虎奶长大，直到有一天被人发现，小男孩辗转回到了斗家，这个孩子就是斗子文。为了纪念这段传奇的经历，子文小名取作"斗谷於（wū）菟（tú）"。在楚国话里，喂奶叫"谷"，老虎叫"於菟"，"斗谷於菟"翻译成现在的话，就是老虎带大的斗家孩子。现在湖北安陆有一座虎乳岩，也叫虎子岩，相传就是当年虎妈妈喂养子文的地方。因虎身有斑纹，斗子文的后代就用"斑"为姓氏。古时"班"和"斑"两字通用，斗子文也成了"班"氏的始祖。

成人之后的斗子文有着治国安邦的才干，而且处事公平，为官廉洁。子文身为令尹，当着楚国最大的官，家中却十分清贫，甚至连用来生活一天的积蓄都没有。楚成王听说之后，很是感动，打算增加他的俸禄，奖励他干肉和粮食。这个消息传到子文那里，他非但不兴奋，还托人转告楚成王，如果国君不收回奖赏的成命，就不敢来上朝了。子文的朋友觉得他对待奖赏的态度很奇怪，问他："人活着就是求个富贵，但你却逃避它，为什么呢？"子文回答说："我逃死，非逃富也。"（《国语·楚语》）我是在逃避死亡，哪里是在逃避富贵。为什么这么说呢？执政者是百姓的庇护人，用百姓的劳苦来增加自己的财富，离死亡也就不远了。斗子文两千多年前的见地，至今都是为官者的一面镜子啊！

子文不仅不谋私利，对亲朋好友也很严苛。

有一次，子文的亲戚犯了法被捕，审问的官员得知犯人是当朝令尹的亲戚后，立刻放了他。官员告诉子文这件事，想要邀功，没想到被子文狠狠责备说："不是刑也，吾将死。"（《说苑·至公》）意思是不给犯人判罪，就是在判我的死刑。这话说得决绝，从此以后，再没出现过包庇子文家亲戚的事情。百姓们称赞子文公正，把

这件事编成了歌谣来传唱："子文之族，犯国法程；廷理释之，子文不听；恤（xù）顾怨萌，方正公平。"（《说苑·至公》）

可这样一位贤能、清廉的人在仕途上并不顺利。因为耿直，子文经常得罪人，任职期间曾三次被罢免。每次被免职的时候，他并不抱怨，而是把过去的政令、处理过的文件，仔仔细细整理好移交给新令尹。当他被重新任命后，既不沾沾自喜，也不吸取"教训"，照样秉公执法，不怕得罪人。他的从政理念是百官绝好的榜样，子文当令尹四十年，楚国政治清明，国家飞速发展。

子文对楚国做出的巨大贡献，为家族的发展铺平了道路。出于对子文的尊敬和信任，子文故去后，若敖氏家族中的子玉成为楚国的令尹。公元前632年，楚国和晋国在城濮大战，子玉带领楚国军队和晋国作战。那场战斗，因为子玉的自负让楚国损失惨重，子玉自杀谢罪。子玉死后，若敖氏家族的子斗成为令尹。子玉和子斗虽不及子文的贤能，却也是一代忠臣。但是当若敖氏家族中的斗椒成为楚国的令尹之后，却将若敖氏家族带向了毁灭之路。

公元前605年，斗椒公然发动兵变。兵变失败，斗椒被楚庄王杀死，若敖氏家族成了楚国的公敌。

为了铲除若敖氏家族的势力，楚庄王大开杀戒。当初斗椒出生时，子文看见这个孩子，觉得不祥，曾预言"若敖鬼馁"，认为斗椒会给整个家族带来毁灭性的灾难。眼看着，子文的预言要成为现实了。

好在天无绝人之路。若敖氏家族中有个叫斗克黄的人，他是子文的孙子。斗椒叛乱之前，他被派去出使齐国。当他回来走到宋国时，听到斗椒作乱、若敖氏被清剿的噩耗。跟随他的人都劝他不要回国，克黄却说："弃君之命，独谁受之？"（《左传·宣公四年》）意思是抛弃君王的使命，谁会收留我呢？克黄认为完成使命比性命还重要，毅然回到楚国述职。斗克黄交还印信、符节以后，锁上门，等着楚庄王派人来抓自己。

斗克黄的忠诚和对死亡的无畏让楚庄王有所反思，"子文无后，何以劝善"（《左传·宣公四年》）。像子文这样贤良的人，到最后连个可以祭

祀祖先的后人都没有，还怎么劝人行善呢？更何况这个后人如此大义。楚庄王终于停止了对若敖氏族人的屠杀，留下了斗克黄这一支。

几十年之后，斗克黄的后代相继又成了楚国的令尹。

身世传奇的子文，因为对楚国的贡献使得若敖氏成为楚国最显赫的家族。他有生之年预言了族人的灭顶之灾，但是冥冥之中，他的贤德继续佑护了他的后代，成就了若敖氏家族辉煌的历史。

李山说

"若敖鬼馁（něi）"这个来自春秋时期的成语，反映了当时人们对于逝去祖先的尊敬。春秋战国期间，国家灭亡，多是采用"灭国不灭祭"。国家不在了，宗庙祭祀依旧可以保存。征服者认为如果让这些国家的先人们失去供奉，没有归宿，会受到鬼神的责罚。这样的鬼神观念背后，其实是尊重有功德的祖先，看似迷信，却是古老家族的精神信仰，是古典文化的一部分。

37

孙叔敖

宰相排行榜冠军

"榜单"在我们的生活中无所不在，金曲排行榜，畅销书排行榜，美食排行榜……五花八门，什么样的排行榜都有。古人也有他们的"榜单"，西汉时期的司马迁在他的《史记·循吏列传》中给前朝的宰相们列了个榜。那么，在司马迁的榜单中，那么多位能干的大臣，谁会名列榜首呢？答案是——楚国的孙叔敖。

楚庄王在位九年之后，才算是真正地把权力从若敖氏家族手中给夺了回来。浪费了这么多时间，楚庄王要加紧推行自己的治国理念。治理国家首先要找好帮手。在楚庄王之前，令尹都出自宗族后代。有道是"一朝被蛇咬，十年怕井绳"。现在，楚庄王再不想从自家人中挑人了。可他的大臣虞丘伯，还是向他推荐了楚王家族的宗亲——孙叔敖。楚庄王一听，眉头就皱了起来。虞丘伯赶紧解释，这个人非常仁厚，儿时就被大家颂扬呢。

　　虞丘伯给楚庄王讲了这样一个故事。

　　孙叔敖小的时候，一天回到家，满眼是泪，母亲问他怎么了。孙叔敖说："我看到了一条长着两个头的蛇。人们不是说，看见这种蛇就要死么，所以我很难过。"母亲接着问："那条怪蛇呢？"孙叔敖说："我怕别人也见到那条两头蛇，就把它杀了，埋了，不让别人看见。"母亲拍拍他的小肩膀安慰说："你怎么会死呢。妈妈也听说，对别人有恩德却又不让别人知道的人，会很有福气的，所以你不会死的。"

　　听完故事，楚庄王觉得很有意思。儿时如此厚道，长大也应该非同一般，那就请来试试看吧。

　　孙叔敖被带到了楚庄王的面前。楚庄王拿出了考试题：三十天修建好位于沂（yí）地的一座城市。三十天修一座城，要有点神仙般的本事才行。这题目出得太难为人了，可是孙叔敖二话没说，接过命令直奔沂地。

　　孙叔敖一到沂地就把掌管筑城的官员给找来，叫他尽快拿出筑城方案。方案一经确定，孙叔敖立刻把方案交给负责调动民工的司徒。司徒就开始找民工，备原料，施工。从整个方案的设计、工程的实施、材料的运输，到质量的检查，孙叔敖做得井井有条。三十天限期一到，楚庄王来收卷子，一座崭新的城池立在他眼前。

　　一个人不可能什么事情都会干，孙叔敖能够找对人，把每个人的能力发挥出来，就能干成大事。宰相是群臣之首，他需要具备把个人的积极性和长处发挥出来的能力。楚庄王对孙叔敖交的试卷很满意，终于坐下来和孙叔敖谈论国家大事。

　　《史记·循吏列传》记载了两个有关孙叔敖的故事。

　　楚国当时通行贝壳形状的铜币，叫作"蚁鼻钱"。用蚂蚁的鼻子来形容钱币可以想见是多么的小。楚庄王觉得楚国一个大国，钱币却是如此小气，看着不顺眼，下了一道命令，要将小币铸成大币。没想到，这道命令让老百姓的日子过得不安生起来。蚁鼻钱是用金属做的，很沉，变大了之后就更加沉，老百姓带多了自然就很不方便。打个比方，原本想带十块钱的，现在一重，就只带五块钱了。出门带的钱少了，买的东西自然就少起来，商人们开始遭受损失，没有钱赚，只好放弃经营。楚国管理市场的官叫"市令"，他着急地向孙叔敖汇报：市场乱了，商人无人安心在那里做买卖，秩序很不稳定。孙叔敖问："这种情况有多久了？"市令回答："已经有三个月了。"孙叔敖思量，如果向国君请示，再发布政令，不知道还要等多少天，商人和老百姓可等不起。孙叔敖当机立断："把原来的蚁鼻钱先用起来。"时隔几天之后，孙叔敖才向楚庄王报告这件事。楚庄王心想，你都已经叫人改过来了，我还有什么好说的呢？于是下令重新恢复蚁鼻钱。政令颁布没多久，市场又恢复了往日的繁华。

换币的风波算是平息了下来。不过，楚庄王又盯上了马车。楚国的马车比较矮小，楚庄王认为车子矮，不方便套大马，想下令把马车提高些。有钱人换车，那是小菜一碟，可是普通人家就难说了。换车意味着淘汰旧车或重新改造，费时费力还费钱，老百姓肯定反对。孙叔敖建议楚庄王："把马车加高，不如下令把门槛加高。不嫌麻烦的人家还是可以用低的马车，嫌碍事的人家就会把马车加高，给大家留个选择的余地。"孙叔敖说的有道理，楚庄王只好同意。于是，家家户户的门槛都高了一截。乘车的人大都是君子，坐着低低的车子过高门槛很不方便，又不能总是下车。于是过了半年，换高车的人越来越多，大街上很难看到低矮的马车了。

百姓反感的事情，就不要做；不利于百姓的政令，坚决取缔，这就是孙叔敖的为政原则。这种原则极大地维护了老百姓的利益，让老百姓能够安居乐业、发展生产。《管子·牧民》中说："仓廪实而知礼节，衣食足而知荣辱。"一个国家只要抓住了治国的根本，就会富强。很快，楚国就步入了物质和精神的全盛时期。

孙叔敖不仅会管理国家，还是位能干的水利工程师。楚国境内河泽遍布，经常会闹水灾。孙叔敖担任令尹期间，亲自带领百姓修建了不少水利工程。他在期思、雩娄（yú lóu）主持兴建的期思雩娄灌区，是有史料记载的中国最早的大型渠系水利工程，经过历代的维护，至今还在发挥着作用。孙叔敖还兴建了安徽霍邱县的水门塘，治理了湖北的沮水和云梦泽。这一系列水利工程大大促进了当时楚国的农业发展，并且持续千年泽佑着这片土地上的子子孙孙。

孙叔敖的实干和亲民被大家颂扬，然而百姓越支持他，他为人处世就越低调。

《列子·说符》记载，一位名叫狐丘丈人的隐士曾经问孙叔敖："做人有三怨，你知道吗?"孙叔敖请教道:"是什么呢?"这位隐士回答说:"爵高者,人妒之;官大者,主恶之;禄厚者,怨逮之。"意思是,有三种事招人怨恨:爵位高,招人嫉妒;权力大,主子讨厌;报酬丰厚,招人怨恨。孙叔敖听了这三种怨恨,一点也不惊讶,回答道:"吾爵益高,吾志益下;吾官益大,吾心益小;吾禄益厚,吾施益博。以是免于三怨,可乎?"官做得越大,越要谦虚,不论是在君王面前,还是在一般的群臣面前;当官越久,工资越涨越高,不要自己一个人享受这些钱财,而是尽量分发给贫穷的百姓;对于有才干的人,发现了就让他们到适合的岗位上去做事情。如果做到这些,"三怨"就能避免了吧!

孙叔敖说到做到,为官多年,日子过得简单清贫。妻子孩子,全家人都穿着布衣,孙叔敖出门坐的车很旧,喂马从来不用粮食。家里仆人们都看不下去了,说自己家的老爷怎么和好东西有仇似的,一点不像当官的。孙叔敖听见,乐呵呵地回答说:"好的衣服不是不可以穿,穿上以后,德称其服,相得益彰。可是我的德行不够,所以我不敢穿那么好的衣服,不敢坐那么好的马车呀!"

国家的宰相,一人之下万人之上,位高权重,孙叔敖一干就是几十年。这么多年下来,君主不反感他,士大夫们亲近他,老百姓对他更是称赞拥护,实在是太难得了。司马迁在《史记·循吏列传》中,让孙叔敖登上了宰相排行榜的冠军,的确是实至名归!

38

优孟衣冠

最早的丑角戏

有道是"君无戏言"，国君的话一旦说出口，收回去就难了。可国君的话不都是对的，怎么让国君收回错误的命令呢？大臣们想出了各种劝谏的方法：有以死来"威胁"的，有联名上书的，有绝食抗议的……这些林林总总的方法大都比较悲壮。春秋时期楚庄王身边有个优人叫优孟，用夸张滑稽的表演来劝谏国君。他开创了一种比较轻松的劝谏方式，他本人也因此成为了滑稽戏中丑角的鼻祖。

古代的帝王身边有一些人是专门用来逗乐的，春秋时叫他们优人。历史上对优人的评价可不好，因为他们大都是宫廷阴谋的参与者、推动者。楚庄王身边也有优人，不过他很幸运，遇上了一个正直的优人。这个优人叫优孟，他在插科打诨取悦楚庄王的时候还不忘伸张正义。

楚庄王有一匹特别喜爱的马，这匹马用现在的话来说就是楚国"第一马"，它的待遇非比寻常。平日里，这匹马戴的是专门定做的华美马鞍；吃的不是草，而是蜜饯；睡觉不在马厩，而是在挂着帐幔的床上；至于一般马需要干的活，比如当坐骑、拉车的事情一概与它无关。"第一马"每日里养尊处优、吃吃睡睡。平常人这么生活，时间长了对身体都不好，何况是一匹原本就该不停活动的马呢？所以没多久，"第一马"就得了肥胖综合征，医治无效，死了！

楚庄王非常伤心，"第一马"如同他的家人一样，现在死了，当然要厚葬。楚庄王决定用大夫的葬礼规格来给这匹马下葬，好棺材，好墓地，还要立个碑。楚庄王的大臣们一听，这匹马活着的时候养尊处优倒也罢了，死了还要享受大夫的待遇，实在太荒唐。他们劝阻楚庄王不要这样做。楚庄王本来心情就很差，听见大臣们连自己表达一下伤心之情都反对，悲伤一下子升腾为愤怒，大声呵道："有敢以马谏者，罪致死。"（《史记·滑稽列传》）楚庄王一声吼，谁再拿马说事，死罪！吓得大家再不敢言语。

大家不敢当面说，只能背后摇头。优孟这时候站出来说，我去劝劝看。

优孟穿着奔丧的孝服走进宫殿，见到楚庄王便仰天大哭。情绪低落的楚庄王很是感动，总算有和我一样伤心的人了，却没有料到，他已经被优孟牵着鼻子走了。

优孟一边哭一边说："楚国这样强大的国家，有什么事情办不到？大王的爱马死了，只用大夫的礼仪来埋葬它，怎么够呢！"楚庄王一听这话，感觉遇到了知音，连忙问："那该怎么办呢？"优孟回答："应该要用雕刻花纹的美玉做棺材，用细致的梓木做套材，用楩（pián）、枫、樟这些名贵木材做护棺的木块，派士兵给它挖掘墓穴，让老人儿童背土筑坟。"听到这，楚庄王说："好是挺好，是不是有点太隆重了？"优孟摇摇头："这算什么！出丧的时候还应该让大大小小国家的使臣在后面护卫，最好再建座祠庙，封它万户大邑（yì），天天接受供奉。这样，诸侯就明白大王轻视人而看重马了。"听到这，楚庄王明白自己被牵着鼻子走了好远，已经汗流浃背了。汗一出，人就清醒起来，说道："我错得这么荒唐吗？那该如何处置这匹

马呢?"优孟一看国君转过弯了,乐呵呵地说:"那还不好办,它是大王的爱马,也
是个牲口,牲口死了就按照牲口的葬法不就行了。在地上堆个土灶做套材,用大铜
锅做棺材,用姜枣、香料去陪葬,用稻米做祭品,用火做衣服,把它埋在人的肚肠
中,多简单。"楚庄王听后点头称是,赶紧派人去看看这马肉酸了没。回报说好着
呢。楚庄王又传令,把马交给宫廷里的大厨,大家分着吃吧,再别让百姓传扬这件
事了。

相较于大臣们唠唠叨叨,或者是以死相劝的"苦谏"方法,优孟的劝谏要轻松
很多。看来优孟不仅能说会道,还懂些心理学。他摸透了君主的心思,没有直接
反对,讨晦气,而是从反面极力怂恿,夸张到极点,让楚庄王看到自己的不可理
喻。司马迁在《史记》中评价道:"谈言微中,亦可以解纷。"说话有技巧,可以解
纷争啊!

古时候优人逗乐大都靠唱唱歌、说说笑话。有一次,优孟为了帮助自己的老朋
友孙叔敖的儿子,做了大胆的尝试。他扮成孙叔敖的模样,在楚庄王面前演了一场
戏。这场戏效果实在是太好了,后来的人们纷纷效仿,因此还诞生了一种新的表演
方式。

演出的由头是这样的:

优孟在宫廷里当优人的时候,孙叔敖是令尹。孙叔敖从没有觉得优孟身份低微
而轻视他,反而认为他是位贤能的人,对优孟十分尊重,孙叔敖甚至把家人托付给
了他。孙叔敖临终前对儿子说:"我没有给你留下任何财产,我死后,如果你穷得
过不下去了,就去拜见优孟,告诉他你是孙叔敖的儿子。"没多久,孙叔敖去世了,
他的儿子以卖柴为生,日子过得十分艰难。孙叔敖的儿子想起父亲临终前的叮嘱,
开始寻找优孟。终于,在集市上看见了优孟,他走上前,对优孟说:"我是孙叔敖
的儿子,父亲曾告诉我,如果穷得日子过不下去了,就来找您。"优孟一看自己老
友的儿子背着柴,穿的衣服补丁加补丁,好生落魄,连忙把身上带的钱交给他,说
道:"你不要离开,等些日子,我一定给你个答复。"

优孟回去就开始准备,他整整排练了一年,直到胸有成竹,才把幕布揭开。舞

台就设在楚庄王的宫殿里。

楚庄王正在请大臣们吃饭，大臣们纷纷上前敬酒，好不热闹。酒过三巡，楚庄王喝得有些醉意，一抬眼，看见孙叔敖端着酒爵站在自己面前。楚庄王吓了一大跳，是自己喝多了眼花吗？揉揉眼睛，仔细一看，是孙叔敖，没有错！楚庄王又是疑惑又是开心。疑惑的是，难道孙叔敖这些年来都是在装死？开心的是，自己的左膀右臂又回来了。

孙叔敖去世之后，楚庄王一直都找不到满意的人当令尹。孙叔敖突然出现，楚庄王没有多想，立刻要求他赶紧回来继续当令尹。孙叔敖说："我要回去跟自己的妻子商量一下再来回复。"几天之后，孙叔敖回来了，见到楚庄王，行过礼，说道："我妻子不同意呀。"楚庄王满脸不解："为什么呢？"这个时候，稳重的孙叔敖像是换了个人似的，在楚庄王面前唱了起来。歌词的大意是："住在山野耕田苦，日子真难过。在外做贪官，锦衣玉食子富贵，担心会被诛九族，日子也辛苦。可是清官更难做，孙叔敖一生奔波，两袖清风，死后妻小打柴度日，何处去喊冤？"

一曲唱完，楚庄王明白了，原来是优孟穿着孙叔敖的衣冠演的一出戏啊！这场戏当然不能白看，楚庄王立刻叫人请孙叔敖的儿子进宫，赐他封地，孙叔敖的后人终于可以衣食无忧了。

既是表演，又是劝谏，优孟的创新实在精彩，后人为这场史无前例的表演取了个名字叫"优孟衣冠"。现代有学者认为，这场两千多年前的演出是中国戏剧表演的始端，优孟这位聪明而又正直的优人，理所当然地被推认为丑角表演的鼻祖。

39

夏 姬

永远十八岁

古希腊神话《荷马史诗》中描绘了传说中最美丽的女人——海伦公主。见过她的人，都为她的美丽所折服，因为她，希腊联军与特洛伊发动长达十年的战争。在中国，神话变成了现实。春秋历史上的夏姬跟海伦一样，也是位高贵的公主，有着倾国倾城的容颜，为了拥有她，男人们发动战争，国家因她而灭亡，英雄盖世的霸主楚庄王也想娶她为妻，她的存在，甚至影响了春秋时期历史的进程。

夏姬是春秋时期郑国的公主。夏姬到底有多美，只能根据有限的文献资料去想象。汉代《列女传》中描述，夏姬"其状美好无匹"，又懂得"内挟伎术"，借助这种神奇的驻颜方法，一直保持着十八岁少女般的青春可人。极致的美丽带来巨大的杀伤力："杀三夫、一君、一子，而亡一国、两卿矣"（《左传·昭公二十八年》），围绕着夏姬前前后后死了七个男人，陈国也因为她差点灭亡。"甚美必有甚恶"（《左传·昭公二十八年》），很美也一定很坏！那么，是什么让夏姬的美丽变成了灾难呢？看看历史是如何解释的。

　　夏姬嫁的第一个丈夫是陈国大夫，叫御叔，他们生了一个儿子叫夏征舒。御叔不长命，早早就离开了人世。俗话说"寡妇门前是非多"，更何况是有着倾国倾城容貌的女子。夏姬的丈夫去世不久，陈国国君陈灵公和两位陈国大臣仪行父、孔宁，都喜欢上了她。荒唐的是，三个人竟然不避嫌疑，结着伴儿去夏姬家里打情骂俏。老百姓很看不惯这三个人轻浮的举动，作诗嘲讽他们："胡为乎株林？从夏南。匪适株林，从夏南。驾我乘马，说于株野。乘我乘驹（jū），朝食于株。"（《诗经·陈风·株林》）诗中的"株林"是夏姬家门前的一片林子，"夏南"指的是夏姬的儿子夏征舒。诗中没有说他们去找夏姬，而是说你们三个大男人一天到晚跑去找个非亲非故的孩子做什么？以为像鸵鸟一样把头埋起来，就被人发现不了吗？

　　百姓讨厌他们，朝堂上的大臣对他们也有意见，只是胆子不够大，不敢明说，怕得罪国君。一天，一位名叫泄冶的大臣终于忍不住站了出来，对君主的荒淫行径加以劝说。可没多久，泄冶就不明不白地死掉了。这一下，就更没有人敢吭声了。陈灵公和两位大臣越发无所顾忌地往夏姬家里跑。

　　上梁不正下梁歪，国君不像样，大臣们混日子。陈国渐渐田园荒芜，道路桥梁坏了也没人过问。周王室的大臣单公路过陈国，看到满目衰败，禁不住叹息："陈侯不有大咎（jiù），国必亡。"（《国语·周语》）"咎"就是改过的意思，说这个陈侯呀，如果不好好悔改，国家要亡在他的手上了。

　　单公的预言很快变成了现实。一天，陈灵公和仪行父、孔宁又在夏姬家里喝酒，几杯酒下肚，他们开始说些不三不四的话。这个说："我看，夏征舒长得像你！"那个回敬说："我看像你才对。"夏姬的儿子夏征舒听见了这些污言秽语，厌恶之极，仇恨一下子被点燃，怒火烧遍全身。夏征舒决定要跟他们好好算账。他摆好强弓大弩等在门外，看见陈灵公他们出来，对准陈灵公一箭射去，陈灵公立刻被射倒在地上，死了。仪行父、孔宁吓坏了，撒腿拼命跑，算是捡回条命。

夏征舒年轻气盛，杀了陈灵公，干脆自己做了陈国的国君。陈国就此乱了套。

李山说

按《左传》的说法，夏姬的美丽持久不衰。她的儿子都能杀掉君主了，怎么也得成年了。儿子都成年了，母亲的年龄怎么也得三四十吧？夏姬美丽的持久，可能是被后来人给夸大了。有学者据最新出土的文献推测，陈灵公君臣出入夏姬家中的时候，夏姬的年龄也就是在二十几岁，而杀掉君主的夏征舒，并不是夏姬的儿子，而是她的丈夫。

按照西周的封建体制，周王室下的诸侯国都是一家人，任何诸侯国出现弑杀君主的可怕行为，人人得而诛之。陈国位于中原的腹地，地盘不大，战略位置却很重要。陈国动乱的消息传出去之后，不少诸侯国开始蠢蠢欲动。现在借帮助陈国平复动乱的名义出兵，是灭掉陈国的绝好机会。陈国如同一个大水蜜桃挂在枝头上，谁先摘就是谁的了。

这场抢蜜桃比赛，楚庄王得了第一。楚庄王最先带领军队开进了陈国，轻而易举地灭掉了夏征舒。按理说，楚庄王接下来应该帮助陈国立新君，让陈国赶快恢复秩序。可是楚庄王动的是歪脑筋，平复动乱不过是他快速占有陈国的幌子，陈国已是到嘴的肥肉，楚庄王想一口吞下去。

他的大臣申叔时认为不能这样贪心，想办法劝楚庄王打消霸占陈国的念头。他先给楚庄王讲了一句谚语："牵牛以蹊（xī）人之田，而夺之牛。"（《左传·宣公十一年》）说有一个人，牵着自己的牛，不小心踩了别人的田，田主人为了惩罚他，把他的牛夺过来了，这样的惩罚是不是太重了？聪明的楚庄王听出了话外之音，可仅仅讲个故事还不能说服他。

申叔时接着说："诸侯跟着我们，是因为陈国做了不对的事情。我们打着伸张正义的旗子，召集诸侯讨伐陈国，最后却把陈国吞并当作楚国的地盘，和夺人家牛一样不讲道理。善始恶终，下一次谁还会听我们的呢！"

这话让楚庄王心里开始翻腾，不能因小失大。楚庄王决定，不再咬着陈国不放了。

"那我现在该怎么办呢？"楚庄王问申叔时。申叔时说这好办："吾侪小人所谓'取诸其怀而与之'也。"（《左传·宣公十一年》）申叔时借用了一句民间的话，从别人怀里掏出来的东西，还到他手里也是可以的。

楚庄王想通了，立即行动。安葬了陈灵公，把陈灵公逃到晋国的儿子午接回来，立为新君，陈国的动乱算是彻底平定下来。后来的人读历史，看到这一段，还大大地表扬楚庄王，说："贤哉楚庄王！轻千乘之国而重一言。"（《史记·陈杞世家》）说楚庄王不在意一个拥有千辆战车的国家，却更在乎自己讲话的信用。可见信用从古至今都是最宝贵的财富啊！

楚庄王做完国君该做的事情之后，接下来和平常人一样，忍不住"猎奇"。一个让陈灵公死于非命，让陈国陷入动荡的女子，会是怎样的人？不看一眼，太可惜了。

夏姬被召到楚庄王面前，楚庄王一看，惊为天人。暗自感慨，自己娶的老婆也算是楚国最美丽的女子，和夏姬一比，差远啦！楚庄王刚刚把对陈国的贪心按下去，对夏姬的贪心却又冒出来了。他开始盘算如何把夏姬带回楚国。

楚庄王刚把想法提出来，大臣申公巫臣就站出来反对。

楚庄王听了很恼火，陈国不能据为己有，说有违道义，区区一个女子讨回来做老婆，又惹着谁了呢？

楚庄王脸色很难看。申公巫臣没理会，理直气壮地说："一个女子和国家相比虽然微不足道，但是贪女色和贪国家都是贪，不道义的行为哪有大小可分，都会被诸侯们耻笑，何况贪好美色是'淫'，淫会受到上天的重罚。"

君王是什么样的德行，他身边的大臣就是什么样的品性。看看楚庄王身边的人，孙叔敖、申叔时、申公巫臣、优孟，从令尹到优人，时不时有人站出来和楚庄王唱对台戏，他们胆子大是因为楚庄王听得进去。

申公巫臣的反对理由很充分，楚庄王只有狠狠心，一咬牙说："不娶了。"

李山说

楚庄王能割掉这点"爱"，真不简单。能割舍掉美女，某种程度上，比争霸还不易。

夏姬的美丽可以打动所有的人，但是她再美也不过像个诱人的苹果，是战利品。夏姬没有成为楚庄王的夫人，而是被赏赐给楚国的贵族——连尹襄老。没过多久，连尹襄老战死沙场。连尹襄老的儿子黑要，在世人的责骂声中把夏姬占为己有。

这个诱人的苹果从大臣手中传到国王的手中，从父亲的手中传到儿子的手中，写历史的人感慨："甚美必有甚恶！"这个苹果好邪恶呀！可是苹果不会为自己辩解，只能任凭命运发落。

美丽的苹果在黑要手里没待多久，又换人了。谁呢？答案有些出人意料，是申公巫臣。

楚庄王看上夏姬的时候，申公巫臣坚决反对，说楚庄王贪心不符合道义。后来大臣子反想娶夏姬。申公巫臣说，为了争夺夏姬死了很多人，这个女人不祥，把子反给吓了回去。申公巫臣当年煞费苦心告诫大家，不可以靠近夏姬。现在，他却为夏姬犯起了相思病，把所有禁忌都抛在了脑后。

《诗经》有首用来形容相思的诗歌："彼泽之陂（bēi），有蒲（pú）与荷。有美一人，伤如之何？寤寐（wù mèi）无为，涕泗（tì sì）滂沱（pāng tuó）。"（《诗经·陈风·泽陂》）有这么一个美人啊，让我伤神，伤神到什么程度呢？晚上躺下、起来、躺下、起来，就是放不下，最后把自己搞得又是眼泪又是鼻涕的。申公巫臣如同诗中形容的一样，开始恋爱了。

申公巫臣不能明目张胆地娶夏姬，他想好了别的计策。

夏姬第二个丈夫连尹襄老战死的战场在郑国附近，申公巫臣让夏姬去找楚庄王，说要给丈夫收尸。寡妇给丈夫收尸是天经地义的事情，楚庄王没多想就答应了。夏姬安葬好丈夫，请求留在郑国。郑国是夏姬的娘家，楚国人也没有什么话好说。

送走夏姬，申公巫臣开始给自己想办法。他必须找一个合适的借口才能去郑国和夏姬相会。申公巫臣等呀等，到了第十个年头，楚庄王都去世了，申公巫臣还是没有机会去郑国。

一天，楚国新君楚共王想和齐国走得近一点，准备派使臣去表明心意。申公巫臣得知消息，大喜过望。因为去齐国必经郑国，这可是离开的好机会。申公巫臣立刻向楚共王提出申请。申公巫臣是楚国德高望重的老臣，他要求出使齐国，哪有不通过的道理。申公巫臣没有一出楚国就往郑国跑，他先安排家人悄悄去往郑国，自己到齐国认认真真把事情办好，交代给副手后，这才大踏步地走向思念了十几年的美人。按照推算，夏姬已是五十好几的人了，对申公巫臣的吸引力却不减当年。

申公巫臣苦苦等了十年终于得偿所愿，可他高兴了没多久，就陷入了极度的悲伤和愤怒之中。

申公巫臣去郑国娶夏姬的消息传到楚国，气坏了曾经想娶夏姬的大臣子反。他叫上另一个与申公巫臣不和的大臣子重，跑到申公巫臣留在楚国的族人家里，杀人、抢东西，以此泄愤。

申公巫臣此时去了晋国当大臣。为了报仇，申公巫臣给晋国国君出主意，让晋国帮助楚国旁边的一个小国吴国。吴国有了晋国的支持，开始发展壮大，不断出兵骚扰楚国。楚国为了压制吴国的势力，联合吴国旁边的越国来对付吴国。因此，吴国、越国、楚国，三个国家成为春秋后期争霸的主战场。楚国一年到头纷争不断，子反和子重为了战事疲于奔命，最终也没落得好下场。

夏姬的美丽像个圆点，历史一报还一报地围绕着她向前滚动。当阴谋和死亡如同多米诺骨牌一个接一个发生的时候，人们首先责备的就是她。夏姬因为永远十八岁的容颜被人憎恨，她的美丽如同一面镜子，照射出的是那些权贵们永无止境的贪欲。

40

郑国拒楚

哀兵必胜的故事

争霸意味着弱肉强食，霸主的光环背后，是小国屈辱的历史。然而这些历史并不都是泪水和耻辱，其中也有不畏横逆的抗争。公元前597年，楚庄王大军压境攻打郑国，郑国人苦苦坚守几十天，无奈实力相差悬殊，眼看城门就要被攻破。是投降还是拼死守城，悲愤和绝望的郑国人在告祭完祖先之后，决定和强大的对手决一死战。

东周初期，郑国一度实力强大。公元前715年，郑国国君郑庄公"射王中肩"，公然挑衅周王室，其后更是打着王室的名义东征西讨，期望能够称霸中原。只可惜郑国是"心比天高，命比纸薄"，而郑国的命"薄"就薄在了地理位置上。

郑国地处中原的中心地带，周边都是国家，没有地方可以扩张。而且，南有楚，北有晋，东有齐，西有秦，郑国正好夹在几个大国之间，它们都想把郑国抓在手里，不断争来吵去。郑国谁也不敢得罪，只好成为墙头草，谁势力强大就倒向谁。

公元前610年，已经归属了晋国的郑国，因为一些事情，让晋国起了疑心，认为郑国要叛离晋国。晋国打算出兵教训郑国。郑国的大夫归生为了扑灭战火，给晋国写了封解释信。信中说道："畏首畏尾，身其余几？"又说："鹿死不择音。"（《左传·文公十七年》）意思是，郑国怕这怕那，已经没有什么地方不怕了，可是如此谨小慎微地对待晋国，还要遭到猜忌，那我们只好像一头将死的鹿，不再找寻可以庇荫的地方了。信中还写道："小国之事大国也，德，则其人也；不德，则其鹿也，铤而走险。"（《左传·文公十七年》）小国侍奉大国，如果大国把我们当人看，我们就做人的事；如果大国不把我们当人看，我们就做鹿的事，危险的时候，什么事情都干得出来。这封求饶信，读起来不亢不卑，"鹿死不择音""铤而走险"也映照出郑国在夹缝中求生存的艰难处境。晋国收到信后，放弃了出兵教训郑国的打算，又与郑国重修旧好。

郑国是块肉骨头，可这块骨头并不好啃。公元前630年，晋国联合秦国围攻郑国，被一位年近花甲的智者烛之武给挡了回去。公元前627年，秦穆公的大军想要偷袭郑国，他们半路上碰到了郑国商人弦高，机智的弦高用几张牛皮就打消了秦国军队偷袭郑国的念头。

现在，楚庄王也想来抢郑国这块肉骨头。公元前597年，楚庄王带兵将郑国都城新郑团团包围。郑国国君郑襄公一边命令将士坚守城池，一边派人去盟国——晋国搬救兵。十几天过去了，楚庄王发动无数次进攻，都被郑国的士兵击退。郑国防守虽然有效，可情形很严峻。晋国的援兵迟迟不出现，城中的补给越来越少，军民逐渐陷入了极大的惶恐之中。

战，还是降？郑襄公也没了主张。占卜一下，问问天吧！问神灵："继续抵抗吗？"占卜结果：不吉。又问："求和吗？"还是不吉。郑襄公沉思了一会儿，继续占卜问道："临于大宫，且巷出车。"(《左传·宣公十二年》) 意思是，我们到太庙跟列祖列宗告别，让每户人家都把战车推到街巷中，去和敌人大战一场，这样可以吗？神灵给出了肯定的回答："吉！"占卜结果一出来，家家户户有战车的推战车，有人的出人，大家到太庙里痛痛快快地大哭一场后，准备决一死战。

楚庄王正在部署军力，准备突击郑国的都城。突然，听见城里哭声一片。命人打探，探子回来说，郑国城内是"国人大临，守陴（pí）者皆哭"(《左传·宣公十二年》)。"守陴"就是守卫城墙垛口，说郑国人聚在一起放声大哭，连站在城墙上的卫兵们也痛哭流涕。楚庄王一听，马上意识到这下可不太好办了。

李 山 说

《道德经》中有这样的话："哀兵必胜。"说两军对峙的时候，心怀悲愤的一方更容易获得胜利。为什么这样说呢？因为求生是人的本能，面对战争和死亡谁都会感到害怕，趋利避害是人之常情，可是有一种情绪能够让人战胜内心的胆怯，那就是仇恨和悲恸。打起仗来，一方的人如果连死都不怕，即使胜不了，也会给对方造成很大的伤害，是很可怕的。

郑国人这是要拼死啊，谁招架得住？楚庄王当机立断，撤兵！我不围你了，等你们慷慨悲壮的情绪成为过去我再来。

郑国人一看，还没开打，楚国人就撤兵了，肯定是神灵在护佑，于是信心大增，修复城墙，加强守卫。

楚庄王等了几天，发现郑国人精神头不减反而更加高涨，等不住了，呼啦啦地重新围上去，开始进攻。《孙子兵法》中说"不战而屈人之兵"，这是打仗的最高境界，攻城实在是下策。"将不胜其忿，而蚁附之，杀士卒三分之一，而城不拔者，此攻之灾也。"(《孙子兵法·谋攻》) 时间一长，将帅控制不住愤怒的情绪，就会驱使士卒像蚂蚁一样去爬梯攻城，这种进攻往往会带来多达三分之一士兵伤亡，城池还不一定能够攻下来。楚庄王现在就是用下下策在攻城。每天，楚国的士兵爬上去，被砍下来，接着再爬，又被砍下来，这样，不断地重复了近三个月。郑国伤亡惨重，楚国也好不到哪去。楚庄王和郑襄公都很疲惫，可都没有松懈，战争的节骨眼上，谁能坚持，谁就能够打赢！

关键时刻，命运的天平偏向了楚国，郑国出现了叛徒。郑国一个叫石制的大夫，趁着夜色，偷偷地把楚国人带进了城。可怜的郑国人一觉醒来，发现身边站着的都是楚国士兵了。

楚庄王气势汹汹地领着大军直奔郑襄公的宫殿。他远远地看见前方走来一人，只见这个人"肉袒（tǎn）牵羊"（《左传·宣公十二年》）。袒露着上半身，牵着一只羊。楚庄王仔细一看，原来是郑襄公。"肉袒牵羊"是古时候表示投降的仪式，郑襄公来向楚庄王投降了。楚庄王和郑襄公打了三个月，自己的军士死伤无数，楚庄王看见他，恨不得立刻杀掉他，现在他主动跪在眼前，楚庄王不得不停了下来。

郑襄公深深地向楚庄王磕了个头说："孤不天，不能事君，使君怀怒以及敝邑，孤之罪也，敢不唯命是听？"（《左传·宣公十二年》）意思是，我不能承奉天意，不能侍奉君王您，使您带着怒气来到郑国，这是我的罪过，你叫我做什么，我都不敢违背。成语"唯命是听"的典故就出在这里。郑襄公把所有的罪责放到自己身上，希望通过自己的赎罪来平息楚庄王的怒气。

楚庄王听完，眼都没有抬一下，心想，现在说唯命是听，太晚了！

郑襄公见楚庄王一声不吭，硬着头皮接着往下说："把我们发配到江南，去填充海滨的空地，我们唯命是听；把我们国家拆散了，赏赐给各个诸侯，让郑国君民到各诸侯国去做奴才，我们也唯命是听。"对一个国家来说，把国家给拆了，把所有的臣民打成奴隶，还有什么惩罚比这更重呢？楚庄王听完依旧面无表情。战败者的"唯命是听"如一纸空文，听也罢，不听也罢，俘虏哪有选择余地呢？

郑襄公的话说完，四周一片寂静，郑襄公知道等待自己和臣民的命运将是无尽的黑暗，但是作为一国之君，该说的话一定要说完。郑襄公挺直身体，放大了声音说："怎么处置郑国都听您的，但我斗胆提出一个心愿。您要是顾念从前的友好，看在周厉王、周宣王、郑桓公、郑武公这几代君主的分儿上，不灭我们，不拆我们宗庙，让我们变成楚国的一个县侍奉您，这就是您对郑国的大恩大德了。"说完郑襄公重新埋下头深深地拜了下去。

郑襄公提起几位郑国故去的国君是怎么回事呢？郑国的第一位国君郑桓公是周宣王的弟弟，周厉王的儿子；郑武公是郑国的第二位国君，是周王朝的重臣。这些人活着的时候是响当当的英杰，死了之后自然也不是一般的鬼雄，而郑国正是被这样的祖先护佑着的，要是郑国被拆得七零八碎，这些人肯定不会袖手旁观。郑襄公为了给自己的臣民找寻活路，把鬼呀、神呀、祖宗呀，能够想到的都搬出来了。

郑襄公趴在地上讨饶的话，楚庄王压根儿就不想听，可是当郑襄公挺直身子为郑国的社稷、百姓力争的时候，楚庄王却认真听了进去。

看楚庄王的脸色变缓和，他身边的大臣着急了，有人说道："不可许也，得国无赦。"（《左传·宣公十二年》）我们打了三个多月才打下来，得了他的国家怎么能够赦免他呢？

看看激动的大臣们，再看看跪在脚前的郑襄公，楚庄王终于开口："所为伐，伐不服也。今已服，尚何求乎？"（《史记·郑世家》）我们讨伐郑国，是因为郑国不服我们，现在他们的国君已经跪下来求和了，我们还要求什么呢？楚庄王说完，带兵撤退三十里，派使臣正式与郑国议和。

楚庄王的态度突然发生了这么大的变化，是郑襄公求饶打动了他，还是真的害怕郑国逝去国君的鬼魂呢？史书是这么解释的："其君能下人，必能信用其民矣，庸可几乎？"（《左传·宣公十二年》）一个君主在如此顽强抵抗之后，还能够这么低声下气地求饶，他必定能够取信于民，受到大家的拥戴，灭了这样的国家，是不可以的。

三个多月的战争，楚庄王牺牲了众多的将士，得了城又放弃。郑襄公肉袒牵羊，跪地求饶，只为国家和全城的百姓。残酷的战争中，依然崇尚高贵的情怀，这正是春秋时代的风貌啊！

41

战争的前奏

使者间的辩论会

　　国家间要打仗，仗打不打得起来，有时候使者起到很关键的作用。公元前656年，齐国和楚国要开战，两国使者见面一谈，把两国间的矛盾转到一把青草上，结果战火就被这把青草扑灭了。公元前630年，秦国和晋国围攻郑国，郑国的使者烛之武和秦穆公的一番谈话，让秦穆公决定撤兵，一场本来可以摧毁郑国的战争就此止步。接下来，楚国和晋国为了争夺郑国又要开战。事关三个国家的利益，使者们打着各自的小算盘上场了。

郑国人刚被楚国大军围住，郑襄公就派人去晋国搬救兵。晋国此时的内政矛盾重重，在救援郑国的事情上意见不统一，举棋不定。在几十天后，才慢吞吞发兵。可是，郑国这时候已向楚国臣服了。

晋国人遥望着黄河对面的楚军，气得牙痒痒，恨不得立刻把郑国从楚国手中给夺回来。楚国人看着来帮忙的晋国人，也恨得手痒痒，三十多年前的城濮大战，楚国被晋国打得落花流水，现在敌人就在眼前，想出手算旧账。晋国和楚国都想把对方一口吞下去，但谁都不敢贸然张口，因为他们知道彼此都是不好啃的硬骨头，找不对地方下嘴，弄不好可能会把自己的牙给崩掉。打还是不打，要怎么打，需要好好合计合计。

先看看楚国这边。

楚国的大臣伍参，极力主张开战。他的理由是：晋国主帅荀林父刚刚拿上帅印，缺乏威信，他手下的几个将军各自为政。中军佐先縠（hú），虽说是晋国著名战将先轸的后人，可他和先祖相比，差得太远，为人刚愎自用，做起事来非常冲动。其他三军将领，士会、郤（xì）克、赵朔、栾书，要么资格比荀林父老，要么战功比他多，荀林父很难压得住这些人。晋国大军的实力再强，也不过是一盘散沙。伍参非常自信地认为："此行也，晋师必败！"（《左传·宣公十二年》）如果此时出击，一定能够大败晋国的军队。

伍参的话，让楚庄王很动心。楚庄王带兵出征已经一年多了，打来打去，战胜的都是陈、郑这样的小国，自己的实力到底如何，要和真正的霸主之国较量较量，才能知道呢！

看着楚庄王的心思要被伍参给说动，令尹孙叔敖着了急。作为宰相，管的不仅仅是打仗，整个国家的吃喝拉撒都要协调好。孙叔敖认为，收服了郑国，应该回国休整。他制止伍参："战而不捷，参之肉其足食乎？"（《左传·宣公十二年》）如果打了败仗，你的肉能够大家分来吃吗？

输了要被吃掉，孙叔敖的话够吓人！伍参却不害怕，说道："我要是输了，肉还不够晋国人分，哪里轮得到你吃呢？"两个人在楚庄王面前斗嘴分人肉吃，楚庄王心里觉得好笑，嘴上却斩钉截铁地说道："开战！"楚庄王一句话，争论的声音立刻停止了下来，不论是想打的还是不想打的，都立刻投入战争前的准备中。

再看看晋国这边。

将军们有人主张开战，有人主张回国，吵吵嚷嚷好一段时间，主帅荀林父还没定下主意。刚刚当上主帅的荀林父谁都不想得罪。正心烦的时候，郑国使者前来求见。荀林父纳闷：我们还没找上门，他们自己跑来干什么呢？

郑国的使者走到荀林父面前，满脸堆着笑，对荀林父说："郑国对晋国没有二心，现在向楚国低头，是为了郑国的宗庙社稷，不得已的权宜之计，我们的心当然是向着你们的。"

看着荀林父的脸色稍微缓和了些，郑国使者赶紧接着说："现在国君特地派我来告诉你们楚军的情况。楚国前一年攻打陈国，不久前又打我们郑国，虽然一直在赢，可也打疲惫了。楚国人骄傲加上疲惫，防备就容易出漏洞。晋国大军若是能够攻其不备，你们在前面冲锋，我们在后面进攻，前后夹击，准能打败楚国。"

郑国使者的话是这样说，实际是他们臣服了楚国，又害怕晋国一旦战胜了楚国之后，会讨伐郑国降楚之罪，所以才派人来讨好晋国，撺掇晋国跟楚国大干一场，不管是谁失败了，对郑国而言都是有利的。

不想，郑国人的如意算盘还是被晋国人识破了。晋国大将栾书看出郑国人心里的小算盘，站出来反驳道："我们晋国先大夫子犯说过：'师直为壮，曲为老。'（《左传·宣公十二年》）"打仗也要讲理，站在道义的制高点上，军队的动力就源源不断，这是"直为壮"；反过来如果是一场不讲理的战争，老百姓怨恨，官兵有二心，这种军队很容易懈怠，这是"曲为老"。"我们照这条原则比照一下"，栾书接着说，"楚国赢了郑国，没有灭他的国家，还和郑国讲和，楚国赢得理直气壮；再看看我们，自己的盟国被打败了才赶来，人家已经讲和了，还要掺和进去，这不是无事生非吗？所以'老'的不是楚国而是我们晋国才对。"

栾书的话说得郑国使者一脸的尴尬，晋国人自己听了也不是滋味。栾书不管这些，继续"表扬"楚国："你说人家骄傲，真是一点根据都没有，我听说他们的治国箴言是'民生在勤，勤则不匮'。一个时时刻刻把勤劳实干挂在心头的国家，骄傲又从何谈起呢？至于楚军的防备，我得到的消息是，楚国将士分为三班，一天从早到晚都有人站岗值班，尤其是晚上，负责守卫的是楚庄王的内官，比白天守得还严，如此井井有条却被说成是没有防备，这不是一派胡言吗？"

栾书对楚国的"表扬"终于说完，郑国使者的脸色是一阵红一阵青，心里嘀咕：这个栾书怎么什么都知道呢？

我们现在称刺探敌军情报的人员叫间谍，古时候叫探子。春秋时期，刺探军情的探子们就很活跃了。楚国的动静，栾书早就派人打探过，郑国人自作聪明地想来讨好晋国，结果被识破，只好没趣地走了。

李山说

郑国人这样做，是出于本国的利益，无可厚非。当初，烛之武以一番言语令秦穆公的军队撤退，现在则不成，原因是条件不同了。条件不同，郑国还这样做，就显得小家子气了。

看着郑国人离开的背影，栾书还忍不住气愤地说："我克则来，不克遂往，以我卜也！"（《左传·宣公十二年》）我们打赢了就跟我们，我们打输了就跟楚国，把我们当成卜算的卦一样来摆弄。这种两边套近乎的人，实在是太可恶了，他们的话一定不能听。

栾书目光如炬，道出问题的实质。但他反战的声音立刻就被两个在晋国很有权势的人——赵括、赵同——给压了下去。他们说："我们来就是为了打仗的，打赢了，郑国自然就会乖乖地听我们的话，哪有后退的道理。"

如此犯浑的话，栾书听了很是着急，碍于他职务不高，只是一个下军的次帅，一时之间不好表态。

不过赵家人的意见也不统一。赵括、赵同的侄儿赵朔站出来，投了反战的一票。"栾伯善哉！实其言，必长晋国。"（《左传·宣公十二年》）我同意栾书的意见，听他的话，对晋国才有好处。

打还是不打，不同的家族有纷争，同一家族的也各有己见，大家吵得炸开了锅。主帅荀林父的主意更像是夹生的饭一样，端不出来。

李山说

读到这里，用心的读者就应该能预测到战争的结果了。

这时候，士兵来报，楚军使者前来拜会。

两国准备开战，使者来干什么呢？古代打仗，在真正较量之前，大都要派使者来言和，不过这种求和基本上是走走形式。君王打仗，需要士兵们冲锋陷阵、流血牺牲，可哪有愿意白白送命的人呢？聪明的君主会找一些比较合理的开战理由，譬如向对方求和，主动提出来我们不打仗了。两军对峙，靠求和就撤兵不打的事情很少见，君主这下可以做文章：仗不是我们想打，是对方逼得我们不得不打。求和失败，战争的责任不仅可以推给对方，还能激发士兵的斗志，《道德经》里有句话："坚强者死之徒，柔弱者生之徒。"一味地强硬很容易被折断，柔和温润才是求生的道理。所以说求和看上去是示弱，实际上适当的示弱能够让生存更有保障。

楚国的大臣一上来就承认错误，说自己的大王"不能文"（《左传·宣公十二年》），意思是楚庄王不懂道理，处事不当，所以让晋国产生了误会，希望大家能尽快把误会化解了。

不管楚国是否真心求和，他们抛出的橄榄枝，晋国主帅荀林父立马接了过来。他十分清楚当下的形势不宜开战，现在楚国主动把台阶铺好了，荀林父想赶紧熄灭纷争，于是和楚国定下日子，准备会盟。

荀林父松了口气，等着和谈。然而他没有想到，会盟前夕，等到的不是送盟书的使者，而是楚国派来致师挑衅的大将。荀林父刚刚放下的心又提到了嗓子眼儿！

42

阵前致师

向敌人展示肌肉

竞技体育有规定动作的比赛，参赛选手做同样的动作，然后由裁判员来评判得分高低。几千年前的战争中也有着类似规定动作的比试，叫作"致师"。勇士们通过在对方阵营前展示一系列作战和驾驭战车的技巧，展示自己的实力，挑逗激怒对方。

公元前597年，晋楚大战，楚国三位勇士在晋国军队面前表演了一场历史上著名的华丽致师。

"致师"是一种由来已久的战争仪式，历史上记录最早的致师，是周武王讨伐商纣王的时候。当时的情景是，姜太公带领百余人驾着战车，在商朝的军营前示威。致师一方会选最能干的武士，在敌方的阵营前展示技艺，虽不是和对手真枪实战，可这种炫耀很容易撩拨起对方争斗的念头。

楚庄王派使者去晋国军营中言和，本来只是做做样子，没想到会被对方如此畅快地接受。于是，楚庄王希望利用致师重新挑旺战火。

李山说

"致师"不同于一般的下战书或者挑战，是一种展现我军英勇无敌的行动。

楚国三位致师大将，许伯、摄叔和乐伯出发了。他们是楚国最勇猛的大将，对于去敌方军营挑战无比自信，驾着车、聊着天直奔晋国军营。

驾车的许伯说："我听说致师的人，战车要驾得飞快，快到车上的旗子向后倒，还要擦着敌人的营垒奔驰，让对方看清楚自己的战车驰骋如飞。"

许伯说完，战车上负责进攻的车左乐伯说道："我听说，致师的人不仅箭无虚发，而且当驾驶战车的人下去整理马匹和套车的绳索时，他也能代替御者驾车。"

车上的大力士摄叔不甘示弱地说："我听说，做车右的能够在驾车人整理马匹的工夫冲进敌营，割下敌人的首级带回来。"

三位楚国大将描绘的致师勇士能够明目张胆地在敌人的鼻子尖下干掉对手，还能全身而返，真是又勇猛又从容，他们的本领真有如此高强吗？

谈笑间，三位勇士的战车已冲进晋国军营。许伯把车子驾得飞快，车上的旗子"哗啦哗啦"地向后倒；乐伯搭弓射箭，一下子就把冲上来的晋国守卫射倒在地；大力士摄叔跳下车，直奔晋国营帐，眨眼间带回了敌人的首级。他们敏捷的行动如同先前描述的致师勇士们一样，晋国的士兵还没反应过来，他们就已出尽风头，驾车往回走了。

楚国的致师像是一记闷棍打在晋国人头上。晋国人缓过神，气急败坏地派人追赶。看见追兵赶来，许伯快马扬鞭，乐伯射箭阻挡。在飞驰颠簸的马车上，乐伯箭无虚发，一匹匹战马、一个个追兵在他们的车后倒下，晋军始终不能靠近他们的战车。但是箭越射越少，晋军依旧穷追不舍，轻松和打趣的表情渐渐从三个人的脸上退去。

不一会儿，乐伯手中只剩下了最后一支箭。乐伯把它搭在弓上，拉紧弦，瞄准身后的追兵，这最后一支箭要射向哪里，是冲在最前面的士兵，还是领头的军官？突然间，眼前一道黑影闪过，乐伯下意识地把箭射了出去，可是倒下的不是追兵，而是一头麋鹿。原来，他们扎营的地方草木丛生，不少野生动物生活在这片荒原中，凑巧灌木丛中一头受惊的麋鹿撞到了乐伯的箭头上。

麋鹿倒下，追兵围了过来。

乐伯的箭射完了，楚国的军营还在远方，怎么办呢？

车右摄叔跳下车，把倒在地上的麋鹿往肩头一甩，大步走到追兵的首领鲍癸（bào guǐ）面前，大声说道："现在虽不是麋鹿最肥的时候，但也请让我们把它献给你们当食物吧！"好不容易把对手追上，鲍癸本想带兵大战一场，没料到出现这么一幕。俗话说"伸手不打送礼人"，对方既然以礼相待，自己也不好再冲人家挥刀子。鲍癸无奈地收下麋鹿，眼睁睁地看着三位楚国大将驾车离去。

眼前一幕让鲍癸手下的士兵既困惑又气愤，鲍癸解释道："其左善射，其右有辞，君子也。"（《左传·宣公十二年》）他们左边的人很能射箭，右边的人很会说话，都是君子呀，所以就把他们放了。鲍癸的言行反映出春秋时代的文明：凡事大不过"礼"，人家彬彬有礼地对你，你就不能再要战争中的蛮横，非杀死对方不行。周人建构的礼乐文明，已内化为那个时代人们的行动准则，哪怕是生死相见的时候也不例外。

楚国人前脚派人来说好话求和，后脚却派勇士来致师挑衅。楚庄王的行径让刚刚平静下来的晋军又炸开锅。晋国两位大将，魏锜（qí）、赵旃（zhān）站出来说："我们愿意到楚国阵营前致师，让他们看看我们晋国人的厉害。"主帅荀林父摇摇头，劝说大家："会盟马上就到，忍一忍！"

荀林父没有同意还有另外的原因。魏锜和赵旃此次出兵前，一心想在晋国谋求爵位却未能如愿，满心希望落了空，闷闷不乐地跟着出征，现在突然间变得积极，荀林父觉得有些蹊跷。

魏锜和赵旃看荀林父不同意，并没有放弃，改口道："我们不愿意开战，也得要对方知道。我们去把您的意思告诉楚军，说我们愿意求和。"荀林父开始为难，不让他们去挑战还说得过去，去求和也不同意的话，明摆着和他们作对，得了，还是谁也不得罪，让他们去吧！

为了不引发事端，明知这两人有问题，还把他们派出去，荀林父在战场上和稀泥，战士们的性命就要跟着被搅和进去了。将军郤克不禁叹息："二憾往矣，弗备，必败。"（《左传·宣公十二年》）"憾"就是恨，说他俩怀揣着愤怒和失落去当使者，我们要是不做防备，一定会失败。

没想到，郤克的话又引来一番争执。

先縠没好气地说："郑国人劝我们进攻，我们没主意；楚国人来求和，我们没主意；现在连自己要干什么都不知道，防备什么？不是瞎折腾吗！"从先縠的话中可见晋军一团混乱。上将随武子认为郤克的话很有道理："有备无患为好。如果他们两个惹火了敌人，敌人杀过来，我们大家可能全军覆没，如果楚国人没有恶意再撤掉戒备而结盟，又有什么关系呢？"随武子没找荀林父商量，赶紧派人准备。

随武子和先縠还在争执的时候，使者魏锜已经进到楚军大营。答应来求和的他张口却是："晋国魏锜前来请战。"说完转身就走，楚军大将潘党追了出去。看潘党追了上来，魏锜很聪明，见前面窜出几头麋鹿，便学着楚国大将乐伯的样子，射了头麋鹿给潘党送了过去，客客气气地说："您现在忙于军事活动，家里肯定缺鲜肉，我献给您一头鹿，请收下。"估摸着乐伯因为一头麋鹿被晋国人放走的事情在两边都传开了。魏锜照着做，潘党只好跟着学，接过麋鹿收兵回营。两边的军队忙活了半天，等于是互相交换了一头鹿。

魏锜前脚走，赵旃后脚来。赵旃派手下冲向楚国的阵营，自己却铺了块毯子，面对楚国大营盘腿一坐。赵旃没想到，自己的表演比致师更挑衅。楚庄王一看，什么人竟敢如此神气活现地坐在楚国大军面前，这不是太岁头上动土吗？立马登上战车向赵旃冲去。赵旃原本想在楚国大营前显摆一下，出出心头恶气。没想到楚庄王亲自带兵冲了出来，赵旃只得赶紧跳上马车往回跑。赵旃逃得飞快，但楚庄王追得更快。突然前面出现一片树林，赵旃如同捞到救命稻草，立刻跳下车钻了进去。楚庄王的战车在林子前停了下来，车右屈荡跳下车继续去追。时至黄昏，林中光线昏暗，赵旃干脆和屈荡在林中玩起了"捉迷藏"，绕着树转。可赵旃还是被屈荡捉住了，林中空间狭小，使不开武器，两个人扭打在一起。屈荡抓住了赵旃下半身的铠甲，赵旃奋力挣扎，"刺啦"一声，铠甲被撕裂，屈荡用力过猛，抓着赵旃的下半截铠甲躺倒在地。赵旃知道自己不是对手，撒腿就跑，好在屈荡没追上来，赵旃光着两条大腿灰头土脸地逃了回去。

楚庄王一时兴起追杀赵旃，犯了兵家大忌。国君没有任何准备冲出阵营，万一中了敌方的埋伏怎么办？楚国的将军们心急如焚，准备对策。突然间看到对方阵地上尘土飞扬，难道是晋军杀过来了吗？

双方谁也没有料到，一场大战在这种毫无布阵的情况下开始了。

43

邲之战

尘土成了战争的导火索

河南郑州以北的邲地,是黄河南岸一片丘陵间的开阔地带。这里灌木丛生,草木茂盛,麋鹿成群结队地穿越其间。时值六月,正是一年中最惬意的光阴,但对于和敌军对峙的将士们来说,眼前只不过是一片将要抛洒鲜血,甚至是长眠于此的战场而已。很快这里将杀声一片,春秋时期最为强大的两个国家,晋国和楚国的第二次交锋,邲之战就要开始了。

可这场大战的真正导火索却是因为尘土飞扬引起的误会。

楚庄王一时激动，冲出营帐追赶上门挑衅的赵旃。楚庄王还没返回，晋军阵地上却突然沙尘滚滚，这叫原本就高度紧张的楚军将士们大惊失色，难道是大王中了晋国人的圈套？情况危急，国君又不在军营，怎么办？这时候，就要看大臣的了。当时军中最大的官员是令尹孙叔敖。孙叔敖真不含糊，果断决定出击。他向将士下达命令："宁我薄人，无人薄我。"（《左传·宣公十二年》）"薄"就是逼迫的意思，宁愿我大军压境，也不能让人家打上门来。孙叔敖一声令下，楚国三军立刻黑压压地扑到了晋军面前。

李 山 说

孙叔敖在这样关键的时刻敢下命令，是贤臣本色。由此也可见楚国君臣上下一心。

楚军的突然出击让晋军傻了眼。原来，晋军阵地上的烟尘根本不是什么圈套。荀林父把魏锜和赵旃派出去之后，便后悔了，担心他们惹出事端，派出辒（tún）车（当时一种比较笨重的战车）去接应他们。因为车重，扬起一路沙尘，没想到被楚军误以为是晋军发动进攻。楚军已打到门口，现在说什么都来不及了。晋军敲响战鼓，可是战鼓声中传来的不是进攻的号令，而是"先济者有赏"（《左传·宣公十二年》）。晋军主帅荀林父根本没有作战准备，面对突发状况，他"不知所为"（《左传·宣公十二年》），脑海中唯一闪现的念头就是——逃跑！为了让大家撤退得快一些，还发出了谁先渡过黄河就有奖赏的命令。

中军大夫赵婴齐反应最快，听到命令，立刻带着中军人马冲到黄河边。士兵们解下缆绳，争着往船上跳。不一会儿，下军赶到了，下军的士兵一看，船不够坐，二话不说，开始和中军的士兵们抢船。荀林父认为没有准备迎敌损失会很大，但他没有料到，仓皇撤军很快演变成了自相残杀：没有上船的士兵扒着船帮不让船离开，上了船的士兵挥起大刀，剁下同伴们抠着船帮的一根根手指。史书中描述："舟中之指可掬也。"（《左传·宣公十二年》）"掬"是一捧的意思，掉落在船里的手指是一捧一捧的，何等惨烈！现在就算荀林父喊破喉咙也没有人再听他的号令了。恐惧让战士们丧失了理智，害怕楚军杀过来、害怕上不了船、害怕被自己的同伴砍杀。

失去号令控制的军队如同难民般仓皇逃命，其惨状让追上来的楚国士兵都不忍再举起屠刀。就这样，惨叫声、嘈杂声在黄河边整整持续了一夜。

天亮后，晋军在黄河北岸清点人数，晋军的中军和下军伤亡惨重，唯独随武子率领的上军得以保全。

原来，魏锜和赵旃前往楚军大营之后，随武子听从郤克的建议，开始备战。邲（bì）地附近有两座山，一座叫敖山，一座叫鄗（hào）山，随武子在敖山设下埋伏。当中军和下军在黄河边为了逃命大打出手的时候，随武子带领的上军在敖山坚守。楚军杀了过来，随武子却没有命令出击。他的手下很不理解，问道："将军，我们埋伏在这，不就是为了打仗吗，现在敌人来了，我们怎么不动手呢？"随武子摇摇头，说道："中军和下军都撤走了，我们迎敌，势单力薄，会让大家白白送命。我们也撤，回去和大家共同承担罪责吧！"其他军队呼啦啦地败，败得一塌糊涂，如果随武子领导的军队胜利了，回国以后，显示一个人的光荣，这不符合随武子做人的原则。所以他宁愿放弃唯一可能扭转战局的机会，回去和大家共同承担罪责。随武子一个人为部队殿后，让大家有序地过了黄河。上军成为晋军唯一一支不败的部队。

因为不愿挑起内部争端，荀林父硬着头皮把大军带到了黄河南岸。因为没有任何作战准备，荀林父又命令大军匆忙撤回到黄河北岸。这一来一去，荀林父做出的两个可怕决定，如同砍向晋国士兵身上的利剑，让成千上万的晋国士兵永远地倒在了黄河岸边，再也回不到故乡。

公元前632年，晋国和楚国发生城濮大战，晋国以弱胜强，晋军开创的一个个出奇制胜的计谋，让城濮大战成为战争史上的传奇。时隔三十五年之后，晋国与楚国第二次交锋，主帅优柔寡断，将领们各执己见，还没有和楚军正面交锋，就全线溃败，此时的晋国和三十五年前已是大相径庭了！

荀林父神色黯然地带着残余的军队踏上归途，获得胜利的楚军将士们开始打扫战场。

平原上尸横遍野，站在楚庄王身边的猛将潘党建议道："君盍（hé）筑武军而收晋尸以为京观？臣闻克敌必示子孙，以无忘武功。"（《左传·宣公十二年》）意思是，我们把晋国人的尸首收拢在一起，埋一个大土堆，上边再建一个"京观"（封镇敌人尸首用的建筑），让楚国后代子子孙孙都知道这伟大的胜利。潘党看到遍地晋军的尸体，觉得报了当年城濮大战被晋国人打败的仇，很是得意。

潘党说得情绪激昂，楚庄王却一脸的沉思。过了一会儿，楚庄王才回应道："这件事不能照你说的去办，你知道为什么说'止戈为武?''武'这个字，上面是个戈，下面是个止，是说战争的意义在于制止战争。"楚庄王用一个"武"字给血腥的战争做了颇具哲学意味的解释，这大大超出了潘党的理解范围。

不论潘党懂没懂，楚庄王继续往下说，不仅说给潘党听，也说给周围的将士们听。"当年周家的先祖周武王和殷商人打仗，带领几万人打败了对方十几万人，靠的不是武力，而是德行。殷商人打仗、流血、死人，他们胜利了就把俘虏的头一个个砍下来祭天。周王在战场上也杀人、流血，可周王胜利了却作诗篇：'载戢（jí）干戈，载櫜（gāo）弓矢。我求懿德，肆于时夏。允王保之。'（《诗经·周颂·时迈》）我们打完仗了，流完血了，就要把戈收起来，把弓箭装回到袋子里面去，接下来的日子我们要推行和平，不再打仗。"

楚庄王关于战争的论述，潘党他们听得又是新鲜又是迷惑。楚庄王接着说："战场上这些尸首，'皆尽忠以死君命'（《左传·宣公十二年》）。"这些都是抛家舍业，抛弃了老父老母，抛弃了妻儿，给国家效力的人。"我们把这些忠良之人杀了，埋起来给自己的子孙们看，我们让他们来看什么？筑什么京观！"楚庄王话说完，原本面露得意之色的楚军将士们都收敛沉静下来。

李 山 说

春秋的几位霸主当中，楚庄王是位心怀仁爱的智者，不为胜利冲昏头脑，相反，他还能感受到战争的残酷和给百姓带来的不幸。几千年前，一位站在血海中的领袖能做出这样的思考，是历史的骄傲啊！

潘党低声问："那我们现在该怎么办呢？"

楚庄王说："给先王修个宫，祭祀一下，告诉他们，我们战胜了。"

古代人打仗，战车上会摆上先王的牌位，让祖宗的神明护佑。如果得胜，就会在当地简单修建一个类似庙宇的建筑，供上牌位，告祭祖先自己的胜利。所以楚庄

王说，祭祀一下祖先就可以了。

　　没有高歌全胜，没有激动忘形，楚庄王祭拜了先王，祭拜了黄河，结束了长达一年之久的征讨返回楚国。离开楚国前，他还只是位朝气蓬勃的年轻君主，而返回时，俨然一副霸主气象了。

京 观

　　京观是战争中胜利的一方用来封镇敌尸、纪念自己战功的一种标志性建筑。《左传》中记载了一段修建京观的历史："明王伐不敬，取其鲸鲵（ní）而封之。"（《左传·宣公十二年》）"鲸鲵"，就是大海里的鲸鱼，雄的叫鲸，雌的叫鲵。意思是过去的有道之君，讨伐那些大奸大猾，像当年商汤抓夏桀，周武王抓商纣王，这些奸猾之人如同海中的大鱼，是罪魁祸首。除掉这些人，要在埋葬他们的地方修建高台，用来警告那些作恶的大坏人。

　　古代一些富有神话意味的小说中，可以看见一些以京观为原型的创作，像是被压在五行山下的孙悟空，被镇在雷峰塔下的白娘子等等，这些故事为京观增添了传奇色彩。

44

荀首寻子

上阵父子兵

俗话说"打虎亲兄弟，上阵父子兵"。生死攸关的危急时刻，来自亲人间的合作和互助是保全生命甚至赢得胜利的关键。古代战场上，父子共同上阵杀敌非常普遍，当孩子面临绝境，甚至生死不明的时候，做父亲的该如何面对？邲之战的战场上就上演了一幕幕父子兵的生离死别。

晋军主帅荀林父的一声"撤退"，等于把阎王爷的催命符贴在了士兵身上。大家仓皇地奔向黄河边。已经到达岸边的下军司马荀首，却怎么也看不见儿子荀罃（yīng）的踪影。大家好不容易给荀首找来船，劝他赶快上船，荀首却摇头说道："我不能走，儿子还在战场上，生死未卜，我得去找他。"说完就要带着家兵往回走，他旁边的军士们一看，荀首豁出命去找儿子，这忙一定要帮，呼啦啦地站出不少人，说道："我们跟你一起去！"

临时拼凑的寻子队伍回到了战场。这时，来不及撤退的晋军将士们还在和楚军厮杀，到处硝烟弥漫，乱军中找人谈何容易！

荀首是晋军主帅荀林父的弟弟，史书中记载他是一位睿智的谋略家。此刻，他是战车上手持弓箭的勇士，一个为了找到儿子而置生死于度外的父亲。情况危急，荀首却并不慌乱，他甚至腾出时间检查背囊里的箭。一看是菆（zōu）箭（箭杆笔直能够射得又准又远的箭），他就把这根箭顺手插进前面驾车人的箭囊中。给他驾车的人不是一般的士兵，是将军魏锜，他为了泄私愤挑起战争，可这会儿也拼着性命帮荀首找儿子。看来魏锜在大局上糊涂犯浑，可本性也是重义气的人。他在前面驾着车，感觉背后箭囊越来越沉，好生奇怪，回头一看，荀首正往他箭囊里面插箭呢。魏锜气得不得了，大声呵斥："荀大人，都什么时候了，你还有工夫挑来挑去的，好箭我们晋国有的是啊！"荀首一边继续挑他的箭一边回答："不以人子，吾子其可得乎？"（《左传·宣公十二年》）不用人家的儿子来换，我怎么能找回我的儿子呢？荀首说这话的意思是，他要把好箭用到地方。

已经找了有段时间了，依旧没有见到荀

罃的踪影，儿子很可能已经不在人世了。荀首心中何其绝望，可还是要找，哪怕是冰冷的尸首也要带他回家。可是如果儿子的尸首也落到楚国人手里，怎么办？他必须射杀一个楚军的重要人物，用他的尸首来换回儿子！荀首在如此悲恸的情况下，能做出冷静的判断，是因为深沉的父爱，但是他将要射杀的人不也是别人的孩子吗？他是个好父亲，同时也是残杀无辜生命的恶魔。战争，让最深厚质朴的情感也沾上了鲜血。

魏锜听完荀首的话不再作声，埋头拼命驾车。这时，荀首看见前方一辆战车上有一人仪表堂堂，凭直觉，他认定这不是一般的士卒。于是，他从魏锜的箭囊里抽出一支好箭，射了出去。不出荀首所料，他射中的人是楚国的大夫，叫连尹襄老。魏锜飞车上前，二人将战车上的其他士兵全部砍杀，将连尹襄老的尸首搬上自己的战车，离开了战场。

荀首在慌乱的撤军中不幸和儿子分离，晋军中的另一对父子兵，逢大夫和两个未成年的儿子则侥幸一起逃了出来。

逢大夫驾车在林中寻找撤退的路，看见有个晋国将士跑在前面，仔细一看，是赵旃。逢大夫心里开始犯难。自己的车刚刚能够载三个人，拉上赵旃就必须让一个儿子下车。逢大夫自然不愿为了招人嫌的赵旃失去一个儿子，可当着孩子的面见死不救也说不过去。于是，他一边催马，一边转身嘱咐后面两个儿子："你们坐好了，千万不要东张西望。"逢大夫打算，只要孩子们没看见，就当什么都没发生，驶过去就好。正所谓"好奇害死猫"，这哥俩听了父亲的话，原本不想四处张望，现在是忍不住地看。结果，他们就看见了在林中乱窜的赵旃将军。哥俩没有老爸的心眼，张嘴大喊："赵将军在后面，赵将军在后面！"喊声让赵旃也看见了他们，赵旃像是发现了救命稻草，撒腿赶过来。

逢大夫见状，心"咯噔"一下沉到了底！他停下车，对着两个儿子怒斥："好，你们要救赵将军，那就用你们的命去换吧，赶快滚下去，这车上容不下你们了。"

哥俩实在不明白父亲为什么突然发这么大的火，他们体会不到父亲此刻的心情：恨命运捉弄，恨孩子不听劝告，恨自己不能保全孩子的性命。逢大

夫可以留下一个儿子在车上，但他此刻留下谁呢，不如让他们在黄泉路上做个伴吧。哥俩很害怕但也很听话，一起顺从地下了车。逢大夫指着附近的一棵树说："看到那棵树没？你们俩要死，就死在那儿。"言外之意，有棵树作标志，我好找你们的尸体。说罢，拉上赵旃离开了。哥俩的命换了赵旃一命。

第二天，战争过后，逢大夫没有渡河，悄悄返回寻找两个儿子的尸首，这哥俩儿倒听话，父亲说不要动，哪都没去，一起死在了那棵树下。

一方面要忠于道义，一方面要顾念亲情，父亲在两难中舍弃了自己孩子的性命。父亲的抉择让战争显得多么残酷！

战争永远都在狰狞地吞噬无辜者的生命，邲之战却展现了春秋时期和其他时期战争不同的特点。

战场上所谓的两军交锋，基本上是楚军追，晋军逃。逃跑的人惊慌失措，越慌乱越容易出事情。一队晋军士兵驾着战车跑进了泥坑，怎么推车也出不来。这种时候，推不出来就别要了，逃命要紧呀。几个晋国士兵脑袋一根筋，舍不得这辆车，围着车转着圈使劲，想把它推出泥坑。推车的工夫，楚军追了上来，按道理，追上逃兵该干啥干啥，这是战场啊！可这队楚兵没有举起武器，而是站在一旁，看晋国士兵在泥坑里面忙活，等着他们把车推出来。原本以为小命休矣的晋国士兵，一看楚国人没有杀他们的意思，干脆安安心心地想办法推车。又折腾了一会儿，车还是推不出来。看热闹的楚国士兵瞧出了门道，性子急的就忍不住说："你们真是笨蛋，把前面挂旗子的大横木拆了不就行了。"晋国人一听，有道理，喊哩喀喳把车上的横木拆下来，使劲一推，车出来了。

晋国士兵爬上车继续跑，楚国士兵在后面继续追，没跑出多远，倒霉的晋国士兵又出现了状况。马跑累了，怎么抽打也不肯跑，被楚国士兵第二次追上。

一回生二回熟，楚国士兵看晋国士兵只是使劲甩鞭子，不拿武器抵抗，他们也不好意思举起兵器。只得继续帮忙出主意："你们晋国人吃什么长大的，脑子里面都是糊糊！车上装了这么些没用的东西，逃命呢，还是搬家呢？"晋国士兵一听，没错啊！赶紧把车盖子、旗杆子，杂七杂八的东西往下扔，车一轻，马立刻撒开腿跑起来。

晋国士兵一看马跑快了，估摸可以逃掉，抓紧把刚才嘴上吃的亏还回去，冲着后面的楚军喊："吾不如大国之数奔也。"（《左传·宣公十二年》）"数奔"就是不断逃跑的意思，他们把上次楚国被晋国打败的城濮之战搬出来说事，意思是，我们的确是没你们有经验，因为我们很少逃跑，不像你们大国，逃跑都跑出经验来啦，不过还是谢谢呀！撂下话，紧抽鞭子，跑远了。

一个是追杀的人，追着追着，看见对手遇见麻烦，开始帮忙；一个是逃跑的人，跑着跑着，从对手那里得到帮助，可得了好处还不忘记嘲笑对方，这一幕真让人看着哭笑不得。楚军真是这么傻吗？当然不是。那个时代的人打仗，讲究的是公平，不齿的是乘人之危。你我旗鼓相当，打起来，赢得光明磊落，输得心服口服，战争的礼仪比输赢显得更重要，这正是人类文明在儿童期的淳朴和天真。

古代的"左"和"右"

中国古代社会等级森严，官阶有高低，座次分贵贱。这种尊卑贵贱常常用"左""右"来表示。"左"和"右"哪一个地位更尊贵呢？

古代崇"右"，以右为上、为贵。《史记·廉颇蔺相如列传》："以相如功大，拜为上卿，位在廉颇之右。"《史记·魏其武安侯列传》："贵戚诸有势在己之右，不欲加礼，必陵之。"两例中的"右"都解释为"上"。白居易《琵琶行》："予左迁九江郡司马。"柳宗元《送李渭赴京师序》："过洞庭，上湘江，非有罪左迁者罕至。""左"指较低的地位，"左迁"是贬官降职的意思。《史记·陈涉世家》"发闾左谪戍渔阳"中"闾左"指贫苦人民。《后汉书·张衡传》"又多豪右，共为不轨"中"豪右"即富豪大户，因古时

小知识

贫者居闾左，富豪住城右。

　　古代崇"右"，也有例外的情况。同是《史记》，在《魏公子列传》的"信陵君窃符救赵"一节中，先记"公子从车骑，虚左，自迎夷门侯生"，后文又说侯生"直上载公子上坐，不让"。"左"为何又变成了"上坐"呢？这就要另当别论了。古代车骑以左为尊位。此处的"虚左"则表现了公子的仁而下士。

　　在邲之战中也有一个和"左""右"有关的典故。楚军尚"右"，左右两支队伍进发，楚庄王的战车要排在右边的队伍里。赵旃到楚军大营前挑战，楚庄王很是恼火，坐上战车去追赵旃，没想到，一着急，坐到左广的战车上。战斗间歇，他看见了自己的右广，才想起楚国军制来，想赶紧回到自己右广的战车上去。这时候，车右屈荡阻止了他。屈荡说："这场战争您坐的是左广，那就等于为我们楚国军队立下了新规，以后我们楚国的部队行进，以左为上。"邲之战后，楚国从尚"右"改为了尚"左"。

　　"左""右"孰尊孰贵随着时代不断发生变化，为我们的文化增添了更多趣味。

45

河鱼之疾

战场上的中药密码

鱼拉肚子该怎么办呢？这个问题不是出现在宠物医院，而是在刀光剑影的春秋战场上。它也不是打仗时开的玩笑，而是一个暗号。战争中，为了情报不被对方知道，演生出很多玄妙的密码符号，有图形，有数字，还有鲜为人知的方言，五花八门，无奇不有。公元前597年，楚国攻打萧国，战争让原本的好友成了敌对双方。为了能救出敌方阵营中的朋友，他们创造了一种新的密码——中药密码。

争霸靠的是拳头，力气小的就得挨打。位于中原中心地带的郑国和宋国在诸侯国中虽然力气不算小，却总是挨打。他们这么倒霉的原因与其地理位置有很大关系，控制了他们，就等于控制了他们周边的诸侯国。郑国和宋国在列强争霸中如同两个重要的砝码，站在哪边，争霸的天平就会倾向哪边。晋文公重耳势力强大的时候，郑国和宋国都是晋国的附庸。公元前597年邲之战，楚国打败了晋国，顺带把郑国这个砝码从晋国手中抢了过来。这使得楚国从原本雄踞一方的诸侯，一下子蹿升到了能够掌控中原权力的高峰。楚庄王接下来想趁热打铁，把晋国的另一个砝码——宋国也给抢过来。

公元前597年的冬天，楚庄王找了个借口，先向宋国的附庸——萧国下手。萧国大致位于现在江苏、安徽、河南交界的地方，靠近北方，冬天很冷。楚国的士兵到了那里之后受不住严寒，不少人脸上和手上都被冻伤。脸上冻伤，流脓结个疤，大不了难看些，可是手冻伤了，武器都拿不稳，还要去拼命，去打仗，战士们私底下忍不住抱怨。

抱怨声传到了大臣申公巫臣的耳朵里，申公巫臣一听，这可不是小事。战士们心怀不满上战场，怎么打胜仗？他立即建议楚庄王亲自去慰问一下三军将士。楚庄王听从申公巫臣的建议，来到战士们中间，"拊而勉之"（《左传·宣公十二年》）。就是拍拍士兵们的肩膀，替他们理理盔甲，说些鼓励大家的话。看似简单的嘘寒问暖，效果好得很。"三军之士，皆如挟纩（jiā kuàng）。"（《左传·宣公十二年》）"纩"指的是丝绵，说楚庄王的慰问，让每个将士都感觉怀里像抱着一大团丝绵那样暖和。可见关键时刻，就要靠领袖发挥精神力量。不过，从中也可看出楚庄王治军有方，如果平日里不被士兵们待见，这个时候再怎么体恤，士兵们也未必会领情。经过楚庄王一通慰问，士兵们鼓足了精神，开始攻城。

萧国从实力上来说根本不是楚国的对手，眼看城墙就要被攻陷，这个时候发生了一个有趣的故事。

萧国军队中有个大夫叫还无社，他和楚国大臣申叔展、司马卯是旧友。三人很长一段时间没有相聚过，好不容易碰面，竟然是在战场上相互为敌，一时间不知该说些什么。

楚国的大夫申叔展先发话了，他问萧国大夫还无社："你有麦曲吗？"麦曲是一种用小麦做成的发酵物，可用来做米酒，也是一味用来祛（qū）湿（帮助身体排出寒湿）的中药。还无社一听，满头雾水，打仗的当头，老朋友还有闲心酿点儿小酒喝？他完全没有意识到这是申叔展想要救他发出的暗号，麦曲就是"去湿"的意思，申叔展让还无社往湿这个地方逃命。

还无社没明白，申叔展继续问："那你有山鞠（jū）穷吗？""山鞠穷"是一味中药，我们现在叫川芎，和麦曲一样具有祛湿的功能。申叔展换了一味中药继续向还无社发密码——"去湿"，可还无社的解码器依旧没有打开，回答说："没有啊。"

还无社不开窍，愁坏了申叔展。两军交战，不能对不起国家，泄露军情，而自己的朋友大难临头，又不能见死不救，情急之下便想出用中药猜谜的方法。大概还无社对中药材不熟悉，压根没有理解。战场和敌人聊天哪能说很长时间，申叔展情急之下，想出了个奇怪的问题问还无社："河鱼腹疾奈何？"（《左传·宣公十二年》）鱼在河里待久了，拉肚子怎么办？这下不问有没有药了，开始看病了，可病人不是人，是条鱼。还无社心想，只吃过鱼，没见过鱼拉肚子，申叔展难道打仗打晕了头逗我玩？看着一脸焦急的申叔展，还无社突然明白过来，申叔展不是在开玩笑，是在教自己逃生。还无社赶紧回复："目于眢（yuān）井而拯之。"（《左传·宣公十二年》）"眢井"就是枯井的意思，还无社告诉申叔展，他会去湿地旁边找个枯井藏起来，让申叔展去枯井里救他。

还无社既然打开了解码器，申叔展的密码就能顺畅地发了："你用茅草编个草带子，放在井边，我好找到你。我到井边救你时，我哭两声你再出来，否则别人瞅见你，喊你两声出来，还是得让人抓住！"通过开中药、给鱼看病的密码，俩人总算是对上了暗号。

第二天，萧国的都城被攻破。还无社跑到离河泽不远的枯井里躲避，申叔展如约把他救出。古代战场上友情和道义的光芒，化成鱼拉肚子的暗号——"河鱼腹疾"，被历史永久记录下来。

46

剑及屦及

楚庄王的"坏水"

能够成为霸主，为人处世都有过人之处。齐国的霸主齐桓公做事有大哥的风范；晋国的霸主晋文公，多年流亡的阅历使他城府很深；秦国的霸主秦穆公做起事情来很仗义。几位霸主中，楚庄王的为人最为复杂，一方面讲求道义，邲之战打败了晋国，没有洋洋自得，反而发表了一番"反战"的言论。另一方面，他暗藏心机，年少时胸怀大志，却能在逆境下藏而不露，最后不鸣则已，一鸣惊人。这会儿，他为了能够找到一个攻打宋国的理由，开始了狡猾的算计。成语"剑及屦及"的来历就是楚庄王坏心眼的生动写照。

拿下萧国对于楚庄王来说只不过是餐前点心，宋国才是他想要的大餐，但宋国不是块好啃的骨头，楚庄王要想把宋国装上餐盘，还得花些心思。楚庄王希望宋国人能犯些错误，让他可以抓住把柄宣战。可是怎么让好端端的宋国生出事端呢？楚庄王打算派大臣申舟去激怒他们。

申舟多年前去过宋国。他陪当时的楚国国君楚穆王和宋国国君宋昭公一起打猎，途中发生了点事故，申舟不顾宋昭公在场，杖责了他的仆人。打狗还要看主人呢，宋昭公认为申舟不把自己放在眼里，心里十分窝火，然而当着楚穆王，自己是小弟，不能节外生枝，于是就咬牙忍了这件事。

现在，这笔旧账被楚庄王搬出来做文章了。他派申舟出使齐国。去齐国和宋国有什么关系呢？看看地图就知道了，去齐国必经宋国。经过宋国也没什么，古时有"过邦假道"之礼，提前打个招呼，表示一下尊重，借道是不会有问题的。可是楚庄王特别嘱咐申舟"无假道于宋"（《左传·宣公十四年》），叫申舟不要和宋国打招呼，直接过去。派一个和宋国国君有过节的人路过宋国，还叫他大模大样的、不打招呼，明摆着是去给宋国"上眼药"嘛！申舟很聪明，赶紧说："不借道太唐突了吧。"楚庄王早想好了托词："没事的，我也派公子冯出使晋国，让他也不要跟郑国国君打招呼，直接从郑国过去。"听楚庄王这么说，申舟知道自己此行怕是有去无回，但还想挣扎一下，谁愿意白白送死啊。申舟接着说："郑昭、宋聋，晋使不害，我则必死。"（《左传·宣公十四年》）"昭"，明事理；"聋"，不明事理。郑国讲道理，宋国不讲理，路过郑国的人不会有事，但我是必死无疑。申舟对宋国和郑国的评价很是到位，此后"郑昭宋聋"成为用来比喻完全不同情况的成语。

申舟直接把事情挑明，楚庄王不好再装糊涂："杀女，我伐之。"（《左传·宣公十四年》）他们要是敢杀了你，我一定去讨伐他们，替你报仇。楚庄王话都说到这个份上了，申舟要还不愿意"为国献身"，全家老小都不会有好日子过了。

几天之后，已经提前挂上烈士头衔的申舟，无可奈何地踏上了宋国的土地。

如楚庄王所愿，申舟被宋国人给抓了起来，等候处置。宋国执掌政务大权的大臣华元是个老贵族，非常爱面子，他认为申舟的行为是挑衅，可恶至极，决不能轻饶："过我而不假道，鄙我也。鄙我，亡也。"（《左传·宣公十四年》）"鄙"是边境小城，意思是说从我们这儿过，却不跟我们借道，如同把宋国当成楚国的一个小城，在楚国人的眼里我们就等于亡国了。

宋昭公也爱面子，加上和申舟的旧账，华元的话说到了他的心坎上。

华元接着说："楚国瞧不起宋国，我们只能杀了他的使者。杀了申舟，楚国一定会出兵讨伐我们，我们不是楚国的对手，一定会灭亡的。不杀，也不过是亡国。左右都是亡国，不如来个痛快，杀了申舟！"于是宋国人果真杀了申舟。

其实，楚国瞧不起宋国，给些脸色，跟亡国差着十万八千里，但杀了使者，招来大军，那可才是真要亡国了。宋国先前的国君宋襄公因为好面子差点亡了国，现在这个执政大臣华元和宋襄公如出一辙，脾气迂腐古怪，牛哄哄的！看来这些年，宋国的贵族风气没有什么大改变，好面子还是可以好到愚蠢的程度。

申舟被杀的消息很快传到了楚国，楚庄王听到这个消息以后，顾不上穿鞋，也顾不上佩剑，袖子一甩，噌地跳起来，就往门外跑。《左传》用"屦及于窒息，剑及于寝门之外，车及于蒲胥之市。"（《左传·宣公十四年》）来描绘楚庄王蹿出去的速度。从这里，产生出一个成语，叫"剑及屦及"，是说捧鞋的人追到厅堂门口才追到他，给他把鞋穿上，捧剑的人追到寝殿门外才给他把剑佩戴好，楚庄王甚至跑过了马车夫。

楚庄王的激动、失态，是因为自己的计谋得逞，还是因为对申舟的死感到震惊，无人知晓，唯一能够预见的，是宋国将要大难临头了。

李山说

春秋时期各个诸侯国风俗不同，国民的气质、性格也不同。例如郑国，就被后来的学者称为"黠（xiá）兔"，意思是狡猾的兔子。与之相映成趣的是宋国人牛哄哄的愚蠢。宋襄公争霸时的"泓之战"是一个典型例子，此次战争中华元那套"杀了楚国使者是亡国，不杀也是亡国"的蠢话，也是一个典型例子。

47

易子而食

守城的代价

　　人吃人，听起来是多么的残忍，可这种令人发指的事情在史书中却真实地记载着。公元前594年，宋国都城被楚军围困九个多月，城中弹尽粮绝。要么投降，要么继续坚守，倔强的宋国人选择了后者。艰难的决定意味着活着的人、要抵抗的人，要以骨为柴，以人为食。

楚庄王用自己臣子申舟的性命终于换来了向宋国宣战的借口。公元前595年的春天，楚国大军将宋国的都城团团包围。宋国早就知道杀掉楚国使者会有这样的结果，害怕也没有用，一边守城，一边向自己的盟国晋国求救。

晋国的盟国郑国被楚军包围的时候，也曾立刻向晋国求救，晋国人讨论了好几个月才派荀林父率军去救援，晋军到的时候，郑国早被楚庄王攻破了。郑国没有救成，自己还被楚军打得灰溜溜地逃回来。现在，残兵败将的伤还没有养好呢，宋国人又来喊救命，到底该不该帮呢？

晋国的大臣们又开始争论。认为该帮忙的人说，晋国输了邲之战，这次要好好准备再去和楚国较量一下。主张不帮忙的连声反对，一位叫伯宗的大臣说："现在楚国人势头很旺，'天方授楚'，连老天爷都站在楚国那边帮着他们，而晋国是'虽鞭之长，不及马腹'（《左传·宣公十五年》）。"伯宗这话后来演成为一个成语，叫"鞭长莫及"，鞭子再长，打马的时候也很难打到它肚皮下的部位，形容晋国离宋国太远，还是不要再白费力气了。伯宗的分析比较符合晋国眼下的实情，刚打了败仗，再去打，是自讨苦吃。

争来争去，这次决定倒是下得很快：不出兵！

晋国人打算不管了，可宋国还眼巴巴地等着呢！晋国人想了个主意，派人去传话，说晋国的援兵马上就会出发。晋国人完全是做戏给大家看，我没有说不帮盟友，至于马上是多久就不好说了。短短几年的功夫，晋国就从不可一世的霸主变成厚脸皮了。

晋国派去传话的是位勇士，叫解（xiè）扬。他并不了解国君背后的打算，带着命令出发了。去宋国要途经郑国，郑国国君为了拍楚庄王的马屁，抓住解扬，押到楚庄王的营帐里。在一般人看来，敌方的俘虏抓来，杀了不就行了。可楚庄王多会动心思，他希望解扬能够帮助他劝降宋国。晋国的使者在两军战前劝宋国投降，威力可以抵得上千军万马冲锋陷阵！楚庄王打好了算盘，但是解扬不答应。楚庄王很有耐心，不停派人去劝说，不断地许给他好处。最后解扬终于答应了。这使得楚庄王喜出望外，立刻叫士兵弄了个楼车（就是一个支架子，上面放一个斗，可以站人，形似鸟窝的车），让解扬站在这个楼车上向宋国人喊话。

谁知道，解扬登上去放声大喊："宋国的将士们，我是晋国派来的使者，你们一定要坚持住，晋国的援兵马上就要到了！"宋国人看楚军忙活了半天，弄个人站在上面，没想到会喊出这么一番话来。楚庄王更是鼻子都气歪了，辛苦半天却给自己挖了个坑，赶紧叫人把解扬给揪了下来。宋国人本来半信半疑，看楚国人不让他喊了，确信真是晋国的使者，顷刻间，宋国城墙上欢声雷动。

解扬被押到楚庄王面前，楚庄王黑着脸质问解扬："看你也算是条汉子，竟如此出尔反尔，不守信用！"解扬昂首回答道："我怎么不守信用了？我听说的信义是'君能制命为义，臣能承命为信'（《左传·宣公十五年》）。国君发出命令是为义，臣子执行君主命令是为信。你拿钱贿赂我，让我改传信息，这才叫不信不义。我现在已经完成了国君的任务，要杀要剐随你处置吧，我也算死得其所了。"楚庄王原本想把解扬推出去砍了，听他这么一说，反倒改变了主意。此刻，楚庄王深明大义的一面又呈现了出来，非但没有降罪，还把他给放了。

楚庄王想利用解扬快点结束战争，却事与愿违地给对方打了一针强心剂。宋国的将士们听了解扬的喊话，斗志高涨，原本攻城就很难，这下更加困难了，困难到攻打了九个月还是攻不进宋国的都城。看来宋国人比郑国人能坚持！

然而，宋国人也为坚持付出了惨烈的代价，城里已经到了"易子而食，析骸以爨（cuàn）"（《左传·宣公十五年》）的境地。有孩子的，自己舍不得吃，把他交给别人，让别人吃，自己再吃别人的孩子；没有柴火，把死人骨头劈成柴火，煮人肉。宋国人宁愿这样血淋淋地扛着也不投降！

历史上的宋国人名声不是很好，都说他们迂腐，死要面子。我们熟知的古代笑话"揠苗助长""守株待兔""不龟（jūn）手药"讲的都是宋国人。而这种性格特点在执政者身上更加明显，宋国的国君宋襄公因为在不合适的地方要面子，抱着仁义不放，被楚军打得落花流水，从此一蹶不振。宋国的执政大臣华元因为气愤楚国瞧不起宋国，明知是楚国的陷阱，还是坚决跳了进去，杀掉楚国的使者，他的迂腐让整个宋国陷入战火。宋国执政者死要面子的执拗给宋国人带来灾难，但是老百姓的执拗却在面对强敌的时候化为坚持的力量，化为对国家的忠诚，宋国成为楚庄王碰到过的最坚强的对手。

宋国很艰难，楚庄王日子也不好过。这块骨头咬了九个多月，嘴酸牙痛，还吞不进肚子里。楚庄王动起了撤兵的念头。申舟的儿子申犀听到这个消息以后，找到了楚庄王，说："我父亲当时出使齐国的时候，就知道有去无回，他守住了臣子的本分。"言外之意，君主你当时跟我们是怎么说的？"杀女，我伐之"，现在呢？楚庄王当时为了断绝申舟后路的话，现在也断绝了自己的退路，打也不能打，走也不能走。在楚庄王唉声叹气的时候，大臣申叔时出了个主意，叫楚庄王"筑室反耕"。

"筑室"就是盖房子，"反耕"就是回去种田。军队在外面打仗一般住的都是帐篷，搭起来快，撤退起来也方便。申叔时给楚王出的主意是，留下来一部分士兵，不住帐篷，盖好房子踏踏实实地住着，另一部分士兵回去好好种田，再把粮食送来。这样楚军要吃有吃，要住有住，看谁能耗得过谁！

楚庄王一听这个主意实在够狠，先把房子盖起来，吓唬吓唬他们也好，于是采用了"筑室反耕"的建议，准备打持久战。

楚国人盖房子的动静，确实把宋国人吓着了。

宋国人靠着解扬传递的那点希望苦苦支撑了九个月，还没看见援兵的影子。宋国人明白援兵是不可能来了，现在只是靠着不肯服输的劲硬撑着，期盼着奇迹能够出现。可当他们看见楚军打算稳稳当当地住下来的时候，仅有的一点希望也彻底破灭了。

一天，华元站在高台上观察楚军的动静。楚军的司马子反，碰巧也在高台上往宋国城里面张望，两人打了个照面，忍不住互相打探。

子反问华元："你们情况如何啊？"

华元回答说："我们是弹尽粮绝，开始人吃人了。"

华元的直白叫子反很是纳闷。打仗总要讲究个谋略，所谓"柑马而秣之，使肥者应客"（《公羊传·宣公十五年》）。明明马早都没吃的了，也要翻出点草料倒进马槽里，然后给马嘴上套个柑（小棍），让马看着草料拼命动嘴，表示很有得吃。明明人都快饿死了，可也要找个胖子出来，让敌方觉得自己粮食多到人吃得很肥。这就是兵不厌诈，打仗打到谁都打不动的份上了，不就是看谁最后能"诈"过谁吗？华元可好，一上来就说实话，难道是饿昏了不成？

于是，子反就问他怎么这么坦白。

华元回答说："吾闻之，君子见人之厄（è），则矜之；小人见人之厄，则幸之。吾见子之君子也，是以告情于子也。"（《公羊传·宣公十五年》）我听说，君子见到人家生活艰难，就会心生同情；小人见到人家有不幸，就幸灾乐祸。我看你是君子，不能对你说假话！

华元的回答是既聪明又坦诚，逼得子反必须当君子。

子反也实话实说："我们现在只剩下七天的军粮了，比你们好不了多少。"

华元一听，暗暗松了口气，城里的百姓看来有救了。"那我们就停战吧。"华元赶紧提出建议。

子反说："好，我回去和大王商量商量。"

子反从高台上下来就去找楚庄王，说道："大王，我刚才打探过了，宋国城里靠吃人肉维持着，已经守不住了。"楚庄王听完，仰天大笑，真是老天帮忙，那就抓紧进攻吧。子反连连摇头说："大王，宋国人把实情告诉我，作为回报，我也把我们快断粮的情况告诉他们了，这仗没法打了，撤军吧。"楚庄王的笑容立刻僵住了，这不是自己给自己拆台吗？呵斥道："我是派你去打探军情的，不是叫你去告密的。"子反的回答理直气壮："以区区之宋，犹有不欺人之臣，可以楚而无乎？"（《公羊传·宣公十五年》）小小的宋国都有不欺之臣，我们堂堂楚国哪能在道义上输给他们？他说实话，我也该说实话，现在我们都知道对方的底细了，所以我建议撤兵。

打了九个多月，马上要成功了，楚庄王仅仅因为子反私自和华元的约定就停战，这的确让人难以理解，但楚庄王最后的确做出了撤兵决定。这段话记录在儒学经典《春秋公羊传》中，文人记录历史更多的是在表达自己的感情和意见，在儒家眼中，霸主为战而生，但楚庄王是个把道义放在输赢之上的王者。

李山说

这场仗，看似是因为说实话而结束，其实是楚国一边也顶不住了。算一算，打陈国、打郑国，接着又是打晋国，之后又打萧国，继而是九个月的围城战。楚国的国力有很大的消耗。宋国已到了山穷水尽的地步，楚国即使战胜宋国，可国力大量消耗，也未必就是好事。在这样的情形下，找个台阶下，就应是楚庄王君臣不失体面撤军的好法子了。

第二天，楚庄王退兵三十里，和宋国签订盟约："我无尔诈，尔无我虞。"（《左传·宣公十五年》）八个大字，两个国家盟誓，谁也不要欺骗谁。散尽九个月的硝烟，安葬好累累尸骨，让楚国人的信义、宋国人的骨气作为他们的墓志铭吧！

不龟（jūn）手药

宋国有一个人，他家世代以漂洗衣物为生，因为在冬天洗衣服手很容易龟裂，他们家就研制出了一种防止龟裂的药膏，冬天洗完衣服涂抹在手上，手就不会龟裂。没想到这个神奇的药膏比他们家洗衣的名声传得还要远。一天，一个外地人专门找上门来，愿意用一百钱买这个药方。那个宋人就把族人召集在一起开会，商量道："我们世世代代都以洗衣为生，可是所得也不过几个钱而已，如今卖掉这个方子，一下子就能赚一百钱，我看我们还是答应吧。"外地人得到这个药方，就去吴王那里自荐为官。一次越国军队发难攻打吴国，吴王派他做将军，率军还击。在冬天里与越国军队进行水战，因为有那个药方，吴国士兵的手不会龟裂，于是大败越军，吴王因此给他封地。

同样是能够防止龟裂的药物，有人能够凭它来加官进爵，有人守着它，却不知道用它来改变自己以漂洗衣物为生的艰难生活。"不龟手药"是《庄子》中的一个寓言，意思是一个东西用处的大小不是绝对的，用在不同的地方，发挥的作用也就不一样，所以要物尽其用。故事中的宋人又做了件不动脑筋的事，但这件事是否真的是宋国人干的，只有庄子才知道了。

48

鞍之战

笑声惹出的祸端

《周易》有句话："言行，君子之枢机。"枢机，相当于杠杆的转轴，转轴处小小的变动，都会使外面的部分产生大的变动。这比喻人的一言一行虽看似轻微，但如果不慎重对待的话，将会带来祸端。公元前592年，齐顷公的母亲萧同叔子嘲笑了一个不该嘲笑的人，她的笑声，让两个国家都付出了很大代价。

公元前594年，继郑国之后，宋国也成为楚国的盟国，这意味着楚国已经完全取代了晋国的地位，被称为南蛮的楚庄王成为新的中原霸主。晋国在不能独自与楚国抗衡的情况下开始寻找联盟，他把目光投向了曾经的对手——齐国。

齐国在齐桓公去世之后，沉寂了几十年，这时的齐国君主齐顷公也在等待着重新崛起的机会。就政治而言，没有永远的敌人，只有永远的利益。公元前592年，晋国国君晋景公向齐国示好，派使者郤克出使齐国。这本来是件大好事，令人想不到的是，此次会面非但没有拉拢两国的关系，反而引发了一场大战。

《史记·晋世家》颇为戏剧性地描绘了齐顷公接见郤克的场景。郤克朝见齐顷公的时候，鲁国的使者和卫国的使者也在场。凑巧三个人都有些身体上的缺陷，一个是驼背，一个是瘸子，一个是独眼瞎。齐顷公一时兴起，想出个馊主意，叫三位同样残疾的侍者，引领三位使者走进朝堂：驼背后面跟着驼背，瘸子带着瘸子，独眼瞎领着独眼瞎。这样的场面，古怪又滑稽，大臣们出于礼数，忍着不敢笑，可是躲在帷幕后面看热闹的人，却忍不住笑出声来。这个人不是普通人，是齐顷公的母亲萧同叔子。

我们听说过垂帘听政，就是皇太后坐在帘幕后面帮助幼小的国君打理国家事务。春秋的时候居然还有"垂帘"看热闹的！原来这个母亲，没有看过外国使者朝见齐国君主的场面，就向儿子齐顷公提出看一看的要求。齐顷公也没有多想，就让母亲躲在大帐后看。不想，刚才那一幕恶作剧，把母亲逗乐了，这个性格开朗的萧同叔子咯咯地笑出了声。这一下，麻烦大了。

郤克的腿脚不灵，耳朵却不差。他听到了笑声，马上意识到自己被人给嘲笑了，觉得那笑声如同一把尖刀插进自己的心里，很是愤怒。当他弄清楚是谁在笑他之后，更加愤怒。郤克等不及事情办完，驾上马车就离开了齐国。

一路上，萧同叔子的笑声像是紧紧跟着，怎么甩也甩不掉。愤恨不已的郤克，在渡过黄河时，对着黄河水发下毒誓："所不此报，无能涉河！"（《左传·宣公十七年》）不报此仇，就再也不过这条黄河。

郤克回到晋国之后，立刻禀报晋景公，要求领兵讨伐齐国。晋景公一听郤克开战的理由，连连摇头，因为被齐顷公的母亲笑了几声就宣战，实在荒唐。晋景公不同意，郤克接着请求，国家不给我军队，我自己私人养着兵，请允许我自费打齐国。晋景公还是摇头，那也不行，会弄坏我们跟齐国的关系。郤克向晋景公提出的请求，一个比一个不讲道理，他能在国君面前，把自己的恩怨直言不讳地放在国家利益之上，可见其在晋国的势力是多么的强大。这就是霸主的国家，国家为了争霸争来打去，跋扈的大臣们，比国家还跋扈，这样的霸业注定要衰落啊！

郤克的怨恨没有因为晋景公的拒绝而削减，心中被笑声刺中的伤口在不断地恶化、溃烂。郤克终日闷闷不乐，一门心思想着如何找机会报复齐国，和先前那个睿智、果断的大臣判若两人。

郤克怪异偏激的举止让一个人深感不安。他就是晋国的上卿随武子。晋楚邲之战的时候，随武子是上军主帅，郤克是军佐，是随武子的助手，晋军溃败的时候，他们的合作使得随武子统领的上军全身而退。随武子和郤克共事多年，深知郤克的才干和为人。现在自己的老部下举止怪异，随武子并没有去开解他，而是做出了一个让大家都吃惊的举动——提前把上卿的位置让出来，让郤克继任。随武子的两个儿子也很不理解，父亲管理晋国干得好好的，为什么突然就不干了呢？随武子道出缘由："《诗》曰：'君子如怒，乱庶遄（chuán）沮（jǔ）；君子如祉（zhǐ），乱庶遄已'。"（《左传·宣公十七年》）意思是有德君子的喜怒可以制止祸端，但如果不是君子，他的喜怒往往会制造祸端。随武子认为郤克的行为迟早会制造出祸端，如果他能把怨恨发泄在齐国，就不会对晋国造成太大的伤害，可他的仇要是报不了，那就会成为晋国的祸害了。"我把位置让给他，让他有机会去攻打齐国，把他的愤怒发泄掉，这样也许能避免晋国的祸乱吧！"

李山说

随武子的做法对国家是不负责任的。他说让郤克到齐国头上泄愤，话说得好听，其实是怕郤克与自己作对，对自己家族不利。自己身为执政大臣，正确的决策是不让郤克去跟齐国打一场泄愤的战争。但这样一来，不就得罪郤克了？这是不合乎自己家族利益的。随武子懂得以柔克刚之道，所以，干脆把权力让给郤克，让他自己去折腾，起码自己的家族可以不受这个人的害。

公元前592年的八月，随武子辞去上卿之职，郤克顺理成章地成为上卿。

一晃三年过去了，公元前589年春，齐国和鲁国、卫国发生战争。鲁国、卫国是晋国的盟国，他们相继到晋国求救，晋国现在出兵攻打齐国名正言顺了。熬了三年，郤克心头的愤恨何尝有半点消散！

晋景公命郤克为主帅，带兵前往鲁国救援。史书上记载，晋景公给郤克派了七百辆战车，这个数目与当年晋文公和楚国大军在城濮大战中使用战车的数目一样，在当时的战争规模中算得上是很大的了。可郤克觉得还是不够，又让晋景公给他添了一百辆。

准备妥当，郤克带着晋军八百辆战车，加上鲁国、卫国的军队，赶往三国交战的战场。

接下来的场景类似狗追兔子。齐顷公得知晋国的援军赶过来了，好汉不吃眼前亏，便赶紧往齐国撤退。齐顷公撤得快，郤克追得更快，在一个叫靡笄（mí jī）山的地方追上了齐军。在人家的地盘上和这么多人较量，齐顷公心里没底，继续带着部队往回撤。郤克在后面紧紧地追，在一个叫作鞌的地方，又把齐军给追上了。齐顷公觉得逃是逃不掉了，便扎下营，准备应战。

公元前589年6月，齐国和晋国的"鞌之战"开始了。

先看齐军这边，齐顷公的帅车上，大夫邴（bǐng）夏驾车，大夫逄（páng）丑父为车右。郤克的帅车上，大夫解（xiè）张驾车，郑丘缓为车右。齐国和晋国多年没有较量过了，这场仗胜算如何，齐顷公心里没底，所以开始的时候，他一直在逃，希望能够躲过和晋国联军的正面交锋。现在要开打了，齐顷公不知哪里生出的自信，说道："余姑剪灭此而朝食！"（《左传·成公二年》）我把他们灭了再回来吃早饭。齐顷公撂下这样的话后，为了图快，等不及套好马上的盔甲，就带着军队进攻了。齐顷公心急火燎的劲，后来演变成了一个成语叫"灭此朝食"。

齐顷公放下大话投入战斗，一千多辆战车，成千上万的士兵顷刻间混战到了一起。战场上烟尘滚滚，车鸣马嘶，杀声动天。那个憋了几年的劲要报仇的郤克现在如何呢？

战争开始没多久，他身上就中了一箭，所幸没有伤到要害。为了鼓舞士气，郤克一直坚持着擂鼓，越使劲，伤口的血流得越快，鲜血顺着腿淌进鞋子里。鞋子这会儿已经被血浸透，郤克忍不住对驾车的解张喊疼，暗示解张把车往回驶。可解张不买他的账，说道："早就有一支箭从我手掌心穿过，一直穿到我的手肘，外边还剩了一截！我把这截箭杆折断，一点没耽误我把车驾得飞快。你看看，左边的车轮、车轴都被我的血染红了。你疼，我比你还疼呢！"

郤克为了给自己报仇，这几年哭着闹着要打仗，没少折腾。可仗真的开打了，流了点血，他复仇的狠劲儿，就像被扎了针的气球似的，泄得好快，郤克身边的人当然看不惯。驾车的解张说完，车右郑丘缓也忍不住说："这一路上，车子陷进坑里多少次，我一次次冒着被箭射中的危险爬上爬下，把车推出来，让我们的车冲在前面。"打仗本来就是流血的事情，大家都没有抱怨，你凭什么抱怨呢！

不过看不惯归看不惯，道理还是要讲的，解张接着说："擐（huàn）甲执兵，固即死也。病未及死，吾子勉之！"（《左传·成公二年》）"擐甲"就是穿上铠甲，战士一旦穿上铠甲、拿起武器，就是要视死如归了，受了伤，只要还没有倒下，就要拼到最后。《孟子》中说"春秋无义战"，为了争霸，春秋的战争很少有正义可言，但是战场上的战士们却是大义凛然。

两位战友的话把郤克退缩的念头打了回去，可是伤口还在不断流血。过了一会儿，郤克真的支撑不住了，擂动的战鼓声音越来越弱。

古代战争中，主帅车上的鼓声对于一场战役的成败起着至关重要的作用。它如同将士们的耳目：进攻、撤退，全都靠着鼓声。一旦鼓声停止，失去号令的将士们会乱成一锅粥，仗就打不下去了。所以说"将死鼓，御死辔（pèi）"（《荀子·议兵》），意思是，打仗的时候，将军一定要死守在自己的战鼓旁，驾车的人一定要把住缰绳。晋军与齐军原本实力不相上下，拼杀的关键时刻，晋军帅车上的鼓声不响了，是绝对不行的。解张看郤克的确是擂不动鼓了，于是，他左手抓紧缰绳，右手从郤克手中夺过鼓槌，一边驾车，一边擂鼓。解张的手臂中还插着箭，一使劲，

疼痛无比，可解张全然不顾，用尽全力擂响战鼓，响声之大，"马逸不能止"（《左传·成公二年》）。轰隆隆的鼓声吓得马疯狂地奔跑，停都停不住。鼓声震天，车驰如飞，这股气势，让晋国的士兵一下子振奋起来。旗鼓相当的较量，靠的就是勇猛。晋军如同狂风般扫荡着齐国的部队，很快，胜负已见分晓。

"齐师败绩。逐之，三周华不注。"（《左传·成公二年》）齐军被打败了，而且败得很惨。齐顷公为了甩掉晋国战车的追赶，只有一直绕着华不注山转圈。

李山说

一场大战，起因于女子的笑声，其实是因齐国人外交场合不严肃。唐代有一位战功赫赫的大将军叫郭子仪，为人很谨慎。当时主持朝政的宰相叫卢杞，长得貌丑惊人，而且心理也极度敏感，心狠手辣。谨慎的郭子仪，每当卢杞来自己家谈事的时候，都要把家里人支开，让他们离得越远越好。为什么？就是怕家人见了卢杞，被他的容貌吓到，弄出点让卢杞不快的举动或声响，给自己和家人带来大祸。看郤克对萧同叔子笑声的反应，就知道郭子仪的谨慎，真是用心良苦。

49

三入敌营

国君为臣子出生入死

中国古代历史中，舍命救主的臣子不计其数，但是为了救臣子而出入险境的国君则是凤毛麟角。齐国和晋国的鞍之战，齐国大败，为了逃跑，齐顷公带领着残兵败将，围着小山转了三圈才甩掉晋军的追击。可是已经脱离险境的齐顷公，为了救大臣逢丑父，却连续三次不顾生死冲进敌营。

公元前589年，齐顷公输掉了一场因为玩笑而激起的战争——鞍之战。溃败途中，他的战车只能绕着华不注山逃命。

齐顷公的车太抢眼了，始终摆脱不掉晋国的追兵。晋国大臣韩厥的战车冲在了最前面。

古时打仗，战车上的安排是固定的，国君或主帅乘车时，他们要站在战车的中间，战鼓的下方；其他人的战车，驾车的人在中间，射箭的人在左边，大力士在右边。韩厥在战车上负责射箭，所以他在车子的左边。追着追着，韩厥突然想起自己战前做了一个古怪的梦，他梦见自己过世的父亲在梦里面嘱咐他："打仗的时候，要站在车的正中，不要站在车的两边。"这会儿想起这个梦来，难道是什么预兆？想到这，韩厥连忙和驾车的御者商量，和他换了一下位置，站到中间驾车。韩厥换好位置觉得踏实了，把马赶得飞快去追齐顷公坐的战车。

看到追兵越来越近，齐顷公战车上的射手逢丑父抬起弓箭瞄准敌人。危急时刻需要最快地消灭追兵的主力，驾车的邴夏给逢丑父出主意："射其御者，君子也。"（《左传·成公二年》）射驾车的那个人，他看着是个君子。古代的君子，有独特的修养。从小起行坐卧、洒扫应对，就有严格的教育。韩厥站在那儿，他那君子风度，想掩盖也掩盖不住。这让邴夏断定韩厥是车上的统领，把他先射倒肯定没错。逢丑父觉得很有道理，瞄准了韩厥，箭在弦上的时候，齐顷公发话了："谓之君子而射之，非礼也。"（《左传·成公二年》）你们明明知道他是个君子，还要射他，太不懂道理了，言外之意，你们两个所做是小人所为之事。

齐顷公在逃命的时候说出这样的话真是很有意思。这场大仗正是因为他不注意礼节，让自己的母亲躲在帘子后面偷看，才惹出的事端，性命攸关的时候又如此讲"礼"，不知是聪明还是糊涂。

逢丑父听了齐顷公的话，只好瞄准韩厥身边的人。逢丑父是个神箭手，接连两箭之后，车上三个人就剩下韩厥了。韩厥偏是个不要命的，身边的人都倒下了，他依旧把车驾得飞快，紧追不舍。逢丑父恨得牙痒痒，真想再来一箭，射倒韩厥，大家就安全了。可齐顷公的命令，逢丑父不敢违背，只得加紧逃命。

韩厥不可能听见齐顷公的话，大概觉得躲过两箭，是自己的老父亲显灵在保佑，更加放心大胆地追。追着追着，韩厥看见前面有个晋国的大臣綦毋（qí wú）张。这个大臣的战车在打仗时丢掉了，韩厥停下车，让綦毋张上来。綦毋张上了战车要赶紧站到战斗的位置上。可是，綦毋张站到韩厥的左边，韩厥用左胳膊肘把他往右顶，綦毋张站到韩厥的右边，韩厥用右胳膊肘把他往左顶。綦毋张好生奇怪，韩厥是什么意思？可是看着韩厥紧张驾车的样子，又不好问，那就站到他身后试试。綦毋张站到了韩厥的身后，韩厥终于不再顶他。其实，韩厥是在保护綦毋张，韩厥认为自己站的位置有老父亲的魂灵护佑，站到两边都有可能被射死。可两个人站在中间，地方太小，韩厥一手拿着缰绳，一面伏下身，试着腾出些地方。

就在韩厥俯身的工夫，逢丑父一把把齐顷公拽到自己的位置上，他站到了车子的中央。春秋时期，主帅的战车和一般战车区别很大，但主帅和其他将领们穿的衣服却没什么两样。逢丑父眼看战车就要被追上，情急之下想出换位置的办法，希望能顶替齐顷公，让他逃过这一劫。

当真是祸不单行。追兵追得紧，齐顷公的马车还被树枝给挂住了。逢丑父赶紧跳下车，使劲把车子往外拉，可战车却纹丝不动。车上的人好生奇怪，逢丑父是大力士，怎么连战车都推不动了呢？看着大家焦急疑惑的眼神，逢丑父心里万分悔恨。原来，战斗的前一晚，逢丑父睡在战车里，一条蛇从他身边爬过，他就用手肘去打这条蛇，然而使过了劲儿，把自己的手肘也给弄伤了。第二天要开战，逢丑父怕不能上阵杀敌，就隐瞒了伤情，现在要用胳膊的力气推车，却因为受伤使不上劲了。关键时刻，连累了整个战车上的人。

大家只得在原地眼睁睁地看着追兵来到了眼前。

韩厥因为举止像个君子，在逢丑父的箭下逃过一命。那他到底是不是真君子呢？只见韩厥走到齐国君主面前，行了两次稽首的大礼，然后双手捧着酒爵和玉璧，谦卑地献过去。行完礼，韩厥说道："我们不是想在你们国土上打仗，是国君命令我们，给鲁国和卫国讨个公道。作为臣子，我必须参加这个战斗，好好作战。很不幸，遇见你们，我也必须尽到战士的责任！"韩厥跑得这么快，不就是为了捉住齐顷公吗？可话里听不出一点要抓人的意思，这就是君子的礼貌吧，在战场上恪守和争斗完全无关的礼节，让人在残酷的战争面前也充满尊严。

李山说

看春秋时人打仗，战场上往往有两种战斗同时展开。一种是武力的厮杀，就是武斗；还有一种战斗，那就是各国的贵族将士在敌人面前，展现自己的教养，是武力之外的文雅较量，可称之为文战。武战加文战，正是春秋战争故事有文化和好看的地方。

韩厥知道自己擒住的是齐国君主，可他之前没有见过齐国君主，对面的齐国人又都身着军装，所以他只好对着车上坐在正中的人行君臣之礼。他不知道，这时候齐国的君臣已经交换了座位，他是对着逢丑父行礼。他的行为让逢丑父心中大喜，看来自己的调包计成功了！逢丑父脑子飞快地转，立刻想出了让齐顷公逃跑的机会。他眼睛左右扫了一下，发现不远处有泉水。"丑父使公下，如华泉取饮。"（《左传·成公二年》）逢丑父让齐顷公下车，去泉水边给他打些水来喝。国君命令自己的臣子取水，韩厥当然不能拦着。齐顷公赶紧下了车，转进树丛几下就看不见了。韩厥等了一会儿，不见人回来，看来取水的人不会回来了，反正大鱼已经捉住，小虾跑就跑了吧，于是带着假齐顷公乐滋滋地回去复命。

齐顷公跑出没多远，就看见了自己人。照理，能够化险为夷，抓紧机会逃跑。可齐顷公不肯，而是做出了"求丑父，三入三出"（《左传·成公二年》）的惊人之举。

怎么个三入三出呢？

齐顷公带领着自己的军队冲进了晋国的阵地，战士们用身体和盾牌组成一道防护墙，在敌营中为齐顷公杀出一条道路，可是他们在晋国的阵地中没有找到逢丑父。

晋军在这次战斗中联合了卫国和狄国的军队，在不同的地方防守。齐顷公一看晋国阵营里没有逢丑父，立刻驱马奔向狄国的阵营。将士们好不容易护卫着他从敌营里面逃出来，他迫不及待又要冲进下一个敌营，大家拦着他，希望他不要再冒第二次险。可是齐顷公一门心思要把逢丑父救出来，早已不再顾忌国君的身份，他不顾大家的拦阻，率先冲进了敌营。

为了别人而豁出自己性命的人，会得到上苍的护佑。《左传》中描述："狄卒皆抽戈、楯冒之。以入于卫师，卫师免之。"（《左传·成公二年》）齐顷公冲进狄国营地时，狄国士兵非但不拦阻，还拿起戈和盾护着他；他冲进卫国的营地，卫国的主帅下令谁也不要动手。齐顷公在敌营中三进三出，士兵们有的惊讶，有的佩服，有的羡慕，输赢、生死、敌我，此刻都不重要，大家只想守护这份国君对臣子的爱护。

这样的事情，也只有春秋时期才有。为什么？那时候的战争，不是为了杀人、夺土地、抢国家，而是纠正你的错误。大家原本都是周王朝的属下，你有了错误，周王强大时，会找其他诸侯来纠正你的错误。现在周王衰微了，诸侯代替周王行道，征伐你，纠正你的错误。所以，当时的人们知道尊重他国的君主，甚至当时边地之人，也懂得这一点。

当齐顷公在敌营中拼命找寻逢丑父的时候，逢丑父早已被押到了晋军主帅郤克的面前。郤克认识齐顷公，一看是冒牌货，气呼呼地喊道："推出去斩了。"逢丑父早就料到会有这样的结局，仰天长叹道："自今无有代其君任患者。"（《左传·成公二年》）意思是，从今往后再也不会有替自己国君受难的人了。郤克不是一般人，逢丑父的话一下子点醒了他，如此忠君的人被杀了，以后谁还会为国君卖命啊。"我戮之，不祥。"（《左传·成公二年》）这样的大臣死在自己的手上，可不是件吉利的事情。郤克是否因害怕报应而放掉逢丑父，史书上有着不同的说法。但是，齐顷公和逢丑父君臣之间不畏生死、互相救助的故事，成为感人的历史传奇。

几番努力，还是没有找到逢丑父，齐顷公遗憾地离开了战场回国。不久，部队进入徐关，到这里就是齐国的地界了。古时的消息传得很慢，守关的士兵们并不知道自己的国君打了败仗，看着前来迎接的士兵，齐顷公说道："勉之，齐师败矣。"（《左传·成公二年》）大家努力守卫，我们战败了。与大战前夸口说"灭此朝食"的自负狂妄相比，此话实实在在。看来，打败仗对于齐顷公，对于齐国的百姓而言未尝不是件好事。之后，齐顷公像换了个人似的，收敛性情、专心政事，政绩虽然比不上当年的春秋霸主齐桓公，也努力做到了"百姓附，诸侯不犯"（《史记·齐太公世家》）。

齐国的事先放放，回过头再来看看郤克怎么了结这场玩笑引发的恩怨。

鞌之战，晋国率领的联军大获全胜，但是晋军主帅郤克并不甘心，这和他想象中的报仇雪恨还差一截呢。郤克带着晋国、鲁国和卫国的部队紧随着齐顷公的部队，追到了齐国的城下。齐顷公已经掂量出了自己的实力，不敢再打，叫大臣宾媚人去和郤克谈判。宾媚人带着宝物和割让的土地拜见郤克，又是认输，又是赔礼，郤克的答复是，要想停战，可以，但要答应两件事。

第一，把齐顷公的母亲萧同叔子送到晋国当人质；第二，从今往后，齐国的耕地要东西垄，不能南北垄。

第二个条件事关晋国的利益，说的还是人话，可第一个条件明摆着就是公报私仇了。为了一声嘲笑就发动战争，打赢了还不解气，对方赔礼也不行，一定要把当年惹恼他的人拉回去当人质。如此复仇，看来郤克内心的残疾比他身体的残疾不知厉害多少倍！

郤克近乎神经质的无理要求不仅让齐国的使者大吃一惊，估计在场人也都吓了一跳。

宾媚人非常气愤，回答道："如果晋国这么不讲道理的话，我们只好'收合余烬，背城借一'（《左传·成公二年》）。"意思是，我们只有聚集起齐国民众，背靠城墙，跟你们拼死一战了。

一个蛮横，一个强硬，这场面让卫国和鲁国的使者吓出一身汗。齐国紧邻卫国和鲁国，要真是豁出去他们开战，晋国大军在还好说，可晋军一旦撤走，齐国不豁出命找他们算账才怪。卫国和鲁国使者赶紧站出来打圆场，他们劝郤克："这次打仕，齐国死了那么多将士，已经给他们足够的教训了。我们现在收了他们的土地和宝物，以后还能当邻居。"言外之意，是叫郤克见好就收，晋国离齐国远，发狠不要紧，可是要给他们这些在齐国眼皮底下的人留条生路啊！

　　郤克心里是一万个不愿意，可若固执己见，得罪的就不仅是齐国了。无奈之下，收回要萧同叔子到晋国当人质的无理要求，拿了齐国进献的宝物和土地撤回了晋国。

东西垅

　　垅就是田埂。从晋国到齐国是东西走向的，所以，如果齐国的田埂都是东西走向的话，晋国的战车走起来就会很顺利，相反，如果田埂是南北走向，就不好走。

小知识

　　郤克的仇放下了吗？当然没有。

　　公元前588年的夏天，齐顷公来到晋国拜见晋景公。古时诸侯拜见有授玉之礼，双方互相交换玉器，这是一种表示相互信任的重要仪式。齐顷公在晋国的大堂上与晋景公交换玉器，郤克又出场了。他快步走过来，到齐顷公面前说道："此行也，君为妇人之笑辱也，寡君未之敢任。"（《左传·成公三年》）你知道吗？你这次大老远跑来和我们结盟，是当年那个笑声的结果！如果你觉得屈辱的话，把账记到你母亲身上吧，和我们的国君没有任何关系。

　　这正是大堂上进行重要典礼的时候，和他当年拜见齐顷公的场景太相似了。郤克终于可以把插在自己心头多年的剑拔出来，插到齐顷公身上。看着齐顷公一脸的尴尬，郤克总算得偿所愿了。

齐鲁之风

春秋时期，齐国和鲁国民风淳厚，即便是寻常百姓也是克己守礼。

《左传·成公二年》记录了一个这样的故事。齐顷公打完鞍之战回国的时候，在前面的路上看见一个女子。古代君主或者大人物途经之处，前面得"辟路"，就是让闲杂人等先避让一下。可这个女子站在路当中，不肯让开。她并不认识齐顷公，只是觉得这样的阵容，肯定是个大人物，应该了解战场情况。女子上前问道："我们君主脱险了吗？"对方回答："是的。"她又问："锐司徒（主管矛类兵器的官吏）脱险了吗？"对方回答："是的。"女子听到这样的回答，说："君主和父亲免于死难，就没有什么了！"说完，就跑开了。

亲人在战场上生死未卜，好不容易有个打探的机会，可是这个女子先问的不是自己家人而是国君，齐顷公觉得这个女子不仅爱国而且有礼，就叫人打探她的来历，得知是辟司徒的妻子。辟司徒是军中下级官员，负责看管营垒。原来她的父亲和丈夫都在军中，可是她问了国君，问了父亲，唯独没有问自己的丈夫，难道她不关心自己丈夫的安危吗？当然不是。先问后问，外加不问，这都是典型的守礼而有内涵的表现。

50

祸福相依

鄢陵战场上的塞翁

　　寓言"塞翁失马"中的塞翁，是战国时期的一个老人，他看问题和寻常人很不一样。别人认为的好事情，他不认为好，别人认为不好的事情，他却觉得不是坏事。大家接受不了塞翁的观念，认为他脑子有问题，可最后的结果却证明了塞翁的远见和智慧。春秋时也有一个像塞翁一样能够不被现状所蒙蔽而很有远见的人，他就是晋国大臣范文子。晋军和楚军在鄢陵战场一争胜败的时刻，他苦苦劝告大家：不要打胜仗，赢了比输还要可怕！只可惜智者的声音如同塞翁的预言一样，被一群平庸的人当作了胡言乱语。

在楚庄王的统治下，楚国的势力如同一把锋利的宝剑，散发出最闪亮的光芒。公元前591年，随着楚庄王的过世，宝剑的锋芒开始慢慢变暗。与此同时，楚国的老对头晋国的形势也不容乐观。这两个春秋时期的超级大国为了争霸，每年在打仗上可没少花钱，打来打去，谁也占不了上风，却都累得筋疲力尽，国家也因战争不堪重负。于是，两个国家打算"弭兵"，相当于签订停战协议，大家都不再盯着对方，歇歇吧。

公元前579年，晋国派大臣郤至到楚国结盟。接待郤至的是楚国大臣子反。子反曾跟随楚庄王围攻宋国，为了遵守和宋国执事华元的约定，极力坚持让楚庄王和宋国议和。当时他是军中的谋士，现在已经是楚国的令尹了。子反引领郤至来到厅堂上，这时传来了"金奏"的乐声。古时典礼中用的音乐，天子和诸侯是不一样的，"金奏"是天子典礼之乐。郤至听到用这种乐曲来迎接他，觉得这是对周天子的不敬，不敢步入堂内。子反便催促他："我们国君已等候多时了，赶紧进去吧。"郤至说："我只是一个使臣，怎么配用这样的音乐，若是以后我们两国的国君见面，那该奏什么乐呢？"郤至不愿意破坏规矩，子反却不以为意："托老天的福，我们两国国君能够见面的话，只需'一矢以相加遗'（《左传·成公十二年》）。""一矢"就是一支箭。子反的意思是，两个国君若是相见的话，不就是在战场上吗，那时刀来剑往，还奏什么乐呢？子反半开玩笑半说真话，郤至听了不舒服，吃下去的饭都窝在了胃里。

回到晋国，郤至没敢向国君提起此事，而是告诉了自己的好友范文子。范文子一家在晋国是个大家族，他的父亲就是在邲之战中带领自己队伍全身而退的随武子。范文子不仅继承了父亲的智慧，而且为人更加敦厚、耿直。

听了郤至的描述，范文子直摇头，说道："无礼，必食言，吾死无日矣夫！"（《左传·成公十二年》）晋国派使者大老远跑去签订盟誓，可子反的表现却这样无礼，范文子觉得无礼的人也不会是能遵守承诺的人，盟誓不过是装装样子罢了，早晚还是要上战场决战的。范文子悲观地预见，大家没有几天好日子可过了。

范文子对两国的前景很悲观，但这次会盟的确给两个国家带来了暂时的和平。可他们不折腾，一些小的诸侯国反而不平静起来。

楚国和秦国在地缘上有些相似，一个在西北，一个在南边，因为偏远，地处中原的国家认为他们和蛮夷差不多。虽然楚国的开国国君把自己当作周家的干儿子，周家私底下却一直把楚国当作外人。周王如此，其他诸侯莫不效仿。齐桓公还曾把楚国说成是南蛮，挑明了瞧不起楚国。随着楚国不断强大，中原的许多诸侯国不得不屈服在楚国的强势下。可现在楚国一打盹儿，那些口服心不服的中原小国就开始向另一个大国——晋国靠拢。看着原本称自己为老大的国家，三天两头地去朝见晋厉公，楚共王心里很不舒服。

接下来，又发生了一件让楚共王更不舒服的事。晋国趁着楚国不和他作对的间隙，抽空和秦国打了一仗，还打赢了。这下，晋国的声望更高了。晋国和楚国的关系本来就像烧滚水，一直翻腾着。盟会让两个国家消停了一下，暂时没往灶里面添柴。可现在楚共王气得鼓鼓的，这股气一吹，刚刚暗下来的火苗，又红了起来。

国君想打仗，令尹子反开始做战前动员，可不想打仗的人也大有人在。楚共王的弟弟子囊（náng）就不同意打仗，他说："我们歃（shà）血时割的伤口还没有长好呢，又要开战，不是把盟誓当儿戏吗？"子反反驳道："敌利则进，何盟之有？"（《左传·成公十五年》）意思是，只要敌人那一方面出现了有利可乘的机会，我们就要进攻。什么盟不盟的，我才不管呢。晋国的范文子真没看走眼，"无礼必食言"，子反开始说话不算话了。

楚国一位贤人申叔时也觉得子反这样大不敬地违反两个国家在神灵面前的承诺，不会有什么好结果，他的根据是"信以守礼，礼以庇身"（《左传·成公十五年》）。在古人的价值观念中，讲信守礼是一个人生存的根本，如果一个人连诚信和礼仪都缺失了，做人的根基就倒塌了，申叔时也认定子反不会长久。

公元前576年的夏天，子反带兵出征，楚国的军队没有立刻把矛头指向晋国，而是奔向了晋国的盟国郑国和卫国。

没想到，这次出征，楚国没占到便宜。

他们攻占了郑国一个叫作暴隧的地方，郑国人立刻还以颜色，带兵攻下了楚国的新石。楚国没想到郑国现在如此强悍，只好放下老大的架子和郑国人商量：楚国把汝水南边的田地给你们，我们讲和吧。郑国人向来立场不坚定，楚国、晋国，跟着谁不都是当小弟么，于是收下楚国的土地，成为楚国的盟国。

楚国用一块地就把郑国给笼络走了，晋国人当然不干。弭兵了两年后，两个国家又翻脸了。翻脸就意味着重新开战，但是谁先动手呢？

打仗是国君的意愿，出力卖命的却都是老百姓，所以民心向背决定战争的输赢、决定国家的命运。孔子说："若朝廷无礼，上下无亲，民众皆君之仇也，君将谁与守？"（《说苑·指武》）意思是如果百姓不待见君主，谁还会守卫国君，守卫国家？所以，明智的国君打仗会给臣民们找一个合理的开战理由。春秋初期齐桓公和管仲对诸侯的征讨，举的就是"尊王攘夷"的大旗，齐桓公打仗是为了维持中原的秩序，让百姓过安稳些的日子，这种仗打起来，上下齐心。

到了春秋末期，战争性质发生了很大的转变，大国之间的争斗像是泼妇骂街、无赖斗气。自己生气吵架，让百姓无端送命，这样的仗打多了，往往是赢了别人，伤了自己。所以当晋国的中军主帅栾武子在朝堂上嚷着要向楚国宣战的时候，韩厥劝他："让楚国背弃盟约挑起战争吧，他们这样不断打仗，不用我们进攻他们，老百姓早晚也会造反。"韩厥看得很透，楚国这样折腾，不用多长时间，晋国不打他们，他们日子也不好过了。

韩厥的话很有道理，可晋国现在几个大家族你争我斗，如果出征打击楚国，则是提升家族势力最好的机会，加上晋厉公也刚当上国君，年轻气盛，等不及楚国自己搞垮自己。很快，晋厉公亲自带领大军向郑国进发了。

晋国人打来了，郑国赶紧向楚国求救，楚国早就等着呢，立马出兵。

得到楚军赶来增援的消息，晋军将领们开始摩拳擦掌，当中不少人参加过鄢之战，当年被楚军追得屁滚尿流，现在是雪耻的机会呀。大家兴奋地备战，范文子却上来浇了一盆冷水："我伪逃楚，可以纾（shū）忧。"（《左传·成公十六年》）我们假装害怕逃跑吧，这样可以减少我们的忧患。

老对手在眼前，打都没打，就要假装害怕、逃跑，还说逃跑能减少忧患，这是什么话呀！郤至立刻站出来反对："当年，我们的先祖晋文公和楚军对峙，论实力、比人数，都不如楚军，如果他当时也害怕逃跑的话，哪会有我们晋国的现在？我们要是逃跑，上对不起祖先，下是自取其辱。"

郤至的话说出来，大家都点头称是，脾气不好的甚至觉得范文子就像逃兵，鄙夷地看着他。

范文子没有在意大家怀疑、蔑视的目光，解释道："我们先君东征西讨是因为那时秦国、齐国、楚国都很强大，如果他们不尽力，子孙后代就将被削弱。现在两强国已经屈服了，敌人只有一个楚国罢了。只有圣人才能做到使国家外部和内部都不存在忧患啊，如果不是圣人，不懂得居安思危，外部安定，内部必然还有忧患。为什么不暂时放过楚国，让晋国对外保持警惕呢？"范文子的理论听得大家面面相觑，不知所云。前面说，逃跑比打胜仗还能够替国家分忧，这会儿又说，把敌人都消灭了不是好事。难道范大夫脑袋里面进水了不成？

李 山 说

寻常人看问题，就事论事，福就是福，祸就是祸，往往只能看到事情的一面，而眼光长远的智者，他看的是全局，不会为眼前暂时的利益所蒙蔽。

现在，大家都觉得打败楚国是件大好事，既可以压制楚国的势力，又可以让其他国家臣服于晋国。可是范文子却透过胜利看到了自己的国君晋厉公以后的作为。为什么这么说呢？

晋厉公的谥号是"厉"。谥号是对一个人生前的评价，这个人生前非常厉害，却滥杀无辜，就叫"厉"。当时晋厉公亲自带兵作战，若是打了胜仗，国君势力就会大涨，但晋国家族势力同样也在涨，这么涨下去，早晚两股势力要一较长短。国君和贵族们的战斗，甚至比外患还可怕。《道德经》里说："祸兮福之所倚，福兮祸之所伏。"说的就是这种福祸相倚的关系。两千多年前，范文子就具备了如此的哲学思想，是多么难能可贵啊！可惜，这种智慧的光芒没能照亮晋国统治者的内心。晋军迎着楚军进发，两军在鄢陵相遇了，晋国和楚国的第三次大的较量——鄢陵之战拉开了序幕。

范文子祈死

鄢陵之战晋军打赢了，让自己多年的敌人低下头，晋国上下欢腾雀跃，把酒庆功。在胜利面前，晋国君臣都飘飘然。只有范文子不但没有感到高兴，反而忧心忡忡，认为整个国家现在处在了灾难边缘。他甚至希望自己快点死去，一死百了。从鄢陵回国以后，范文子对自己族里主持祭祀的族人祝史说："君骄侈而克敌，是天益其疾也。"（《左传·成公十七年》）意思是我们的君主很骄横，也很跋扈，但就是这样我们还能胜利，这是老天在养你的毛病，为的是高高地捧你、狠狠地摔你。范文子无力去扭转晋国将要面临大难的局面，只得采取了极端的方式让自己的家族避祸。他回家以后就请巫师、巫婆咒他，希望用自己的死来挽救整个范氏家族的灾祸。

不知是巫师们的诅咒灵验了，还是他忧虑成病，鄢陵之战一年之后，这位先知般的老人去世了。他去世前已经看到了晋厉公和几大家族之间的剑拔弩张，他最不愿看到的事情依旧不可避免地发生了。晋厉公准备下手对晋国几大家族实行清洗，而几大家族为了生存联手将晋厉公杀死在翼城。一国之君没有被葬进祖坟，而是被草草地葬在翼城的东门外，一辆马车成了他唯一的陪葬。

51

战场上的叛臣

透视眼的较量

我们现在玩的军棋游戏其实是一种战争的模拟，双方的对垒如同古代战场上的两军对阵，下棋的双方谁都不知道对手的情况，要靠经验和运气取得胜利。可是假如眼睛能够透视，看见对方的棋子布局，那游戏玩起来就轻松多了。公元前575年，晋军和楚军打仗，他们真的都长了透视眼，谁都没有了秘密。这是为什么呢？

春秋时期，齐国、楚国、秦国和晋国这几个国家为了当霸主不断地争来斗去，其中楚国和晋国这两个国家争霸的时间最为长久，他们之间的战争把春秋划分成了几个阶段。公元前632年城濮之战晋文公取威定霸，一跃而成为中原霸主，号令诸侯。楚国在很长时间里北进中原的势头受到遏制。公元前597年邲之战的结果是楚庄王兵进中原，陈师周疆，俨然取代了晋国而成为诸侯之首。接下来的鄢陵之战是晋、楚争霸战的第三次战役，也是两国军队最后一次主力会战。这场大战之后，两百多年的春秋历史进入了尾声。

公元前575年的初夏，晋国和楚国的第三次较量开始了。两个国家对于这场战争都很重视，国君亲自带兵上阵。面对强敌，两边的国君自信满满。为什么这么说呢，他们认为手中捏着必胜的王牌——对方国家的叛臣。

在自己国家待不下去了，逃到别的国家为对方服务的大臣叫叛臣。这些人大都是朝廷重臣。接受这些人的国家都冒着引发两国纷争的危险，但也有很大好处，因为他们是非常重要的资源。尤其是在战场上，他们就像透视眼，能够帮助统帅把对方的情况看得清清楚楚。

先看看楚军的透视眼是谁。他的名字叫伯州犁，来自晋国，他逃到楚国当叛臣都是因为他父亲伯宗的缘故。

伯宗说起来是晋国很能干的老臣，我们熟悉的成语"鞭长莫及"就是出自他的口中。但往往聪明能干的人容易犯一种毛病——恃才傲物，说起话来不注重别人的感受。伯宗平日里说话直来直去，还喜欢显摆，时间长了，得罪了不少人，自己都还不知道。一天，他下朝回家对自己的夫人说："我今天在朝堂上发表的见解把大家都听呆了。"伯宗沾沾自喜地说着，可是伯宗的夫人却是紧锁眉头。伯宗的夫人也是个很聪明的人，而且比伯宗显更加有智慧。

聪明如同一把双刃剑，用得合适，思路敏捷，解决问题跟拿剑砍豆腐似的，快得很；可用得不好就是聪明反被聪明误，不小心还把自己给砍了。智慧的人更懂得收放自如地使用聪明这把利剑，不会让小聪明伤着自己。

所以，每当伯宗夫人听到自己的丈夫卖弄时，便指出他的小聪明："盗憎主人，民恶其上。"（《左传·成公十五年》）偷东西的人讨厌主人，地位低的人讨厌比他地位高的人。伯宗夫人这话，意思是谁都不喜欢比自己高明的人，你现在总是显得比人家高明，这种小聪明还是不使为妙。

夫人种种劝诫，伯宗很是不服气，他决定把自己的同僚叫到家中，让自己的夫人亲自感受一下他实实在在的与众不同。于是，伯宗挑了个日子在家里请客，她的夫人就躲在后面听他们喝酒聊天。宴会结束以后，他的妻子说："那些大夫们确实不如你。"伯宗一听很释然，说道："我说他们很佩服我，你现在相信了吧。"伯宗很聪明，为人也不坏，但是想问题比较简单，他觉得被人夸是好事，但伯宗夫人意识到："难必及子乎！"（《国语·晋语》）伯宗的聪明不仅会给他自己，甚至会给他们的儿子都带来危险。伯宗夫人让伯宗赶紧为儿子伯州犁找个可以帮助他的贤人，以备不测。

不出伯宗夫人所料，厄运很快降临到了伯宗家。伯宗被郤氏家族杀害，伯宗的儿子在贤人毕阳的保护下逃到了楚国。

现在，伯州犁在楚国的阵营中，望着自己曾经的国君，望着国君身边那些手上沾着自己亲人鲜血的晋国臣子。

李山说

伯宗家的遭遇，表明晋国容不下贤人，实际是政治风尚变得糟糕了，这是晋国衰落的表现。

再看看晋军这边的叛臣，他叫苗贲（bēn）皇。当年楚庄王收拾若敖氏家族，有个叫斗椒的，苗贲皇就是斗椒的儿子，他躲过大难逃到了晋国。这会儿他就站在晋国阵营的最前线。

两位叛臣眺望着自己曾经的国君，眺望着国君身边那些曾经是朋友的敌人，心中应该都翻滚着仇恨，但那些即将要为国君赴死的人中也有自己的族人呀，一旦开战，刀剑不长眼睛，它会杀掉仇人，也会让亲人流血。然而没有时间再想，两个国家的较量，两个叛臣的较量已经开始了。

楚共王登上专门用来查看对方军情的高高的巢车，查看晋军的动静，伯州犁站在车边。楚共王看了看，问道："我看到晋军的战车在左右驰骋，这是在干什么？"

下边伯州犁就说："那是在传命令。"

楚共王接着问："现在中军帐前一大群人往一块儿凑，在干什么？"

伯州犁说:"那是在合谋呢,聚在一起商量事情。"

楚共王又问:"这会士兵们张起了幕布,在干什么?"

伯州犁说:"那是在向先王占卜呢。"

古代打仗,要把先王的牌位放在战车上,向先王的牌位占卜。

楚共王看着他们占卜,接着又说:"帐幕撤了。为什么撤了?"

伯州犁回答:"准备要发命令了。"

突然间,晋军阵营中一片嘈杂,伴随着尘土飞扬。楚共王看见对面"甚嚣尘上",赶紧问伯州犁:"怎么了?"

伯州犁说:"那是在填井、平灶膛。"

楚共王又发现了新情况:"战士们上战车了,可战车左右的士兵拿着兵器又下来了,这是在干什么?"

伯州犁说:"这是要听誓命了。"

古代打仗,战前主帅要发布誓命,相当于最后的战前动员,谁努力打仗,就有赏;谁打仗不出力气,就要罚,要杀头。

楚共王看完晋军誓命,问道:"是不是发完誓命以后就打了?"

伯州犁回答说:"这个可不好说。"

果然,伯州犁话音未落,楚共王又发现新情况了,说道:"士兵们上车了,可是很快又都跳下来了。"跳上跳下,还没打仗,都折腾得够呛啊!

伯州犁赶紧解释:"那是在祈祷,将士们向鬼神祈祷胜利。"

楚共王观察得很认真,对方的每一次动静都不放过。从他的提问中,可以感觉得到,要么楚共王打仗打得少,要么就是中原的军队和楚军作战很不一样,要不,他怎么什么都不知道呢?不过楚共王和伯州犁的一问一答如同纪录片一样,把晋军战前的准备原原本本地重现在我们面前:拜先王、发誓命、求鬼神,将士们不断聚拢散开,从战车上跳上跳下,战前的准备可真是复杂呀!伯州犁如同一个现场解说员,把晋军的动向向楚共王介绍得一清二楚。

就在伯州犁给楚共王当解说员的时候,苗贲皇也没闲着。他做的不仅是解说员的工作这么简单,他还把楚军致命的弱点告诉了晋厉公。楚国人打仗,习惯于把最精锐的部队放在国君统领的中军队伍中,所以楚国的中军大都是贵族,聚集着楚共王的兄弟侄子。中军就是整个军队的灵魂,是刀剑的锋芒。但如果这支队伍被击溃，楚军就如同失去锋芒的刀尖，不再有进攻的能力。苗贲皇把楚军这个特点告诉晋厉公，等于是献给了晋厉公一个毒招：晋军只需把楚军的两翼队伍吸引开，再全力进攻他的中军，只需一记重击，他们就完了。

有句老话叫家贼难防。敌人的千军万马也不见得比养在家里的敌人更可怕，这些叛臣就是家贼。春秋时期，从一开始就不断打仗，两百多年打下来，从英雄间的比拼变成现在家贼的较量，整个时代在加速没落！

李山说

这场战争关键的地方是叛国大臣在鼓噪，春秋争霸要进入尾声了。

52

子反醉酒

楚军夜遁逃

喝酒误事，从古到今都是这样。日常
生活中，喝醉了问题还不大，战场上喝醉了，
可就误大事了。公元前575年的鄢陵战场，
就因楚军主帅子反醉酒，误了楚国大事。

楚国和晋国在鄢陵打起来了，这场仗打得很辛苦。"旦而战，见星未已。"(《左传·成公十六年》)一大早，太阳还没升起来呢，他们就开战了，一直打到星星出来了，他们还在打。战场上文臣武将个个都是人物，实力相当的两个国家，可没那么容易就分出胜负啊！

首先上场的是晋国大力士栾铖（zhēn）。他是晋厉公的车右，主要任务是保护君主的安全和战车的行驶畅通。此时，君主的战车不小心陷进了一片泥泞之地，这时，将军栾书的战车冲了过来。栾书一看国君战车陷在泥坑里，焦急地让晋厉公赶紧从车上下来坐到自己的战车上，他想帮助晋厉公赶快脱离困境。可是，晋厉公的车右栾铖不干，生气地叫栾书站到一边去，别来管他的事情。他说出三条栾书不能随便管闲事的理由。第一，国家大事，哪能都你一个人包揽呢！第二，这车归我管，你跑过来掺和，那就是越权，是对我的不信任。第三，你放下你的职责，过来管国君，这是擅离职守。栾书没想到自己的好心会变成渎职，立刻按照栾铖的话退到一边。栾铖说罢，站到陷进去的车轮边，用手抱住车轮，大喝一声，一辆沉重的战车就从泥坑中被抬了出来。之后，栾铖跳上战车，继续往前冲。

接下来出场的是楚国的神射手养由基。"百步穿杨"的成语说的就是他，一百米外杨树叶大小的东西，让他来射，百发百中。他不仅射得准，射箭的力量也非常大，常人一箭能射穿一层铠甲就不错了，可是他能够一箭射穿七层铠甲。说养由基能以一敌十，一点也不夸张。战场上，这个神箭手一箭射倒一个，杀得正欢，突然被楚共王喊了去。养由基赶到楚共王身边一看，楚王用布包裹着一只眼睛，脸上都是血。原来，楚共王被晋国的将军吕锜射中了眼睛，幸好保住了性命。楚共王又气又疼，立马把养由基喊来报仇。楚共王递给养由基两支箭，叫养由基找到吕锜。养由基接过两支箭离去。不一会儿工夫，养由基回来复命了，说吕锜已死于箭下，还剩了一支箭还给楚共王。这下，养由基又有了一个响当当的别称——养一箭。

春秋时期的战场上，比的不仅仅是武艺，还有道义，打仗也要遵守打仗的礼。现在晋国、楚国和郑国的国君都在战场上，并不是每个人都像晋国将军吕锜一样，见着国君为了抢功拿起箭就射，相反，厮杀之际，也有守礼的。

晋国的将军韩厥看见郑国国君，想起自己曾经在鞍之战中抓获过齐国国君，于是他对下属说道："我已经凌辱过一个国君了，不能再辱第二个国君，放了他吧。"这样，郑国的国君就从韩厥手里逃走了。可是，他没跑几步，又被晋国将军郤至追上了。郤至的手下赶紧建议派一队人包抄他，可是郤至不同意，说："伤国君有刑。"（《左传·成公十六年》）郤至认为伤害了一国之君就得受刑罚。郑国国君很幸运，两次遇险，都逃脱了。

凑巧的是，将军郤至放过了一位国君，又碰见了另一位国君楚共王。这时候，楚共王的一只眼睛已经被射瞎了，可他还坚持着在战场上指挥。郤至看见楚共王的战车，便立刻跳下车，给楚共王行礼。他遇到楚王三次，三次都这样行礼。

古代臣子给国君行礼，需要快步向前，摘掉帽子，弯腰稽首以示恭敬。可现在，郤至全身铠甲，不能弯腰，只能摘掉头盔，双手合拢致敬，行"萧拜之礼"，这是军人在战场上行的大礼了。楚共王一只眼瞎了，可是另一只眼看得很清楚，敌军的战车上突然跳下一个将军给自己作揖，而且连着撞上了三次，他都不嫌麻烦跳下战车恭恭敬敬地行礼。楚共王眼睛被晋军射瞎，本来正怒火中烧，对晋国人恨得是牙痒痒，没想到碰见这守礼的将军。对手尊敬你，当国君的姿态也得放高啊。于是，楚共王叫自己的手下给郤至还礼，"使工尹襄问之以弓"（《左传·成公十六年》）。打着仗，战车上只有兵器，顺手抽把弓叫人送过去。你死我活的战阵之中作揖送礼，这样的场景大概只有春秋的战场才有吧。

无独有偶，楚共王派人给晋国将军郤至送弓，战场的另一边，晋国的大力士栾铖也在派人给楚国的令尹送酒。这又是怎么回事呢？原来几年前，在晋国和楚国商定停战会盟的时候栾铖去过楚国，当时楚国的令尹子重问栾铖："请问晋军勇武如何？"栾铖回答："好以众整。"（《左传·成公十六年》）什么叫"好以众整"？就是我们的部队不论在多么匆忙、多么危难的情况下，都整整齐齐，不慌不乱，这是我们晋国军人的风范。子重又问："还有吗？"栾铖说："好以暇"。（《左传·成公十六年》）"暇"就是闲暇的意思，再忙的事情，在我们晋国的军队看来都不会手忙脚乱，都会从容不迫。这就是成语"好整以暇"的来历。这个成语的意思是，无论在颠沛流离的匆忙之时，还是在平稳安定的时候，都能够保持整齐而又从容的风范。当时栾铖在子重面前夸下海口，让他没想到的是，这么快就得兑现自己说的话。栾铖看见子重的战车，想想自己说的话，"好整以暇"，现在都打成一锅粥了，怎么个"暇"法呢？栾铖不仅有一身神力，脑袋也好使，马上想出个好主意。栾铖与身边的晋厉公商量了一下，把身边的一个小卒叫了过来，说："去，送一壶酒给子重！你要转告他：'老友见面，就是在战场上，也该叙叙旧。可我在给国君当车右，要保护国君的安全，所以不能亲自来，就派人来代替我请您喝一杯酒！'"送酒的人把酒送给子重，子重看着送过来的酒，不由得哈哈大笑，说："栾将军还记得几年前说过的话，真是好记性！"说完，也不含糊，一饮而尽。然后，放下酒杯，拿起鼓槌，继续擂鼓作战。表面上，双方礼尚往来，可战斗还得进行，还得继续杀个你死我活。其实，这也是一种战斗，不是武斗，是文斗，是在礼节上的较量。这才是春秋时期战争的特点。

李 山 说

这又是一场武斗与文战交织的战争。不过，郤至因为在战场对楚国君主彬彬有礼，而为自己埋下祸根。回国后，有人拿他战场上对楚王行礼的表现说事，说他有里通外国之嫌，结果引来杀身之祸。战场上贵族的文雅表现，至此也要消失了。历史就是这样一点一点地在变化啊！

两个国家，文的武的就这样较量了整整一天，没有分出胜负。天都黑了，不能摸着黑打呀。晋军和楚军便都收了兵，检查伤亡情况。不查不知道，一查吓一跳，伤亡了这么多士兵！大家赶紧医治伤员、喂马匹、修战车、补粮草。

恶战了一天，没有赢的迹象，晋国国君对于明天的战争胜负很没底，带着大臣们向神灵和先王祈祷。仪式结束后，从楚国叛逃到晋国的大臣苗贲皇，觉得是表现一下自己的时候了。他走过来给晋厉公分忧，说："大王，我们要是把楚国的俘虏放回去一些，让他们传递我们明天誓死一战的决心，说不定很有用。"现在晋君内心不安，楚共王估计也好不到哪里去，放些俘虏散布言论，这种心理战术有时候不比真刀真枪威力小啊！

晋厉公一听，觉得很有道理，采用了苗贲皇的计策，把楚国的俘虏放了回去。这招果然管用。没多久，楚军将士就开始议论晋军如何备战，一股不安的情绪蔓延开来。风言风语也传到了楚共王的耳朵里，楚共王立刻派人去找子反商量对策。没想到，子反这会儿喝多了，躺在营帐里睡觉，怎么喊也喊不起来。一个指挥中军的统领，打了一天仗，喝点酒解解乏，本在情理之中，可是喝得不省人事，就是渎职了。子反酒喝的时机不对，等他大醉醒来时，生命也要走到尽头了。

看着醉倒的子反，楚共王不由得长叹："天败楚也夫！余不可以待。"（《左传·成公十六年》）敌人的军队在厉兵秣马，积极准备，而自己的将军却喝得酩酊大醉。楚共王不反思自己用人不当，却把责任推到了老天身上。内心不定的楚共王，现在连个商量的人都找不到，还打什么仗，他下令，连夜拔营撤回楚国。

天亮了，晋军睁开眼，发现对面的敌营空空如也，鄢陵之战的胜利就这么突然地来了。晋军开始狂欢，住进楚军留下的帐篷里，享用他们来不及带走的粮食、酒肉，这样折腾了几天，得意扬扬地班师回朝。

然而晋国在鄢陵战场上的胜利并不能挽救晋国内部激烈的矛盾和日渐衰落的趋向。公元前546年，晋国和楚国再次商定"弭兵"，签订停战协议。这次弭兵距离第一次弭兵过去了三十年。三十年前的停战，就像是两个打得累倒在地上的壮汉，嘴上说不打了，可是管不住胳膊、腿还往一处凑，所以，没几天就又打了起来。现在是胳膊、腿彻底抬不动，真的不想打了。春秋历史由此进入到新的阶段。

李山说

在三百年的春秋历史中，各诸侯国为了争夺霸主之位，打来打去的历史就占据了一百多年，当中持续时间最长，势力最为强盛的，就是晋国和楚国。现在他们说不想再打了，对于其他诸侯国来说是天大的好事。他们的弭兵给春秋时期带来了四十年的和平，也给春秋中原地区争霸的历史画上了一个句号。

春秋时代大事表

公元前770年	西周王朝终结，东周王朝开始
公元前722年	兄弟相残，郑庄公和弟共叔段的战争
公元前707年	射王中肩，周桓王和郑庄公发动战争
公元前686年	齐襄公被叛军杀死
公元前685年	春秋第一位霸主齐桓公即位
公元前684年	曹刿帮助鲁庄公打败齐桓公
公元前682年	宋国大力士南宫长万杀死自己的国君宋闵公
公元前681年	齐桓公举办第一次诸侯盟会
公元前678年	曲沃代翼，晋国的小宗取代了大宗成为晋国国君
公元前676年	晋武公的儿子晋献公成为晋国国君
公元前672年	晋献公讨伐骊戎，娶骊戎公主为妻
公元前663年	救燕定鲁，齐桓公出手帮助燕国和鲁国
公元前660年	卫国国君卫懿公因为喜欢仙鹤而众叛亲离
公元前658年	晋国借道虞国讨伐虢国，攻占了虢国的下阳
公元前656年	骊姬害死晋国太子申生，晋国开始陷入近二十年的内乱
	晋献公的两个儿子重耳和夷吾逃离晋国，开始流亡
	齐桓公出师楚国
公元前655年	晋国以借道为借口灭掉虞国
公元前651年	齐桓公在葵丘会盟诸侯——春秋历史上第一次没有战车的诸侯大会
	晋国的国君晋献公去世，骊姬儿子奚齐成为新国君
	即位不到一年的奚齐被杀
公元前650年	晋献公儿子夷吾即位，史称晋惠公
	晋国大臣里克被杀
公元前644年	晋献公的儿子重耳离开狄国，再次流亡

公元前643年	齐桓公被身边的小人害死
公元前642年	宋国国君宋襄公第一次召集诸侯盟会，试图称霸
公元前639年	宋襄公第二次召集诸侯盟会
公元前638年	宋国和楚国在泓开战，宋国被打败
公元前637年	晋惠公去世，其子即位，史称晋怀公
公元前636年	重耳返回晋国成为晋文公
	晋国大臣介子推归隐山林
公元前635年	晋文公帮助周襄王平定内乱
公元前633年	楚国联合陈、蔡、郑、许四国围攻宋国
公元前632年	晋国攻打曹国
	城濮大战，晋国和楚国的第一次较量
公元前630年	晋国联合秦国围攻郑国
公元前628年	秦国远征攻打郑国
公元前627年	崤之战，秦国和晋国发动战争
	晋国大臣先轸战死沙场
	秦穆公写《秦誓》向国人道歉
公元前625年	晋国勇士狼瞫战死沙场
公元前624年	秦国向晋国宣战
公元前621年	秦穆公去世
公元前611年	楚庄王平定内乱
公元前606年	楚庄王以追讨敌人为由，带军队进入东周王城洛邑
公元前605年	楚庄王清剿楚国最大的家族若敖氏家族
公元前597年	楚国围攻郑国，郑国誓死抵抗
	邲之战，楚国和晋国的第二次较量
	晋国大臣荀首冒着生命危险重返战场寻找儿子
公元前594年	楚庄王设计挑衅宋国
	宋国被楚国围城，宋国人易子而食
公元前589年	齐晋鞍之战
	齐国国君齐顷公为救臣子三入敌营
公元前575年	鄢陵之战，晋国和楚国的第三次较量

后　记

　　写给孩子的历史故事不同于其他童书作品，它不仅需要能吸引小读者阅读兴趣的讲述方式，也需要深厚的专业学术支撑，可是市场上能够满足这两个要求的历史故事读本实在是太少了。于是，我们萌发了重新为孩子们解读历史的想法。讲述历史故事最重要的是与史实相符，为确保历史故事的真实性，每个故事中人物、地点和时间的相关资料，我们都在北京师范大学图书馆和国家图书馆的学术资料库中进行过严格的查证，尽可能还原当时的场景。

　　这是一本大家坚持和努力了几年才得以完成的书稿。要感谢的人真的是太多了。

　　首先要感谢我的老师于翠玲教授，是您帮助我走上了用绘本的语言来讲述中国文化的创作道路。

　　其次要感谢我的老师李山教授。北师大学生们要听您讲课，可是要提前好几个小时占座位。现在，打开这本书，就可跟随您去两千年前遨游。谢谢您把学者的关怀和责任从大学校园分享到了孩子们的身上。

　　感谢李礼老师。感谢我的学弟学妹。北京师范大学研究生熊瑞敏、程芳兵，北京师范大学博士马思聪、何汉杰、谭拓。可爱的学弟学妹们，谢谢你们几年来和我们一起坚持。

　　当然不能忘了小老师——焦墨涵。几年的时间你从一个在稿子上乱涂乱抹的小不点变成一个能够坐在电脑前给妈妈提修改意见的大男孩。作为故事的第一位听众，你给我们提出了很多意见，有的意见让我们听了忍不住哈哈大笑，可是笑过之后发现还挺有道理，谁说人小就不能当老师呢！

　　把感谢送给朋友、师长，还有家人们，谢谢你们坚持几年为我们打气。

　　把感谢送给我去世的父亲，躺在病床上还在操心我们的工作。

　　最后把感谢送给读者，希望我们的努力能够得到你们的认可，并且支持我们不断成长！

申莉

2019年6月